新 음료의 이해

Preface

*머리말

2002년 시작한 식공간연구회의 활동이 어느덧 10년이 되었습니다. 현 회원 모두가 학계와 산업체에서 한국의 식문화와 식공간의 발전을 위해 아낌없는 노력으로 지금까지 달려 왔습니다. 그동안 『테이블 코디네이트』, 『푸드 코디네이트』, 『테이블 & 푸드 코디네이트』, 『테이블 코디네이트의 역사』, 『테이블 코디네이터를 위한 가이드 북』, 『커피 & 티』를 집필하여 식食과 관련된 학과의 많은 학생과 관심 있는 일반인들의 꾸준한 사랑을 받아 왔습니다. 이에 힘입어 기존에 출간한 『음료의 이해』를 새롭게 재구성하여 『新음료의 이해』로 다시금 선보이게 되었습니다.

본 연구회는 후진 양성의 현장에서 음료의 이해에 관한 다양하고 깊이 있는 내용의 필요성을 느낀 부분에 대해 연구하고 집필하게 되었습니다. 특히 이 책의 가장 큰 특징인 전통주 부분에 막걸리의 내용을 추가하였고, 양조주 부분에서는 일본의 발효주인 사케를 소개하였으며, 프랑스의 원산지 통제명칭법 AOC이 2009년 원산지 보호명칭법 AOP으로 바뀌어 이 부분 또한 수정하였습니다. 커피 부분에는 시대의 흐름에 맞춰 바리스타에 대한 높은 관심을 반영하여 좀 더 실질적인 내용을 다루었습니다.

본문은 크게 알코올 음료(양조주, 증류주, 혼성주, 칵테일, 한국의 전통주)와 비알코올 음료(차, 커피, 한국의 음청류와 기타 음료)로 나눠 어원과 역사, 제조와 분류, 효과적인 시음 방법까지 포괄적으로 설명하고 다양한 사진과 이미지를 함께 수록하여 일상생활에서 접하는 음료를 쉬우면서도 폭넓게 이해할 수 있도록 구성하였습니다.

백지장도 맞들면 낫다는 속담처럼 본 회원들은 지금도 서로 힘을 모아 식공간 관련 자료들을 연구하고 있습니다. 10년을 같이하며 가족 못지않은 관심과 배려로 깊은 신뢰와 애정을 배울 수 있었습니다. 『新음료의 이해』는 지난 10년의 결과로서 더욱 의미 있는 저서로 거듭난 듯합니다. 본서가 빛을 보기까지 수고를 아끼지 않은 파워북에 진심으로 감사드립니다.

저자 일동

Contents

Chapter 1 음료의 개요_Beverage of Outline

1. **역사** \ 13
   - 1) 음료의 역사 · 13
   - 2) 술의 역사 · 14
   - 3) 차의 역사 · 15

2. **분류** \ 16

Chapter 2 양조주_Fermented Liquor

1. **맥주** \ 21
   - 1) 어원 · 21
   - 2) 역사 · 21
   - 3) 원료 · 22
   - 4) 제조 · 24
   - 5) 분류 · 26
   - 6) 서비스 · 30

2. **와인** I \ 32
   - 1) 어원 · 32
   - 2) 역사 · 32
   - 3) 제조 · 34
   - 4) 분류 · 39
   - 5) 품종 · 42
   - 6) 서비스와 테스팅 · 50
   - 7) 빈티지 · 61
   - 8) 와인과 음식 · 61

3. **와인** II \ 63
   - 1) 프랑스 · 64
   - 2) 독일 · 76
   - 3) 이탈리아 · 81
   - 4) 스페인 · 85
   - 5) 포르투갈 · 89
   - 6) 신세계 와인 생산국 · 90

4. **사케** \ 99
   - 1) 어원 · 99
   - 2) 역사 · 100

3) 원료 · 101
4) 제조 · 102
5) 분류 · 105
6) 서비스 · 107
7) 생산지 · 108
8) 사케와 음식 · 109
9) 국내 인기 사케 상표 · 111

Chapter 3 증류주_Distilled Liquor

1. 위스키 \ 115

1) 어원 · 115
2) 역사 · 115
3) 원료 · 116
4) 제조 · 117
5) 분류 · 119

2. 브랜디 \ 125

1) 어원 · 125
2) 역사 · 125
3) 원료 · 126
4) 제조 · 126
5) 등급 · 127
6) 코냑 · 127
7) 아르마냑 · 130
8) 칼바도스 · 132
9) 기타 · 132
10) 시음 · 132

3. 진 \ 133

1) 어원 · 133
2) 역사 · 133
3) 원료 · 134
4) 제조 · 134
5) 분류 · 135

4. 보드카 \ 137

1) 어원 · 137
2) 역사 · 137
3) 원료 · 138
4) 제조 · 138
5) 분류 · 139

5. 럼 \ 140

1) 어원 · 141
2) 역사 · 141
3) 제조 · 141
4) 분류 · 142

6. 테킬라 \ 143

1) 어원 · 143
2) 역사 · 144
3) 제조 · 144
4) 분류 · 145
5) 기타 · 146

Chapter 4 혼성주_Liqueur

1. 어원 \ 149

2. 역사 \ 149

3. 제조법 \ 150

1) 증류법 · 150
2) 혼합법 · 150
3) 침출법 · 150

4. 분류 \ 151

1) 과일 리큐어 · 151
2) 허브 리큐어 · 152
3) 종자 리큐어 · 156

Chapter 5 칵테일_Cocktail

1. 어원 \ 161

2. 유래 \ 162

3. 제조 \ 162

1) 직접 넣기 · 163
2) 휘젓기 · 163
3) 흔들기 · 164
4) 띄우기 · 164
5) 블렌딩 · 165

4. 분류 \ 165

1) 용량에 따른 분류 · 165
2) 맛에 따른 분류 · 166
3) 식사 시 용도에 따른 분류 · 166
4) 스타일에 따른 분류 · 166

5. 기구 \ 168

6. 글라스의 종류 \ 169

7. 부재료 \ 170

1) 얼음 · 170
2) 시럽 · 171
3) 장식의 종류와 형태 및 데커레이션 · 172

8. 레시피 \ 174

1) 진 베이스 · 174
2) 위스키 베이스 · 175

3) 브랜디 베이스 · 176
4) 럼 베이스 · 177
5) 보드카 베이스 · 178
6) 테킬라 베이스 · 179
7) 리큐어 베이스 · 180
8) 와인 베이스 · 181

Chapter 6 한국의 전통주_Korean Liquor

1. 술의 어원 \ 185
2. 역사 \ 185
1) 삼한시대 · 186
2) 삼국시대와 통일신라시대 · 186
3) 고려시대 · 186
4) 조선시대 · 187
5) 일제시대와 해방 후 · 187
3. 원료 \ 187
1) 쌀 · 188
2) 물 · 188
3) 누룩 · 188
4) 개량누룩 · 189
4. 분류 \ 189
1) 양조곡주 · 189
2) 증류주 · 193
5. 지역별 전통주 \ 194
6. 절기별 전통주 \ 194
7. 막걸리 \ 195
1) 막걸리 담그기 · 196
2) 막걸리의 저장 · 197
8. 음주 예법 \ 197

Chapter 7 차_Tea

1. 어원 \ 201
2. 역사 \ 202
1) 중국 · 202
2) 한국 · 204
3) 일본 · 205
4) 영국 · 206
3. 차나무의 종류 \ 207

4. **분류 및 특성** \ 208

1) 발효 정도에 따른 분류 · 208
2) 찻잎 따는 시기에 따른 분류 · 209
3) 형태에 따른 분류 · 210
4) 제다법에 따른 분류 · 210
5) 색상에 따른 분류 · 211
6) 모양에 따른 분류 · 212
7) 살청 및 건조방법에 따른 분류 · 212
8) 제조방법에 따른 분류 · 212

5. **차 우리기** \ 213

1) 불발효차 우리기 · 213
2) 반발효차 우리기 · 215
3) 완전발효차 우리기 · 217
4) 후발효차 우리기 · 221

6. **여러 가지 차** \ 223

1) 가향차 · 224
2) 허브티 · 225

7. **메뉴** \ 226

1) 불발효차 · 226
2) 완전발효차 · 227

Chapter 8 커피_Coffee

1. **어원** \ 233

2. **역사** \ 233

1) 에티오피아 · 233
2) 아라비아 · 234

3. **재배와 가공** \ 235

1) 생육조건 · 236
2) 품종 · 236
3) 생두의 가공 · 237
4) 생두의 선별 · 238
5) 생두의 등급 분류 · 238

4. **분류 및 특성** \ 240

1) 아메리카 · 240
2) 아시아 · 태평양 · 243
3) 아프리카 · 아라비아 · 243

5. **로스팅과 블렌딩** \ 245

1) 로스팅의 원리 · 245
2) 로스터의 종류 · 247
3) 로스팅 정도 · 248
4) 블렌딩 · 250

6. **추출** \ 251

1) 추출방법 · 251
2) 핸드드립 · 252
3) 에스프레소 추출 · 257
4) 기타 추출 · 263

7. **메뉴** \ 265

1) 도구 · 266
2) 밀크 스티밍 · 268
3) 따뜻한 메뉴 · 269
4) 차가운 메뉴 · 270

Chapter 9 한국의 음청류_Korean Beverage

1. **역사** \ 273

1) 삼국시대 · 274
2) 고려시대 · 274
3) 조선시대 · 274

2. **분류** \ 275

1) 찬 음료 · 276
2) 더운 음료 · 279

Chapter 10 기타 음료_Extra Beverage

1. **청량음료** \ 283

1) 탄산음료 · 283
2) 비탄산음료 · 285

2. **영양 음료** \ 285

1) 우유류 · 285
2) 주스류 · 286

3. **기호음료** \ 286

4. **기능성 음료** \ 286

- **참고문헌** \ 288
- **찾아보기** \ 289

1 Chapter

음료의 개요

Beverage of Outline

Beverage Coordinate

1. 역사
2. 분류

Chapter 1

음료의 개요

Beverage of Outline

사람이 마실 수 있도록 만든 액체를 통틀어 이르는 말로 크게 알코올성 음료와 비알코올성 음료로 나누어진다.

1. 역사

1) 음료의 역사

모든 생물이 물로부터 발생하였으며, 인간의 생명과 밀접한 관계를 가지고 있는 것이 물, 즉 음료라는 것을 생각할 때 음료가 일상생활에서 얼마나 중요한 것인가를 알 수 있다.

약 1만 년 전의 것으로 추정되는 스페인 발렌시아Valencia 부근의 동굴에서 발견된 벽화에는 벌꿀을 채취하는 인간의 모습이 그려져 있다. 이것으로 미루어 이 당시에 꿀물을 마신 것으로 추정되고, 이어서 발견된 음료로는 BC 6000년경 바빌로니아에서 레몬 과즙을 마셨다는 기록이 전해지고 있다.

그 후 이 지방 사람들은 밀빵이 물에 젖어 발효된 후 만들어진 맥주를 발견해 음료로 즐겼으며, 중앙아시아 지역에서는 야생의 포도로부터 자연 발효된 포도주를 발견하여 마셨다고 한다.

기원전 그리스의 기록에 의하면 자연적으로 솟아 나오는 천연 광천수의 효험에 의해 인간이 장수한다고 전해지고 있으며, 이후 로마시대에는 이 천연 광천수를 약용으로 마셨다고 한다. 그리고 탄산가스의 존재를 발견한 것은 18세기경 영국의 화학자 조지프 프리스트리Joseph Pristry이며, 목축을 하는 유목민들에 의해 염소나 양의 젖을 음료로 한 유乳제품을 마시게 되었다.

또한 현대인의 기호식품인 커피는 600년경 예멘의 양치기에 의해 발견되어 약재와 식료 및 음료에 쓰이면서 홍해 부근의 아랍 국가들로 전파되었고, 1300년경에는 이란에, 1500년경에는 터키에까지 전해졌다.

옛날 사람들은 순수한 물을 마시고 갈증을 달래며 만족하였을 것이다. 그러나 현대인들은 공해와 오염으로 인하여 깨끗한 물을 마실 수 없게 되었고, 따라서 인공 정화된 물만 가지고는 만족할 수 없게 되었다. 중세를 지나면서 맥주와 와인은 모든 계층의 음료가 되었다. 물은 일반적으로 마시기에 부적합하였으므로 사람들은 아침과 점심에 맥주를 마셨고, 저녁에는 와인을 마셨으며 이러한 음료들은 유용하면서 값도 저렴하였다. 이에 따라 현대 문명의 혜택의 산물로 여러 가지 음료가 등장하게 되었고, 더불어 현대인의 음료가 다양해지면서 각자 나름대로의 기호음료를 찾게 되었다.

2) 술의 역사

최초의 알코올성 음료는 와인일 것이다. 와인은 포도, 기타 과일의 당분과 부산물들에 의하여 자연적으로 만들어졌기 때문이다. 몇몇 초기의 와인은 벌꿀로 만들어졌으며 벌꿀 술이라고 알려졌었다. 실제로 와인은 1만 년 이전에 등장했을 것으로 추측된다. 와인에 관한 역사적인 기록은 3천 년 전의 기록에서도 언급되었다.

맥주의 역사 또한 와인에 버금가게 오래되었는데, 6천 년 전에 메소포타미아에서 양조된 것으로 알려져 있다. 곡물도 빵으로 만들어지기 이전에 이미 맥주의 원료가 되었으며, 맥주는 탄수화물을 함유하고 있어서 음식으로도 사용되었다.

와인은 공기를 차단하면 질적으로 향상될 수 있다는 사실을 발견한 그리스 사람들에 의하여 저장되기 시작하였다. 그리스인들은 와인을 장시간 보관하기 위하여 암포레Amphorae로 알려진 거대한 용기를 밀폐시키고 와인으로 채운 후에 밀봉하여 저장하였다. 또한 그리스인들은 와인을 만드는 기술을 로마인에게 전수하였다. 그리하여 몇 천 년 동안 와인이 제조되면서 그 숙성법과 향상법이 세대에서 세대로 이어진 것이다.

그러나 로마제국이 AD 500년경에 붕괴되면서 숙성 와인에 대한 지식이 상당량 손실되었다. 약 1천 년 동안 와인의 저장에 나무통이 암포레의 역할을 대신하였다. 그러나 나무통은 침투성이 있어 와인이 식초로 변해 버리는 경우가 많았다. 그 결과로 수백 년 동안 와인은 1년 내에 소비될 수 있었다.

와인 잔이 와인을 마시는 데 사용되었음에도 불구하고, 와인이 유리병에 담긴 것은 400년밖에 되지 않았다. 초기의 와인 용기는 나무통에서 와인을 따라 채워서 테이블로 가져오는 유리 물병이었다.

3) 차의 역사

차는 인류의 역사와 함께한 가장 오래된 기호식품으로, 그 기원은 중국의 전설에 의하면 BC 2700년경 염제 신농炎帝神農에 의한다. 나무그늘 아래서 물을 끓여 마시려는데 나뭇잎이 용기에 떨어져 그 우러난 물을 호기심에 마셔 보았던 것이 차의 탄생이라고 한다. 이것으로 미루어 차나무는 훨씬 이전부터 있었으므로 차의 음용은 5천 년 전으로 추정된다. 그러므로 중국인이 자생하고 있는 차의 나무로부터 잎을 채취한 후 차의 형태로 마시기 시작한 것은 기원전으로 올라간다.

당시에 약으로 마시고 있던 차는 불발효의 녹차였으며, 더불어 상류계급과 승려층에 이르기까지 차를 기호품으로 즐기게 되면서 중국 전역에 퍼져 나가게 되었다. 그리고 중국에서 시작한 차를 즐기는 습관은 차와 함께 실크로드를 거쳐 전 세계로 전해졌다.

인도의 아삼Assam 지방에서 차의 나무가 발견된 것은 19세기이다. 키가 큰 나무인 아삼 종류는 작은 나무로 추위에도 강한 중국종과는 다른 품종의 차나무였다. 이렇게 하여 두 종류의 차나무에서 생산된 차가 전 세계에 널리 퍼지게 된 것이다. 그리고 차나무 이외의 식물과 과일 등으로 만들어진 차도 옛날부터 널리 마시게 되었으며, 이들 중에는 약효가 있는 차가 많고 특별히 한국의 차는 다양한 약효 성분을 가지고 있는 것으로 유명하다. 국가에 따라 차의 종류와 마시는 방법이 다르지만 차를 즐기는 기분은 누구나 같을 것이다.

2. 분류

한국인들은 음료라고 하면 주로 비알코올성 음료만을 인식하고 있으며, 알코올성 음료는 '술'이라고 구분해서 생각하는 것이 보편적 상식이라고 하겠다. 그러나 서양인들은 음료의 개념이 우리와는 다르다. 물론 음료라는 카테고리에서 알코올성 음료가 더 강하게 표현되기도 한다.

따라서 음료를 분류할 때에는 일반적으로 알코올성 음료와 비알코올성 음료로 구분할 수 있으며 여기에는 다시 우리의 독창적이고 다양한 전통주傳統酒와 전통 음료가 포함되어 구분될 수 있다.

음료의 분류

- 알코올성 음료
  - 외국의 술
    - 양조주
      - 포도
        - Natural, 발포성 와인
        - 주정강화 와인, 혼성 와인
      - 기타 과실
        - 시드르(노르망디)
        - 페리
      - 곡류
        - 맥주(에일, 스타우트, 포터)
        - 황주黃酒
      - 기타
        - 풀케
    - 증류주
      - 곡류
        - 위스키
          - 스카치위스키
          - 아이리쉬 위스키
          - 캐나디안 위스키
          - 아메리칸 위스키
          - 재패니즈 위스키
        - 보드카
        - 진
          - 영국 진
          - 네덜란드 진
      - 사탕수수, 당밀
        - 럼
      - 용설란
        - 테킬라
      - 과실 브랜디
        - 포도
          - 코냑, 아르마냑
        - 사과
          - 칼바도스, 애플, 잭
        - 체리
          - 키르슈
        - 자두
          - 슬리보비츠, 미라벨
      - 백주白酒
    - 혼성주
      - 과일
      - herb & spice
      - seed & nuts
  - 한국의 전통주
    - 양조곡주
      - 순곡주류
        - 탁주
        - 청주
        - 일반주
      - 혼양곡주큐
        - 약용곡주류
        - 가향곡주류
        - 과실주
        - 혼성주
    - 증류주
      - 순곡증류주
      - 약용증류주
      - 가향증류주
    - 기타 주류

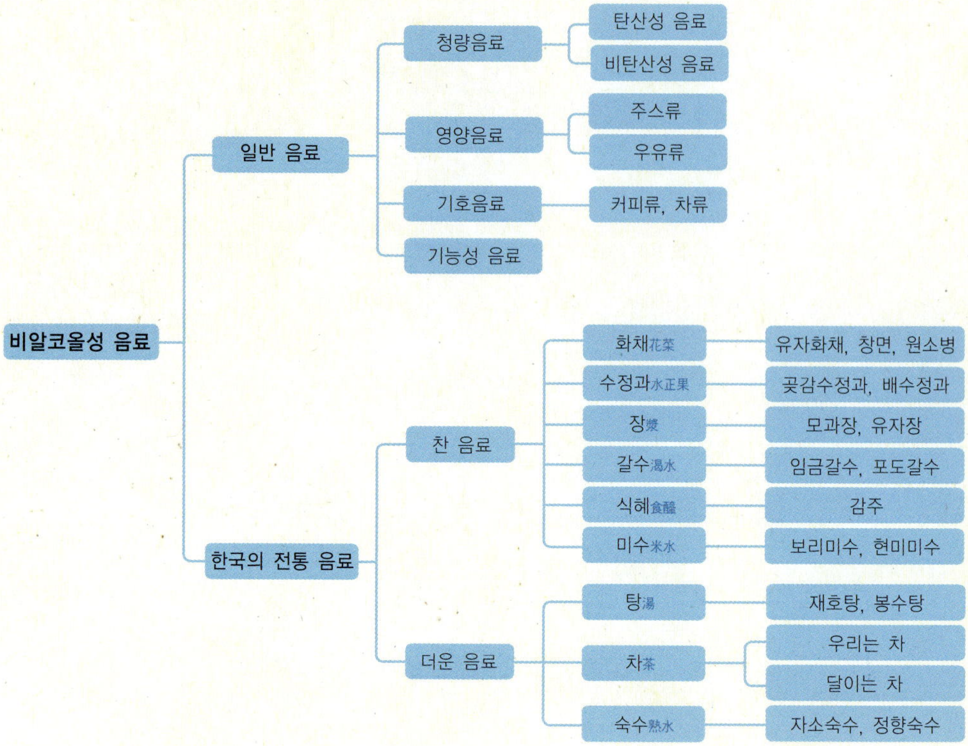
비알코올성 음료
일반 음료
청량음료
탄산성 음료
비탄산성 음료
영양음료
주스류
우유류
기호음료
커피류, 차류
기능성 음료
한국의 전통 음료
찬 음료
화채花菜
유자화채, 창면, 원소병
수정과水正果
곶감수정과, 배수정과
장漿
모과장, 유자장
갈수渴水
임금갈수, 포도갈수
식혜食醯
감주
미수米水
보리미수, 현미미수
더운 음료
탕湯
재호탕, 봉수탕
차茶
우리는 차
달이는 차
숙수熟水
자소숙수, 정향숙수

2 Chapter

양조주 Fermented Liquor

Beverage Coordinate

1. 맥주_ Beer
2. 와인_ Wine Ⅰ
3. 와인_ Wine Ⅱ
4. 사케_ Sake

Chapter 2

양조주

Fermented Liquor

과일에 함유된 당분, 즉 과당이나 곡류 중에 함유된 전분을 전분당화 효소인 디아스테제diastese와 효모yeast를 작용시켜 발효 · 양조하여 알코올 성분이 생긴 음료가 양조주이다.

1. 맥주_ Beer

맥주의 4가지 주재료는 보리, 홉, 효모, 물이다. 즉 보리barley를 싹 틔워 건조시킨 맥아麥芽 · malt, 뽕나뭇과에 속하는 홉hop, 그리고 물을 원료로 효모를 사용하여 양조한 것이 맥주이다.

1) 어원

'마신다' 라는 의미의 라틴어 '비베레bibere' 라고도 하고, 게르만족어 중 '곡물' 을 뜻하는 '베오레bior' 에서 유래되었다고도 한다. 각 나라에서 맥주는 독일어 'bier(비어)', 프랑스어 'biere(비에르)', 이태리어 'birra(비르라)', 중국어 '碑酒(페이주)', 덴마크어 'ollet(오레트)', 스페인어 'cerveza(세르비자)', 러시아 등 슬라브 국가에서는 'pivo(피보)' 라고 불리고 있다.

2) 역사

맥주는 BC 4200년경 메소포타미아에서 인류가 농경생활을 시작하면서 쌓아 둔 보리죽에 효모가 붙어 자연 발효된 것을 기원으로 보고 있다.

맥주 제조에 대한 가장 오래된 기록은 BC 3000년경에 바빌론에 살던 수메르인들이 빵 조각을 물에 담가 빵의 이스트yeast로 발효시킨 맥주를 마셨다는 문헌에서 찾아볼 수 있다. 인류 최초의 성문법인 함무라비 법전에도 맥주와 맥줏집에 관한 기록이 남아 있다. 이러한 고대 맥주의 발전은 아시리아인과 히브

리인을 통하여 유럽 전역으로 널리 퍼졌으며, 고대 게르만 민족은 BC 1세기경 홉을 사용하면서 맥주 특유의 풍미를 첨가하였다. 이는 보크 맥주bock beer라는 독하고 농후한 맥주로 현재 라거 맥주lager beer의 기초가 되었다.

중세의 수도원이 맥주 양조를 독점하다가 근대로 접어들어 도시가 발전하고 길드제도가 정착되면서 서민에게 넘어왔다. 당시의 맥주는 제조법의 차이를 보이면서 그 맛과 향이 제각각이었다. 이 때문에 1516년 독일의 빌헬름 4세는 맥주에 보리, 홉, 효모, 물 이외의 어떤 것도 넣어서는 안 된다는 맥주순수령 reinheitsgebot을 발표하였다. 결과적으로 안정적인 품질의 맥주가 대량으로 생산 · 소비되었다. 19세기에는 프랑스의 루이 파스퇴르Louis Pasteur의 열처리살균법에 의해 맥주의 효모가 제거되어 장기보관이 가능해졌다. 또한 1883년 덴마크의 한센E. C. Hansen은 순수배양 효모를 사용하여 맥주의 품질을 한 차원 높이는 데 공헌하였다. 최근에는 맥주의 신선한 맛을 유지하면서 장기유통이 가능한 비열처리fresh beer공법의 개발로 맥주 특유의 시원한 맛을 즐길 수 있게 되었다.

우리나라는 1933년 일본의 대일본맥주 주식회사가 조선맥주를 설립한 것이 시초이며, 같은 해 12월에는 일본의 기린맥주 주식회사가 동양맥주의 전신인 소화기린맥주를 설립하였다. 해방과 더불어 1945년 적산관리공장으로 지정되어 미국 군정에 의해 관리되다가 1951년에 민영화되어 하이트맥주와 오비맥주가 되었다. 1992년에 진로쿠어스맥주 주식회사가 설립되어 Hite, OB, Cass 맥주의 치열한 경쟁체제가 전개되었다. 그러나 진로의 부도로 카스맥주는 OB맥주에 인수되었다가 OB맥주 또한 구조조정 차원에서 폴란드 인터브루사에 지분을 넘겨 실질적 소유권이 넘어간 상태로 외국의 다국적 맥주회사에 포함되었다.

3) 원료

맥주의 주원료는 보리, 홉, 효모, 물이다. 보리 대신 밀, 귀리 혹은 녹말을 쓰기도 한다. 여기에 특수한 색이나 향미를 내기 위해 포도당, 전화당, 자당 등을 담금공정이나 발효 후 공정 직전에 첨가할 수도 있다.

(1) 보리

보리는 맥주 양조에 매우 중요한 원료로 효모를 생성하며, 껍질은 맥즙 제조 시 훌륭한 여과층을 형성해 맑은 맥즙을 얻을 수 있게 한다. 맥아를 사용하는 이유는 보리로부터 쉽게 전분을 추출할 수 있기 때문이다. 맥아의 종류에 따라 맥주의 맛과 색이 달라진다.

맥주용 보리는 식용 보리와는 구별되며 일반적으로 낟알이 크고 균일한 2조보리를 사용한다. 원료용으로는 껍질이 얇고 담황색을 띠며 윤택이 있는 것이 좋다. 또한 알맹이가 고르고 95% 이상의 발아율이 있으며, 수분 함유량이 10% 내외로 잘 건조된 것을 사용한다. 전분 함유량이 많으며 단백질이 적은 것이 맥주를 만드는 데 적합하다. 품종은 주로 유럽에서 재배되며, 영국의 아처archer, 스칸디나비아의 골드gold, 독일의 한나hanna가 대표적이다.

2조보리

(2) 홉

홉은 맥주에 독특한 쓴맛과 향기를 주며 보존성을 증가시키고, 맥아즙의 단백질을 침전시켜 제품의 혼탁을 방지하여 맥주를 맑게 한다. 또한 잡균의 번식을 억제하여 맥주의 저장성을 높이고, 맥주의 거품을 보다 좋게 한다.

홉은 줄기식물의 일종으로 쓴맛과 독특한 향을 가지고 있다. 뽕나뭇과에 속하는 암수가 따로 있는 작은 솔방울 모양의 다년생 넝쿨식물로 유럽이 원산지이고, 체코의 사츠Saaz 지방이 유명하다. 광택 있는 담황녹색으로, 강한 향기와 가열해도 변하지 않고 쓴맛 성분이 많은 것이 이상적이다. 홉의 쓴맛 성분을 오래 유지하고 저장기간을 길게 하기 위하여 최근에는 분말과 원액 등으로 가공해 사용한다. 사용 목적에 따라 쓴맛을 내는 비터 홉bitter hop과 향을 내는 아로마 홉aroma hop이 있다.

홉

(3) 효모

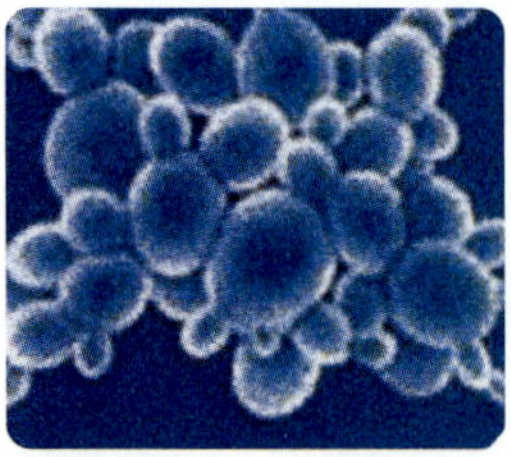

효모

맥주의 효모는 맥아즙 속의 당분을 분해하여 알코올과 탄산가스를 만드는 작용을 하는 미생물이다. 효모는 산소가 있는 상태에서는 생장 및 생식을 하지만, 산소가 없으면 알코올발효를 하면서 그 에너지로 생존하게 되므로 발효 시에는 산소량을 적절하게 조절해 주는 것이 중요하다.

맥주에 사용되는 효모는 크게 '자연야생 효모', '상면발효 효모', '하면발효 효모'로 나눈다.

(4) 물

맥주는 90% 이상이 물이다. 따라서 양조용수는 맥주의 품질에 큰 영향을 미친다. 일반적으로 맥주의 양조용수는 무색투명하고, 착색 · 혼탁 · 부유물 · 이취 등이 없어야 하며, 각종 무기 성분도 적당량 함유되고, 알칼리도 50% 이하로 환원되어야 한다. 또 적당량의 이온들이 있어야 하며, 그중에서 특히 칼슘 이온이 매우 중요한 역할을 한다.

연수를 사용하면 맥주의 색이 엷고 깔끔한 맛이 나오며, 경수를 사용하면 맥주의 색이 진해지고 깊은 맛이 나온다.

4) 제조

맥주의 제조과정

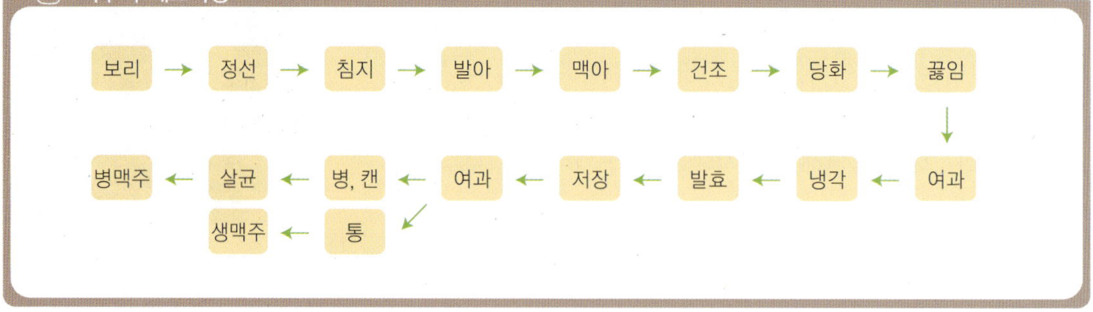

(1) 맥아 제조

보리는 제진기制振器를 거쳐 먼지를 제거한 뒤 선립기選粒機에서 알맹이를 고른다. 일반적으로 보리의 수분 함량이 10~20% 정도이므로 온도 15~20℃ 정도의 물에 40~50시간 정도 침맥조浸麥槽라는 탱크에 2일 전후로 담가 수분 함량을 45%까지 높인다. 이것을 발아조에 넣어 약 8일간 통기와 온도를 조절하면서 발아시킨다. 이것을 그린 몰트green malt라 한다.

(2) 건조

그린 몰트는 45% 정도의 수분을 함유하고 있으므로 건조실에 보내 열풍으로 건조시킨다. 이후 맥아의 뿌리를 제거하고 약 20℃의 맥아 저장실에서 6~8주간 잠재운다. 이렇게 건조한 맥아를 드라이 몰트dry malt라 한다.

(3) 당화

드라이 몰트를 분쇄기에 걸어 분쇄한 후 5~6배 무게의 양조용수를 넣고 62~67℃의 온도를 유지하여 당화하면 맥아즙이 얻어진다. 이것을 매쉬mash라 한다. 이것을 여과한 후 홉을 첨가하여 끓이면 맥아 속의 단백질이 응고 · 침전되며 액이 맑고 깨끗해진다. 동시에 맥주의 독특한 쓴맛과 향기를 부여한다.

홉 제거기에 넣어 홉을 제거하고 냉각기에서 발효에 적당한 0℃까지 내린 후 여과기와 원심분리기로 고형물固形物이나 침전물을 제거하면 투명한 액체가 되며 발효조에 옮겨진다.

(4) 발효

발효조의 맥아액은 상면上面발효 효모나 하면下面발효 효모를 넣어 발효를 시작한다. 효모는 발아액의 당분當分을 분해하여 알코올과 탄산가스를 만드는 것이다.

상면발효는 15~20℃에서 4~6일, 하면발효는 8℃에서 8~10일 정도 걸리는데, 이렇게 만들어진 맥주는 아직 쓴맛도 강하고 탄산가스도 불충분하여 '어린 맥주'라고 한다. 이를 주발효 혹은 전발효라 한다.

(5) 저장

어린 맥주는 저장 탱크에서 약 60~90일간 0℃의 상태로 숙성을 계속한다. 이를 후발효라고 한다. 이 기간 중에 발생하는 탄산가스가 밀폐된 탱크 속에서 맥주에 녹아 들어가 효모나 기타 응고물은 침전하여 원숙한 맥주로 성장하는 것이다.

(6) 제품화

숙성이 끝난 후 규조토 여과기로 여과하여 술통에 따라 두는 것이 생맥주draught 또는 draft이다. 이는 신선하나 보존성이 없다. 보존성을 유지하기 위해 60℃에서 5~30분간 살균과정을 거친 후 병이나 캔에 담은 것이 병맥주와 캔맥주이다.

5) 분류

맥주는 제조방법이나 주재료 등에 의해 다양하게 나눌 수 있다.

(1) 원료에 의한 분류

몰트 맥주_ Malt beer

100% 맥아麥芽만으로 만든 맥주이다.

기타

쌀, 옥수수, 전분, 과일, 약초, 향료 등의 부원료를 첨가한 맥주가 있다.

(2) 효모에 의한 분류

맥주는 크게 발효방식의 구분에 따라 에일, 라거, 램빅의 3가지 종류로 나눌 수 있다. 하지만 자연발효 맥주인 램빅은 벨기에의 특정 지역을 중심으로 생산되기 때문에 실질적으로는 에일과 라거로 양분할 수 있다.

상면발효 맥주_ Top fermentation beer

발효온도 15~20℃가 적온으로 발효가 끝날 무렵 효모가 표면으로 떠오르는 표면발효 효모를 사용하여 만든 맥주로 에일 맥주Ale beer라고 부른다. 에일 맥주는 과일 같은 향긋함과 진하고 깊은 맛이 특징이다. 맥아 농도가 비교적 높고 색이 짙으며 알코올 농도도 높은 편이다. 주로 영국, 아일랜드, 벨기에에서 많이 만든다.

[포터_ Porter]

영국의 대표적인 맥주로 맥아즙 농도, 발효도, 홉 사용량이 높고 캐러멜caramel로 착색한 것이다. 건조도가 강한 짙은 맥아를 사용하므로 고형물이 많고, 단맛이 있으며 거품층이 두껍다. 홉의 맛은 에일 맥주에 비하여 약하고, 알코올 함량도 높지 않다.

[비터 에일_ Bitter ale]

런던 프라이드London Pride는 영국의 풀러 스미스 앤 터너사의 프리미엄 비터로 페일 에일이라고도 한다. 비터는 '쓴맛'이란 뜻이지만, 쓴맛이 강하지 않은 라이트 바디의 에일 맥주는 라거 계열보다 향이 풍부하기 때문에 너무 차갑지 않게 마시는 것이 좋다.

[스타우트_ Stout]

알코올 도수가 강한 맥주로서 흑맥주처럼 거무스름한 색깔이지만 맛은 다르며, 볶은 캐러멜 맥아 때문에 검은 빛깔을 띤다. 대표적인 것이 아일랜드의 기네스이며, 벡스 다크나 하이네켄 다크 등 보통 다크라는 명칭을 쓴다.

스타우트 맥주

하면발효 맥주_ Bottom fermentation beer

세계 맥주 생산량의 약 3/4을 차지하며 비교적 저온에서 발효시킨 맥주로서 주정도는 3~4%이다. 발효온도 8℃가 적온으로 발효가 끝날 무렵 효모가 아래로 가라앉는 하면발효 효모를 사용하여 만든 부드러운 맛과 향기를 지닌 맥주로 보통 라거lager 맥주라 부른다. 독일어로 라거는 '저장'이라는 말에서 유래된 것이다. 하면발효 맥주는 상면발효 맥주보다 낮은 온도에서 장시간 저장하여 만들기 때문이다. 라거 계열의 맥주는 에일과 달리 과일 향이나 깊은 맛은 없지만 깔끔하고 시원한 청량감이 특징이다.

[필스너_ Pilsner]

체코산으로 담색 맥아를 사용하며 맥아의 향취가 약하고 쓴맛이 강한 맥주이다. 세계에서 가장 즐겨 마시는 황금빛 맥주에 대한 총칭으로 알코올 함량은 3~4%이다.

[도르트문트_ Dortmund]

필스너 맥주보다 발효도가 높고 향미가 산뜻하며, 쓴맛이 적은 담색의 맥주이다.

[복 맥주_ Bock beer]

라거 맥주보다는 독하고 맥아가 많이 함유된 진한 맥주이다. 연례적으로 발효통을 청소할 때 나오는 침전물을 사용하여 만든 특수한 맥주로 미국에서 주로 봄철에 생산된다.

[흑맥주_ Black beer]

색이 진하고 단맛이 있어 특유의 향기가 있는 맥주로 뮌헨 맥주가 있다.

필스너우르겔

복 맥주

도르트문트

뮌헨 맥주

[뮌헨 맥주_ Mu'nchen beer]

단맛과 맥아 향이 진한 흑맥주로 독일에서 많이 만든다.

벨기에에서 가장 전통적인 발효법을 사용해 만드는 것은 램빅 맥주Lambic beer이다. 발효시키기 전에 뜨거운 맥즙을 공기 중에 직접 노출시켜 자연에 존재하는 야생 효모와 미생물이 자연스럽게 맥즙에 섞여 발효하게 만든 맥주이다.

(3) 살균 유무에 의한 분류

라거 맥주

라거 맥주_ Lager beer

흔히 우리가 마시는 병맥주로 장기적인 보관이 가능하도록 저온 살균과정을 거쳐 병입된 것이며, 알코올 함량은 4% 내외이다.

드래프트 맥주_ Draft(draught) beer

생맥주를 의미하며, 열처리를 하지 않아 효모가 살아 있기 때문에 맥주 고유의 맛과 향이 우수하다. 반면 발효균이 살균되지 않은 것이므로 저온에서 운반 · 저장해야 하며, 상대적으로 보존기간이 짧다.

드래프트 맥주

(4) 색에 의한 분류

맥주의 색은 사용하는 맥아의 색깔에 의해 정해지며, 맥아를 건조시킬 때 고온에서 장시간 건조시킨 맥아를 사용하면 색깔이 진해진다.

담색_ 淡色 **맥주**

보통의 담색 맥아를 사용하여 맥아 향이 약하고 색도 연하며, 담백한 맛의 맥주이다. 대부분의 나라에서 가장 많이 생산하고 가장 많이 소비되는 맥주이다.

농색_ 濃色 **맥주**

짙은 색의 맥아와 특수한 맥아, 그리고 옅은 색의 맥아를 섞어 양조한 맥주이다. 담색 맥주에 비하여 깊고 풍부한 맛과 진한 풍미를 가진다.

흑색_黑色 맥주

맥아를 살짝 태워 검은색의 맥주로 양조하며, 보통의 맥주에 비해 호프의 사용량이 많아 풍미가 짙은 맥주이다.

홍색_紅色 맥주

붉은색의 맥주이다.

(5) 알코올 함량과 품질에 의한 분류

저칼로리 맥주

맥주의 당도를 낮추어 상대적으로 알코올의 함량을 높임으로써 마실 때 단맛 대신 부드럽고 담백한 느낌을 강조한 저칼로리 드라이 타입의 맥주이다.

저알코올 맥주

원맥즙의 당도를 낮추어 알코올 함량이 낮아 가볍고 부드러운 맛을 가진 라이트 타입의 맥주light beer이다.

프리미엄 맥주

양질의 원료를 사용한 고급 맥주로서 알코올 함량도 5% 정도로 높은 편이다.

드라이 맥주

당분해 능력이 강한 효모를 사용하거나 제조공정을 조작하여 잔당을 최소화하고 알코올 함량을 높임으로써 마실 때 단맛이 적고 담백하며 끝 맛이 깨끗하다.

6) 서비스

맥주는 일광을 피해 시원한 장소에서 보관하는 것이 중요하다. 직사광선에 민감하므로 맥주병은 갈색 또는 녹색의 병을 주로 사용한다. 저장 환경은 5~20℃로 통풍이 잘되고 직사광선이 없는 어두운 지하실의 건조한 장소가 가장 적합하다. 서브할 때는 여름에는 6~8℃, 겨울에는 8~10℃의 온도가 이상적이다.

맥주는 공기와 닿으면 산화되어 맛이 변질되거나 맥주 속의 탄산가스가 공기 중으로 유실될 염려도 있다. 그러나 거품이 맥주와 공기 사이에 막을 형성하여 이런 현상을 방지해 주므로 잔을 기울여 맥주를 따른 후 병을 더 높게 들어 거품이 잘 일어나게 하는 것이 좋다. 잔에 물기나 기름기가 남아 있으면 맛과 향기를 감소시키고, 거품이 잘 일지 않거나 생겨도 곧 없어지므로 맥주를 따르기 전에 깨끗한 물로 헹군 후 행주로 얼룩이 남지 않게 닦아서 사용한다.

맥주 특유의 톡 쏘는 맛은 대부분의 요리에 잘 어울리지만 크림소스나 거품을 낸 크림 디저트 등에는 어울리지 않는다. 반면 매운 음식이나 진한 맛의 요리에는 잘 어울린다.

맥주잔의 형태는 매우 다양하다. 맥주는 전용 잔으로 마셔야 특유의 색을 감상할 수 있고, 적당한 거품이 만들어진다.

맥주잔 모양

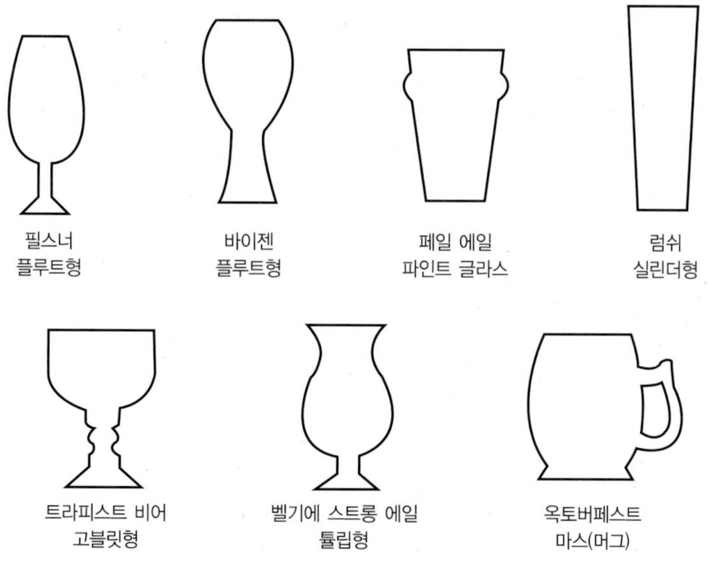

2. 와인_ Wine

넓은 의미에서의 와인은 과일, 곡류 등으로부터 얻은 알코올 함유 음료를 뜻하지만, 일반적으로는 순수한 포도만을 원료로 발효시켜 만든 술인 포도주를 가리킨다. 즉 와인은 포도알 속에 있는 당분fruit sugar이 포도 표피에 있는 효모yeast에 의해 화학작용을 일으켜 알코올alcohol, 탄산가스, 그리고 에너지로 변하는 술이라고 정의할 수 있다.

1) 어원

와인의 어원은 와인에 의약품을 탄 약용 포도주를 뜻하는 '비넘vinum' 이라는 라틴어에서 유래된 '포도로 만든 술' 이라는 의미이다.

2) 역사

포도나무 원목은 칡의 일종이었다. 포도나무의 재배가 언제부터 시작된 것인지 정확히 논하기는 어렵지만, 트랑스코카지아Transcocaise(현재의 아르메니아와 제오르지 지역)가 포도 재배의 발원지로 추정되고 있다. 근동과 페르시아에서부터 포도나무는 동쪽으로, 인도와 중국으로 퍼져 나갔다.

고대 이집트의 전성기였던 BC 3100~1500년경의 피라미드에서 발견된 벽화에는 포도를 수확하는 모습과 와인 양조의 그림이 있었다. 또한 BC 1700년경 바빌론의 함무라비 법전에 와인 상인에 관한 규정이 언급된 것으로 미루어 당시에 이미 와인이 중요하게 취급된 것으로 추측할 수 있다. BC 800년경 페니키아인들이 포도 재배와 와인 양조기술을 그리스에 전파하였고, 그리스인들은 다시 로마에 와인을 전해 주었다.

로마는 유럽을 점령한 후 프랑스, 독일 등 식민지 국가에 포도 재배와 와인 양조를 자연스럽게 전해 주었고, 그 결과로 유럽에 포도 재배가 확산되었다. 와인은 4세기 초 콘스탄티누스 황제의 기독교 공인 이후 교회 미사의 성찬용으로 사용되면서 유럽 전역에 보급되었다. 중세에는 의약용으로 그 중요성이 강조되면서 포도 재배와 와인 양조기술에 획기적인 발전을 가져오게 되었다.

근대에 들어와서 와인의 보급은 물론 소비량도 크게 늘었다. 1668년 프랑스 샹파뉴Champagne 지방 오빌레 수도원의 수사修士 돔 페리뇽Dom Perignon은 포도의 재배기법과 와인 양조기법에 큰 공을 세웠다.

17세기에 유리병이 보급되면서 와인 산업은 급속하게 발전하였고, 유명 와인에 라벨이 사용되기 시작하였다. 17세기 말부터 사용하기 시작한 코르크는 이후 와인 발전과 보급에 크게 기여하였다. 유럽 전 지역뿐만 아니라 신대륙에서도 와인이 주요한 무역상품으로 등장하게 되었다.

한편 1864년에 미국에서 수입된 야생포도나무의 뿌리에 있던 '필록세라 phylloxera(뿌리혹진드기)' 가 유럽 전역의 포도원을 황폐화시키는 일대 사건이 발발하였다. 당시 필록세라의 위기로 와인 품귀현상을 빚게 되자 가짜 포도주의 생산과 부정이 만연되었다. 결국 프랑스는 1889년 8월 14일 '신선한 포도즙이나 포도알로부터 전체적이거나 부분적인 발효를 거쳐 완성된 식품' 이라는 와인의 법적 정의를 내렸다. 이러한 위기는 결국 저항력이 강한 미국산 포도 묘목과 유럽산 포도 묘목의 접붙이기로 해법을 찾았다.

필록세라

1866년 파스퇴르는 병충해와 보존방법, 그리고 와인 숙성의 새로운 방법을 시도하였다. 1935년 프랑스는 원산지 통제명칭법AOC이라는 고급 와인 보호제도를 도입하였다. 잇따라 이탈리아, 독일, 미국, 오스트레일리아, 스페인 등이 이와 유사한 와인법을 시행해 와인의 품질을 유지, 발전시켜 나가고 있다.

우리나라의 와인 역사는 조선 후기 천주교가 국내에 전파되면서 외국 선교사들이 미사의 성체용 와인을 가지고 들어온 것에서 시작되었다. 1970년대 초까지만 해도 양곡의 자급자족이 이루어지지 않아 봄이면 춘궁기를 겪어야 했다. 그러나 곡류를 사용하여 막걸리 등의 술을 빚어 마시는 풍습은 여전히 남아 있었다. 그 당시 제3 공화국 정부는 척박한 토양에서도 잘 자라는 포도를 재배하여 와인을 만들어 마시면 식량부족을 해결하는 데 어느 정도 도움이 될 것으로 보았다. 그리하여 대기업에 양조용 포도를 생산하는 대규모 포도 단지를 조성하고 와인 공장을 건설하도록 권고하였다.

현대적인 양조기술은 1970년대 초 독일의 기술을 익힌 마주앙 기술진에 의해 시작되었다고 볼 수 있다. 1981년 프랑스 보르도Bordeaux 지방의 와인 연구진들의 기술 지도를 받은 진로 와인 기술진들에 의해 '샤또 몽블르'가 생산되었다. 수석농산에서는 (주)파라다이스 농산을 인수하여 '위하여' 화이트와 레드, 로제 와인을 만들었고, 프랑스 도츠 젤더망Deutz Gelderman사와 기술 제휴한 대선주조가 샤르도네chardonnay 품종을 샹파뉴 방식으로 만든 국산 1호의 정통 스파클링 와인 '그랑주아'를 1987년에 시판하였다.

3) 제조

일반적으로 레드 와인과 로제 와인은 적포도를 사용하고, 화이트 와인은 주로 청포도로 제조한다. 화이트 와인은 포도를 파쇄 · 압착하여 과즙만 발효시키는 데 반해, 레드 와인은 포도를 껍질과 함께 파쇄한 후 발효시켜 포도 껍질 속에 있는 안토시아닌anthocyanin 색소를 용출시키는 것이 다르다.

(1) 화이트 와인 양조

잘 익은 포도를 수확 후 바로 압착하여 포도즙을 만든다. 포도의 착즙률은 품종 및 압착 정도에 따라 다르나, 일반적으로 과일의 75~78%이다. 파쇄 후 흘러내리는free run 과즙이 30~40%, 1차 압착으로 나오는 과즙이 40%로, 이것이 좋은 품질의 와인이 된다. 과즙을 발효통에 옮겨 순수 배양한 효모cultured yeast를 넣고 발효시킨다.

(2) 레드 와인 양조

적포도를 파쇄한 후 그대로 발효시켜 껍질의 색소를 용출시킨다. 즉 포도를 파쇄한 후 과일과 과즙을 발효통에 넣고, 배양한 효모를 넣은 후 발효통을 덮는다. 포도즙에서 당분이 완전히 없어질 때까지는 수주에서 수개월이 걸리며,

화이트 와인 양조과정

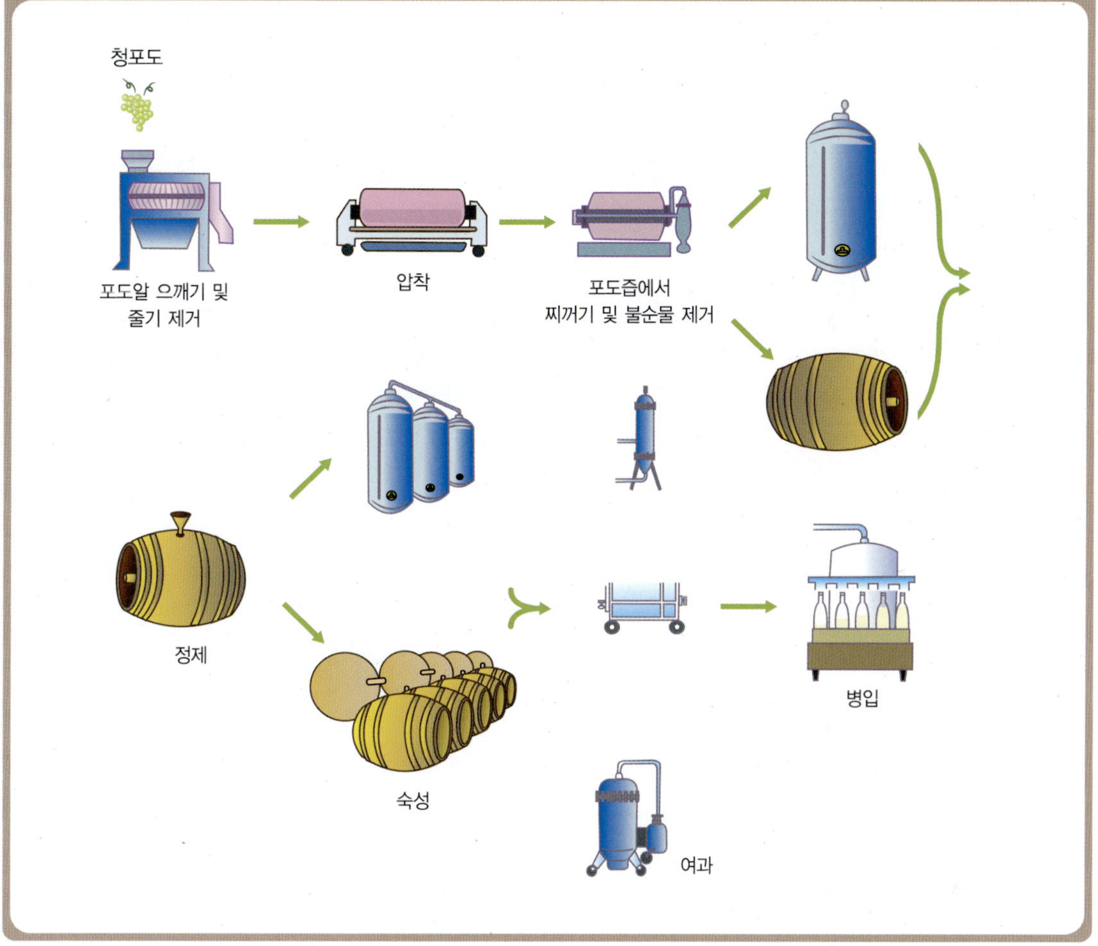

이때 후발효 male-lacitc fermentation가 일어난다. 이는 와인 중에 말산 malic acid(능금산)이 젖산 lactic acid과 이산화탄소, 에틸알코올, 아세트산으로 변화하는 것을 말한다. 결과적으로 산도가 낮아지고, 숙성될 때 안정성이 높아진다.

레드 와인 양조과정

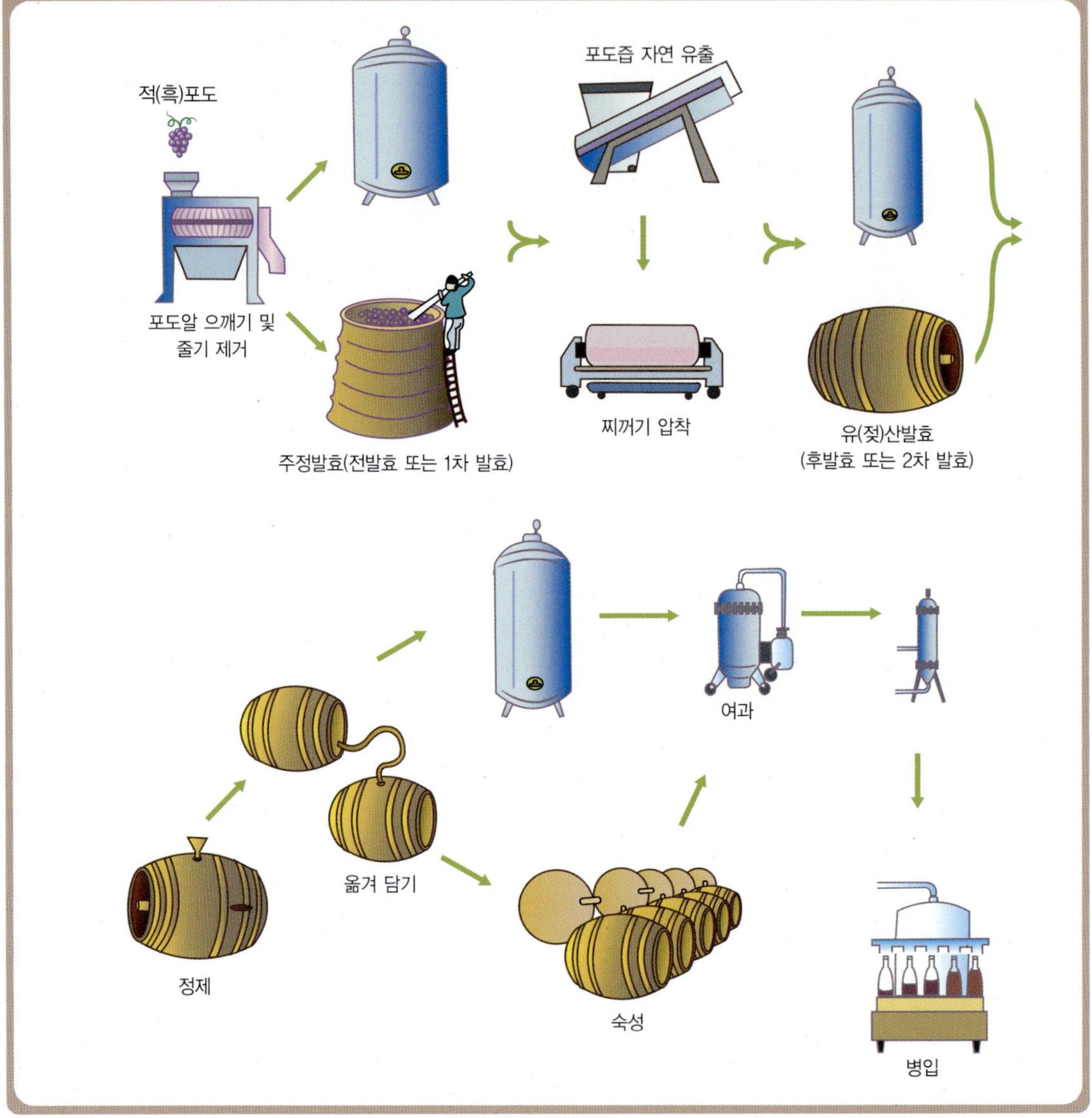

(3) 로제 와인 양조

색으로 보면 로제 와인은 레드 와인에 가깝지만 맛의 특징은 화이트 와인과 더 비슷하다. 로제 와인은 적포도를 파쇄한 뒤 포도즙과 껍질을 함께 보관하면서 원하는 색을 얻는다. 이때 침용 maceration은 원하는 색의 정도에 따라 시간을 조절한다. 만족할 만한 색이 얻어지면 압착해 포도즙을 분리하고 발효시킨 뒤 정제, 숙성, 여과, 병입의 순으로 양조한다.

와인 양조과정

종류	포도	수확	파쇄	압착	1차 발효	압착	2차 발효	앙금 제거	숙성	저장	여과	병입	숙성	출하
화이트 와인	청포도 • 적포도	-----	-----	-----	----→			-----	-----	-----	-----	-----	-----	----→
레드 와인	적포도	-----	----→		-----	-----	-----	-----	-----	-----	-----	-----	-----	----→
로제 와인	적포도	-----	----→		--껍질 제거--→			-----	-----	-----	-----	-----	-----	----→

(4) 발포성 와인 양조

화이트 와인 양조법과 같이 포도즙만으로 1차 발효를 시킨 후 완성된 와인을 섞어 뀌베 cuve를 만든다. 뀌베는 당해 연도에 생산한 와인뿐 아니라 이전에 만들어 저장 중인 와인을 섞어 제조하기도 한다. 여기에 설탕과 효모를 첨가하여 2차 발효를 진행한다.

병 돌리기는 경사진 나무판에 구멍을 뚫어 거꾸로 세워 놓은 후 주기적으로 회전시켜 효모 등의 찌꺼기를 병 입구로 모이게 하는 작업이다. 이렇게 고형물이 병목 부분에 모이게 한 뒤 병목 부분을 찬 소금물에 담갔다가 급속하게 순간 냉각시켜 얼리고 침전물을 빼내는데, 이 단계를 데고르주망 degorgement이라고 한다. 이때 발생된 탄산가스가 병을 열 때에 발산된다.

탄산가스의 압력에 의해 얼린 침전물이 빠지는 과정에서 와인이 자연스럽게 유실되는데, 이를 스파클링 와인과 설탕을 섞은 혼합액으로 보충한다. 이것을 도사주 dosage라고 한다. 이때 혼합액의 당분 함량에 따라 샴페인의 스타일이 결정된다.

발포성 와인 양조과정

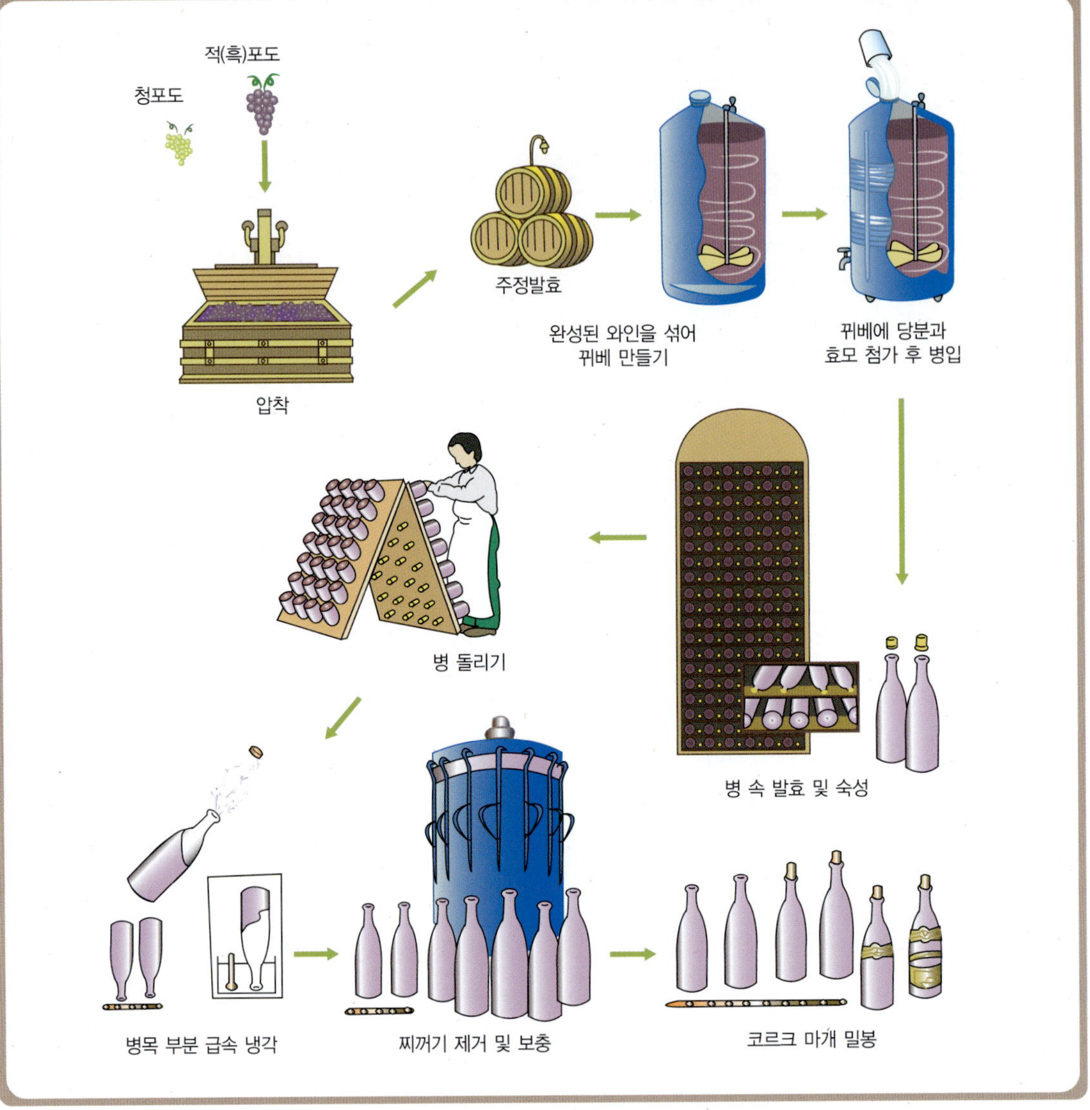

(5) 주정강화 와인 양조

와인을 발효시키는 도중이나 발효 후에 브랜디를 첨가하여 알코올 도수를 높인 와인이다. 주정강화 와인은 단맛이 강하고 장기간 보존이 가능하다.

4) 분류

(1) 제법에 따른 분류

비발포성 와인_ Still wine

8~14%의 알코올을 함유한 일반적인 와인이다. 와인이 발효되는 도중에 생긴 탄산가스가 완전히 발산된 와인을 숙성시켜 병입한다.

발포성 와인_ Sparkling wine

8~14%의 알코올을 함유하며, 발효 중에 탄산가스를 병 속에 넣어 발포성을 지닌 와인이다. 프랑스 샹파뉴 지방을 제외한 지역에서 이처럼 병내 2차 발효법으로 만들어진 스파클링 와인을 샴페인 방식 또는 크레망이라고 표기한다. 발포성 와인은 국가별로 부르는 이름이 다르다.

- 프랑스 : 샴페인 Champagne, 뱅 무슈 Vin mousseux, 크레망 Cremant
- 독일 : 섹트 Sekt, 샤움바인 Schaumvein, 펠바인 Perlwein
- 이탈리아 : 스푸만떼 Spumante, 프리잔테 Frizzante
- 스페인 : 카바 Cava, 에스푸모소 Espumoso

주정강화 와인_ Fortified wine

프랑스의 뱅 드 리퀘르 Vin de liquore, 이탈리아의 마르살라 Marsala, 스페인의 셰리 Sherry, 포르투갈의 포트 Port와 마데이라 Madeira가 대표적인 예이다.

(2) 색에 따른 분류

화이트 와인_ White wine

화이트 와인은 타닌 tannin 성분이 적어서 맛이 순하고, 포도 알맹이에 있는 산 acid 때문에 상큼하며, 포도 알맹이에서 우러나는 색깔로 인해 연한 밀짚색을 띤다.

레드 와인_ Red wine

포도의 씨와 껍질을 그대로 함께 넣어 발효시킴으로써 붉은 색소뿐만 아니라 씨와 껍질에 있는 타닌 성분까지 함께 추출되므로 떫은맛이 난다.

로제 와인_ Rose wine

밝은 분홍색이나 연어색을 띠는 가벼운 맛의 와인이다. 로제 와인은 보존기간이 짧으므로 오래 숙성시키지 않고 마시는 것이 좋다.

(3) 맛에 따른 분류

스위트 와인_ Sweet wine

와인을 발효시킬 때에 포도 속의 천연 포도당을 완전히 발효시키지 않고 일부 당분이 남아 있는 상태에서 발효를 중지시킨 것과 보당補糖을 한 와인 등이 있다.

미디엄 드라이 와인_ Medium dry wine

스위트와 드라이의 중간에 해당되며, 데미 드라이 demi dry 또는 세미 드라이 semi dry라고도 한다.

드라이 와인_ Dry wine

완전히 발효되어 당분이 거의 없는 상태의 와인이다.

(4) 식사 시 용도에 따른 분류

식전 와인_ Aperitif wine

식욕을 돋우기 위해 마시는 와인이다. 주로 한두 잔 정도 가볍게 마실 수 있는 강화주나 산뜻하면서 향취가 강한 맛의 와인이 적합하다. 드라이 셰리 dry sherry, 베르무스 vermouth 등이 있다.

식사 중 와인_ Table wine

식사와 곁들여 마시는 와인은 음식의 종류에 따라 다르나 풀 바디드 full

bodied 또는 헤비 바디드 heavy bodied 와인이 주로 선택된다.

식후 와인_ Dessert wine

식후에 마시는 것으로 주로 스위트 와인이 선택된다. 포트 와인 port wine, 크림 셰리 cream sherry, 소테른 sauternes, 바르삭 barsac 등이 있다.

(5) 저장기간에 따른 분류

영 와인_ Young wine

발효과정이 끝나면 별도의 숙성기간을 거치지 않고 바로 병입되어 판매되거나 장기간의 보존이 어려운 와인이다. 주로 자국 내에서 소비되는 저가의 와인이다.

에이지드 와인_ Aged wine

발효가 끝난 뒤 지하 창고에서 몇 년 이상의 숙성기간을 거친 것으로 품질이 우수한 와인이다.

그레이트 와인_ Great wine

5년 이상의 숙성기간을 거친 것으로 최상급 품질의 와인이다.

(6) 스타일에 따른 분류

풀 바디드 와인_ Full-bodied wine

입안에서의 느낌이 묵직하며 무게감이 느껴지는 화이트 또는 레드 와인이다.

미디엄 바디드 와인_ Medium-bodied wine

입안에서 감지되는 와인의 무게가 풀 바디와 라이트 바디의 중간 정도인 와인이다.

라이트 바디드 와인_ Light-bodied wine

입속에서의 느낌이 가벼운 와인이다. 마치 물처럼 가벼운 느낌을 주는 화이트 또는 레드 와인이 속한다.

5) 품종

양조용 포도는 일반 과일로 먹는 생식용 포도보다 크기가 작고 설탕, 산 등 포도를 구성하는 내용물이 농축되어 있다. 포도는 크게 두 부분으로 구성된다. 포도알의 골격 기반을 이루는 포도가 달린 꽃자루와 과육 및 껍질 그리고 씨앗 등으로 이루어진 포도알, 이렇게 두 부분이다.

포도의 단면도

꽃자루(stalk)

포도송이 총무게의 3~5%를 차지한다. 수분과 광물질이 풍부하게 함유되어 있으며 타닌을 지니고 있다. 포도 품종이나 와인의 타입에 따라 꽃자루를 분리하기도 한다.

껍질 혹은 얇은 막(skin)

포도알 무게의 10%를 차지한다. 희끗희끗한 윤기 나는 얇은 막으로 덮여 있는데 그 위에 포도즙을 와인으로 변화시키는 데 필요한 효모가 끼게 된다. 포도알의 껍질은 타닌과 색소가 풍부하다. 품종마다 특성이 다른 방향성 물질이 아로마가 되기 전 단계의 형태로 이 얇은 막 안에 들어 있다.

과육(pulp)

전체 무게의 80%로 가장 중요한 부분이다. 무색이며 수분, 당분(포도당, 과당), 3대 주요 산(주석산, 능금산, 구연산), 칼륨, 효모의 주요 자양물질인 질소 함유 물질 등으로 구성되어 있다.

씨앗(pip)

2~4개 들어 있으며, 총무게의 4~5%를 차지한다. 씨앗 안에는 타닌분과 지방 성분이 풍부하다. 뛰어난 와인 양조기술은 이러한 성분들이 와인과 접촉하는 것을 피해 와인에 우러나지 않도록 하는 데 있다.

(1) 화이트 와인 포도 품종

샤르도네_ Chardonnay

가장 유명한 청포도 품종의 하나로 프랑스 부르고뉴와 샹파뉴의 대표 품종이다. 현재는 캘리포니아, 오리건, 워싱턴과 이탈리아, 호주, 캐나다, 칠레, 남아공, 아르헨티나, 오스트리아, 뉴질랜드, 헝가리, 그리스 등지에서 재배된다.

이 품종으로 만든 화이트 와인은 섬세하고, 건과 향과 꿀 향의 우아한 방향을 지닌다. 사과, 배, 파인애플, 망고 등의 과실 향이 풍부하고, 오크통 숙성을 거치면 구운 빵 냄새도 난다.

껍질이 조금 두껍고 즙이 많으며, 세계적으로 가장 인기 있는 드라이 화이트 와인용 품종이다. 샹파뉴의 코트 드 블랑 Cote de Blancs에서도 재배되는데, 특히 '샴페인 블랑 드 블랑 Champagne Blanc de Blanc' 은 이 포도로만 만든다.

소비뇽 블랑_ Sauvignon blanc

프랑스의 루아르 지방이 원산지로서 보르도 지방과 남프랑스, 부르고뉴 및 론 지방과 호주, 아르헨티나, 그리스, 캘리포니아, 워싱턴, 뉴욕 등지에서 재배된다.

향기가 강하며 산도가 높은 품종으로 짠맛이 약간 나고, 보르도와 남서부 루아르강 계곡이 주 재배지이다. 알이 작고 촘촘하며 풀을 연상시키는 향이 특징이다. 퓌메 블랑 Fume Blanc이라고도 한다.

삐노 블랑_ Pinot blanc

알자스 지방의 품종으로 향이 유쾌하며 섬세하다. 입안에서는 신선하고, 유연하며 부드러운 느낌을 준다. 포도알이 촘촘하고 작으며 과피는 두껍고 즙이 많으나, 샤르도네에 비해 가벼운 와인이 된다.

게부르츠트라미네르_ Gewzutraminer

프랑스 알자스 와인 특유의 풍부하고 관능적이며 독창적인 와인을 만드는 품종이다. 캘리포니아, 워싱턴, 뉴욕, 호주, 뉴질랜드, 칠레 등지에서도 재배된다. 아로마가 풍부하여 꽃 향, 과일 향, 향신료 향이 뛰어나다. 입안에서는 강직하고, 기름지고 부드러우며 유연한 느낌을 준다. 짜임새가 있는 힘찬 무감미 백포도주를 생산하는데 작황이 좋은 해에는 감미 포도주로 만들어진다. 장기 숙성이 가능하다.

뮈스카데_ Muscadet

믈롱 드 부르고뉴 Melon de Bourgogne라고도 불리며 뮈스카데 지방의 유일한 품종이다. 이 품종의 와인은 신맛과 짠맛이 약간 나며, 드라이하고 산도가 매우 높다.

뮈스카_ Muscat

지중해 연안이 원산지로, 랑그독 루씨용, 론, 알자스 지방 및 코르시카섬과 캘리포니아, 호주, 이탈리아, 스페인, 헝가리 등에 분포한다. 랑그독 루씨용의 천연 감미 포도주에 사용되어 왔다. 이 포도는 진한 향이 특히 매력적이며, 짙은 쓴맛과 감미가 돈다.

위니 블랑_ Ugni blanc

프랑스의 샤랑트, 남서부 지방 등에서 재배되며 생기 있고 짜임새 있는 와인으로 양조되어 코냑, 아르마냑 등의 증류에 사용된다. 랑그독, 프로방스, 코르시카 등지에서는 신선하고 산도가 높은 와인에 사용된다. 일명 생떼밀리옹 Saint-emilion으로 불리며 이탈리아에서는 트레비아노 Trebbiano라는 이름으로 재배되고 있다.

슈냉 블랑_ Chenin blanc

피노 드 라 루아르 Pinot de la Loire라고도 불리며 늦게 익는 성질 때문에 매우 섬세한 향을 얻을 수 있다. 적당히 익은 후 수확 시, 무감미 백포도주를 얻을 수 있고 발포성 와인으로도 양조된다. 귀부병이 나타나 늦게 수확할 경우에는 감미 포도주 제조를 위해 선별하여 수확한다. 이 품종의 와인은 산미가 강하며 장기보관용이다.

세미용_ Semillon

프랑스의 서남부 지방이 원산지로 서늘한 곳에서 잘 자라며, 호주, 뉴질랜드, 캘리포니아, 워싱턴, 칠레 등지에서 재배된다.

껍질이 얇아 보트리티스 시네레아Botrytis Cinerea가 생기기 쉬운 성질 때문에 소테른 감미 포도주의 주품종이 된다. 양질의 스위트 와인을 만드는 포도 품종이다. 소비뇽 블랑과 블렌딩하면 섬세하고, 산미가 있으며 조화로운 무감미 백포도주가 된다.

리슬링_ Riseling

독일 최고의 품종으로 추위에 강하고 수확이 늦다. 라인과 모젤 지방에서 생산되는 화이트 와인의 대표적인 품종으로 드라이에서 스위트까지 다양한 형태로 제조되어 독특한 맛을 낸다. 독일산 리슬링은 신선한 과일 향이 풍부하고 산미도 알맞게 지니고 있으며, 알자스 지방에서는 과일 향을 가진 기품 있고 상쾌하며 탁월한 무감미 백포도주를 생산한다. 알이 작고 촘촘하며 과피가 얇아 귀부를 일으키기 쉽다. 알자스의 가장 오래된 포도 품종이기도 하다.

샤르도네(Chardonnay)

소비뇽 블랑(Sauvignon blanc)

게부르츠트라미네르(Gewzutraminer)

슈냉 블랑(Chenin blanc)

세미용(Semillon)

리슬링(Riseling)

실바너_ Sylvaner

한때 독일 최대의 재배면적을 차지하던 품종으로 서리에 약하고 성장력도 다른 품종에 비해 약하여 수확량이 감소하고 있다. 알자스에서는 신선하고 과일 향을 띤 가벼운 와인으로 생산하는 품종이다.

(2) 레드 와인 포도 품종

까베르네 소비뇽_ Cabernet Sauvignon

주로 프랑스의 보르도 지방과 남서부 지방에서 재배되나 루아르강 계곡과 프로방스, 랑그독 지방 등에서도 재배된다. 이외에도 칠레, 캘리포니아, 호주, 남아공, 불가리아, 이탈리아, 아르헨티나 등 전 세계적으로 광범위하게 분포되어 있다.

껍질이 두껍고, 비교적 적응력이 좋은 품종으로 만기숙성형이다. 이 품종의 와인은 장기숙성하면 타닌이 매우 힘차고 부드러워지는 특징이 있다. 색깔이 진하며, 여러 가지 베리 berry 향과 자두 plum 향, 후추 향이 난다.

까베르네 프랑_ Cabernet franc

보르도가 원산지로 생떼밀리옹에서는 브르통 Breton, 마디랑에서는 부셰 Bouchet라는 이름으로 불린다. 이외에 이탈리아 동북부와 베네치아, 캘리포니아, 워싱턴, 남아공, 호주 등지에서 재배된다.

이 품종의 와인은 까베르네 소비뇽 와인보다 색깔이 옅고, 탄닌 함량이 적어 일찍 숙성되며 깊은 맛이 있다. 검은 딸기나무 향기와 프람브와즈 framboise 향이 풍부하고, 세련된 맛의 와인이 만들어진다.

메를로_ Merlot

보르도 지방의 생떼밀리옹과 포메롤의 주요 포도 품종이다. 또한 이탈리아 북부와 중부, 미국의 워싱턴과 캘리포니아, 호주, 칠레, 남아공, 캐나다, 동유럽 등에도 분포한다. 조기숙성 타입의 품종으로 진흙, 석회질 토양에서 잘 자라며, 와인의 색깔이 짙고 부드러우면서 유연한 느낌을 주며 유질성이 풍부하다. 까베르네 소비뇽 와인보다 빨리 숙성되며, 순하고 향긋하여 여성적인 섬세함이 느껴지는 와인이 된다.

가메 누아르 아 쥐 블랑_ Gamay noir a jus blanc

보졸레를 만드는 주력 품종으로 과일 맛이 진하고, 순하며, 탄닌이 적다. 짧은 침용기간을 거쳐 양조되므로 이 품종은 생산 후 곧 마실 수 있는, 가볍고 향기로운 와인을 만드는 데 사용된다.

쉬라_ Syrah

서아시아가 원산지로 십자군 전쟁 때 유럽에 전파되어 에르미타주 Hermitage, 쉬라즈 Shiraz 등으로 불리기도 한다. 코트 뒤 론 북부에서 주로 재배되며, 척박한 땅에서 잘 자란다. 호주, 스위스, 캘리포니아, 남아공, 아르헨티나, 이탈리아 중부에서도 재배된다. 특히 오스트레일리아의 쉬라즈는 국가 대표 와인으로 각광 받고 있다.

탄닌이 풍부하여 오랜 숙성이 필요하고, 개성이 강한 와인을 생산한다. 매우 짙은 색깔을 띠고 바이올렛 향, 후추 향, 가죽 향이 풍부하다.

삐노 누아_ Pinot Noir

부르고뉴의 유명한 레드 와인에 유명세를 안겨 준 품종이다. 스위스, 독일, 이탈리아 북부, 호주 등에서 잘 자란다. 특히 미국의 오리건, 워싱턴, 캘리포니아 지역이 삐노 누아의 새 명문으로 자리 잡아 가고 있다.

숙성 초기의 와인은 붉은 열매 향이 강하나 점차 버찌 향과 사냥한 짐승고기 향으로 발전한다. 포도색은 짙은 붉은색이나 와인이 되면 엷고 맑은 색을 내고, 껍질은 얇은 편이다. 샹파뉴 지방에서는 화이트 와인을 양조하기 위해 재배한다.

까리냥_ Carignan

지중해 지방 전역에서 재배되며, 남프랑스의 중심 품종이다. 척박하고 자갈이 많은 토양에서 생산되는 와인의 강한 탄닌을 보완하기 위하여 섬세한 품종인 그르나슈 Grenache, 쉬라 Syrah, 생쇼 Cinsault 등의 포도주와 블렌딩하여 색이 진하고, 탄닌 성분과 향이 풍부한 와인이 만들어진다.

말벡_ Malbec

프랑스의 보르도, 루아르 지방에서 번성하고 있으며, 아르헨티나, 스페인, 호주, 캘리포니아 등지에서 재배되는 전통적인 품종으로 색과 탄닌의 조화를 위해 브랜디 brandy용으로 많이 쓰인다. 지역에 따라 다른 명칭으로 불리는데, 카오르 Cahors 지방 와인의 주요 품종으로 이 지방에서는 오세루아 Auxerrios, 투렌 지방에서는 코 Cot, 보르도 지방에서는 말벡으로 불린다.

진한 과실 향이 나고 맛이 진하며, 오크통에서 숙성을 거치면 비교적 우아한 맛을 느낄 수 있다.

그르나슈_ Grenache

스페인이 원산지로 매우 힘차고 가뭄에 잘 견뎌 지중해 전 포도원에서 재배되며, 달콤한 딸기 향이 난다. 현재는 스페인, 호주, 캘리포니아, 이탈리아, 아프리카, 아르헨티나, 멕시코 등에서 재배된다.

주로 알코올 함량이 높으면서 풀 바디 full body하고 유연한 맛의 진한 와인이 생산된다. 코트 뒤 론과 샤또뇌프 뒤 파프 Chateauneuf du Pape 와인에서는 결정적인 역할을 담당한다. 타블 로제의 주요 품종으로도 사용된다. 론 지방의 그르나슈는 지중해성 품종으로 가뭄과 바람에 잘 견디며, 화이트 와인으로 양조하면 생기 있고 섬세하며 아니스, 회향풀, 민트 등의 아로마를 지닌다.

뗌쁘라뇨_ Tempranillo

스페인의 토착 품종으로 현재는 포르투갈, 아르헨티나, 칠레 등지에서 재배된다.

포도의 껍질은 두꺼우며, 검붉은 짙은 색상을 띠고, 탄닌이 풍부하며 산도가 강한 편이다. 오랫동안 오크통에서 숙성시키면 부드러운 딸기 향을 갖게 되나, 최근에는 오크통 숙성을 거치지 않은 과일 향이 풍부한 와인도 만든다.

산지오베제_ Sangiovese

가장 유명한 이탈리아의 대표적인 품종으로 토스카나, 에밀리아-로마냐, 움브리아주 등에서 널리 재배되고 있으며, 키안티 와인의 주품종이다. 캘리포니아, 워싱턴, 호주, 아르헨티나 등지에서도 재배된다.

산도가 높아 오크통 숙성이 필요하다. 체리 향과 서양 자두 향이 난다.

네비올로_ Nebbiolo

이탈리아에서 가장 많이 재배되는 적포도 품종으로 이탈리아어의 안개 'nebbia' 에서 유래되었다.

껍질이 두꺼우며, 탄닌이 강하고 당분 함량이 높아 이 포도로 만든 와인은 알코올 함량이 높고 산도가 비교적 높은 편이다. 묵직한 맛이 매력적이다. 특히 바롤로 Barolo, 바르바레스코 Barbaresco는 네비올로로 만든 세계적인 명주이다.

까베르네 소비뇽 (Cabernet Sauvignon)

까베르네 프랑(Cabernet franc)

메를로(Merlot)

가메 누아르 아 쥐 블랑 (Gamay noir a jus blanc)

쉬라(Syrah)

삐노 누아(Pinot Noir)

그르나슈(Grenache)

진판델_ Zinfandel

이탈리아가 원산지이지만 캘리포니아에서 가장 애용되는 품종이다. 현재는 남아공, 호주 등지에서도 재배된다.

풍부한 과실 향과 기분 좋은 산도가 특징이며 화이트 와인, 로제 와인 및 레드 와인에 이르기까지 폭넓은 와인을 생산한다.

6) 서비스와 테스팅

(1) 보관

와인은 살아 있는 음료이다. 따라서 와인 본래의 맛을 간직하기 위해서는 몇 가지의 규칙을 지켜야만 장기간 보관할 수 있다. 와인 전용 냉장고나 와인 저장실에 보관하는 방법을 권장한다.

(2) 온도

약 12℃의 일정한 온도가 이상적이나 8~15℃ 사이면 무난하다. 와인의 보관에 있어서 가장 중요한 것은 일정한 온도를 유지하는 것이다.

(3) 습도

65~85% 정도의 습도가 유지되어야 코르크가 건조되지 않으며, 캡슐이나 라벨이 손상되지 않는다. 품질 보존을 위하여 와인은 눕혀서 보관한다. 이러한 방법으로 코르크가 마르거나 수축되는 것을 방지할 수 있고, 외부 공기의 유입을 막아 와인이 쉽게 상하는 것을 막을 수 있다.

(4) 진동

와인 속의 찌꺼기가 떠오르는 것을 막고 코르크가 풀어지는 것을 예방하기 위하여 진동은 최소화하여야 한다.

(5) 빛

와인이 자외선에 노출되는 것은 매우 위험하다. 햇빛뿐만 아니라 인공 광원도 가능하면 피하는 것이 좋다. 이러한 빛에 노출되면 병의 온도가 올라가면서 와인의 맛이 변하기 때문이다. 따라서 와인을 보관할 때에는 어두운 곳이 좋다.

(6) 서비스

각각의 와인에는 최적 시음온도가 있다. 와인별로 독특한 풍미를 가지고 있으므로 그 개성을 잘 살릴 수 있는 이상적인 온도를 지켜 서빙하는 것이 중요하다. 와인이 4℃ 이하로 너무 차갑게 제공되면 아로마는 제 향을 다 발휘하지 못하며 혀의 미각돌기는 거의 마취상태가 된다. 반대로 서빙온도가 너무 높으면 와인이 무겁게 느껴지며, 알코올 성분이 강하게 나타나고 신선함이 없어진다.

와인 병의 부분 명칭

- **캡슐** : 코르크 마개를 코르크 나방으로부터 보호해 주고 숙성기간이 긴 와인의 경우 증발을 막아 준다.
- **코르크** : 공기의 유입을 차단한다.
- **병의 목** : 와인과 외부 공기와의 접촉을 최소화하고 작은 코르크로 밀봉을 가능하게 해주는 구조를 가지고 있다.
- **어깨** : 위로 좁아지는 부분이다.
- **뒤 레이블** : 비공식적인 뒤 레이블에서는 이 와인을 어떤 온도에서 그리고 어떤 음식과 함께 마시는 것이 좋은지에 대해 알려 주기도 한다. 이 밖에 자세한 포도 품종 또는 재배방법 등의 사항을 기재하는 경우도 있다.
- **앞 레이블** : 와인의 명함과도 같으며 와인 병을 장식해 줄 뿐만 아니라 와인에 대한 중요한 정보를 담고 있다. 와인명 이외에도 빈티지, 생산자명 또는 병입자명 그리고 와인생산 농장 등이 명시되어 있다.
- **펀트** : 바닥의 움푹 들어간 곳으로, 병을 튼튼하게 유지시켜 준다. 따를 때 편리하며, 침전물이 모이는 역할도 한다.
- **병(bottle)** : 와인 병이 초록색이나 갈색인 이유는 와인을 자외선으로부터 보호하고 와인의 색상을 유지하기 위해서이다.

와인 병

유리로 된 와인 병은 와인의 품질을 좌우하는 주요한 요소이다. 유리병은 와인을 보호해 주고 보존시킬 뿐만 아니라 와인의 숙성을 도와주기 때문이다.

와인 글라스

와인을 즐기는 데 필수 요소인 와인 잔은 림 rim, 볼 bowl, 스템 stem, 베이스 base로 이루어져 있다.

리델(Ridel)의 산지별 와인 글라스의 종류

일반적으로 레드 와인 글라스는 화이트 와인 글라스보다 용량이 크고 너비가 넓으며 글라스 입구가 안쪽으로 더 모아져 있다. 이는 레드 와인의 향기가 밖으로 나가지 못하도록 한 형태이다. 공기의 접촉을 원활하게 하여 보다 높은 향기를 끌어내고 와인의 색을 충분히 즐길 수 있도록 볼이 큰 글라스를 사용한다. 화이트 와인은 외부 온도의 영향을 덜 받고 차가운 상태로 와인을 즐길 수 있도록 하기 위해 적은 용량의 글라스를 사용한다.

샴페인 글라스 중 쿠프 coupe형은 거품이나 향기를 즐기는 데에는 부적합하지만, 파티에서 한 번에 많은 수의 글라스를 운반하기에 편리하며 안정감 있는 형태이다. 이에 비해 플루트 flute형은 샴페인의 거품을 유지하고 향기를 빠져

와인 글라스의 부분 명칭과 INAO 기준 크기

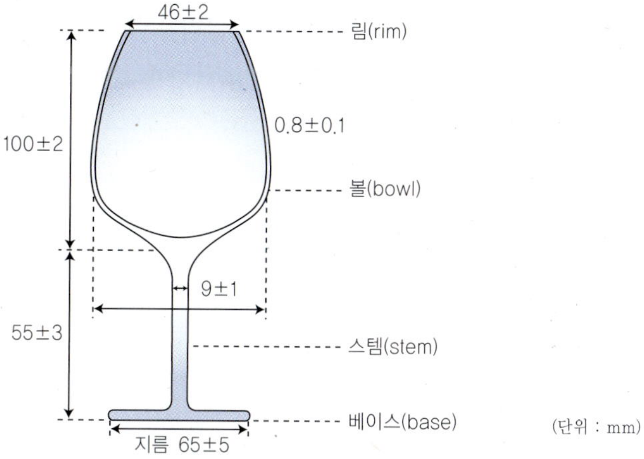

표 2-1 / 와인 글라스의 종류

명칭	형태	용량	용도
화이트 와인 글라스 (white wine glass)		150ml~	백포도주용으로 한 번에 적은 양이 들어가는 작은 글라스를 사용한다.
레드 와인 글라스 (red wine glass)		180ml~	적포도주용으로 튤립 형태의 글라스를 사용한다. 실온으로 마시는 적포도주는 백포도주와 달리 온도가 올라가는 것을 막을 필요가 없다.
샴페인 글라스 (champagne glass; coupe)		135ml	스파클링 와인(sparkling wine)용으로 파티에서 피라미드 상태로 쌓거나 행사장의 건배용으로 사용한다.
샴페인 글라스 (champagne glass; flute)		150ml	스파클링 와인용으로 거품을 오랫동안 유지하고, 육안으로 즐길 수 있다.
셰리 와인 글라스 (sherry wine glass; copita)		90ml	셰리나 포트 와인을 마실 때 주로 사용된다.

나가지 못하게 하기 위해 입구가 좁다.

와인 애호가들은 와인의 산지별로 각각 다른 글라스를 사용하기도 한다. 그러나 일반 가정에서는 레드 와인 글라스와 화이트 와인 글라스 그리고 샴페인 글라스와 셰리 글라스 정도만 구비한다면 충분히 와인을 즐길 수 있다.

(7) 서빙

와인을 적합한 환경에서 보관하여 좋은 상태를 유지하는 것만큼이나 중요한 것이 바로 올바른 서빙이다. 특히 장기보관용 와인을 서빙할 때에는 더 많은 주의를 기울여야 한다.

스틸 와인 still wine은 다음과 같은 순서로 서빙한다.

- 와인의 상표가 손님을 향하게 하여 보여 주고, 주문한 와인임을 확인할 수 있게 한다.
- 캡슐 커터나 칼을 이용해 캡슐을 제거한다.
- 병목에 있는 먼지나 곰팡이 등을 제거하기 위해 냅킨으로 닦는다.
- 코르크의 중앙에 코르크스크루를 수직으로 넣고, 천천히 돌려 넣은 후 조심스럽게 뽑아낸다. 이때 제거한 코르크는 호스트에게 건네 이상 유무를 확인할 수 있도록 한다.
- 손님이 여러 명일 때에는 호스트에게, 남녀일 경우는 남자에게 먼저 테스팅하도록 한다.
- 고객의 좋다는 사인을 확인한 뒤 와인을 따른다. 이때 와인 병은 보통 2cm 정도 글라스의 위 중앙부에서 따라야 하며, 병을 살짝 돌리면서 커팅 cutting한다.
- 와인을 따른 후 병목을 서비스 냅킨으로 닦아 와인이 테이블에 떨어지지 않도록 주의한다.

발포성 와인 sparking wine은 보다 세심하게 서빙하여야 한다.

- 병목 부분의 띠를 잡아당겨 캡슐의 윗부분을 벗겨 낸다.
- 왼손의 엄지손가락으로 코르크의 윗부분을 누르면서 감겨 있는 철사를 푼다.
- 왼손으로 병목 부분을 잡고 오른손으로 코르크를 약간씩 좌우로 비튼다.
- 코르크가 순간적으로 튕겨 나가지 않도록 오른손으로 코르크를 단단히 잡고, 소리 나지 않게 빼낸다.
- 와인을 서비스할 때마다 병목을 서비스 냅킨으로 닦아 준다.

와인 액세서리

와인을 보다 효율적으로 서비스하기 위해 갖춰야 하는 기구는 표 2-2 와 같다.

표 2-2 / 와인 서비스에 사용되는 기구

명칭	형태	용도
코르크스크루 (corkscrew)		안전하게 접혀 있어 호주머니에 휴대할 수 있다. 손잡이를 펼쳐 사용하며 캡슐 커터도 같이 부착되어 있어 캡슐 제거를 용이하게 한다.
		종 모양 손잡이의 타래송곳은 가장 단순한 스크루로, 사용할 때 힘이 너무 많이 들기 때문에 비실용적이다.
		천사의 날개라고도 하며 가장 인기 있는 모델로 코르크를 뽑아 올리는 손잡이가 달려 있어 자연스럽게 내부 압력에 의해 코르크가 밀려 올라올 수 있다.
온도계 (thermometer)		와인 병에 부착하여 사용하며 포도주의 온도를 확인한다.
와인 홀더 (wine holder)		와인 병을 눕혀 놓을 수 있는 받침대로 홀더를 벌려서 병을 끼워 넣는다.

명칭	형태	용도
와인 바구니 (wine basket)		밑이 평평하고 손잡이가 달려 있어 와인 병을 안전하게 담을 수 있으며, 보통 침전물이 포함된 레드 와인을 따르기 위해 사용된다.
디캔터 (decanter)		와인의 침전물을 가라앉히고 와인을 덜어서 제공하기 위해 사용된다.
베이스 커버 (base cover) 글라스 커버 (glass cover)		와인 잔의 베이스와 림의 커버로 사용한다. 글라스 커버는 야외 상차림에서 식사 전에 컵에 이물질이 들어가는 것을 막아 주는 용도로도 쓰인다.
글라스 마커 (glass marker)		와인 잔의 윗분분이나 다리 부분에 끼워 넣어 자신의 잔임을 표시한다.
실버 포일 (silver foil)		원형 은박지로 병 속의 와인을 와인 잔이나 디캔터에 따를 때 흘리지 않도록 도와준다.
와인 쿨러와 스탠드 (wine cooler & stand)		화이트 와인을 차게 할 때 사용하는 것으로 물과 얼음을 1 : 1로 채워 와인 병이 어깨 높이로 잠길 수 있도록 한다. 와인 쿨러 스탠드는 와인 쿨러를 세워 둘 때 사용하는 받침대이다.

시음

와인 테스팅은 드라이한 것에서 스위트한 것으로, 덜 숙성된 것에서 오래된 것으로, 화이트 와인에서, 레드 와인으로, 라이트 바디에서 풀 바디 와인의 순으로 시음할 것을 권장한다.

순서

- 와인은 글라스의 1/3~1/2 정도 채운다. 이때 받는 사람은 잔이 채워지는 것을 조용히 바라본다. 단, 스파클링 와인의 경우 글라스를 거의 가득 채

우기도 한다.

- 글라스를 기울여 와인과 잔 안쪽 접촉면의 색조와 명암을 살핀다.
- 잔을 살짝 흔들어 방향芳香시킨 뒤 코에 가까이 대고 향을 맡는다.
- 한 모금씩, 입안에서 한두 번 굴리면서 천천히 음미하며 마신다.
- 기름진 음식을 먹다가 와인을 마실 때에는 냅킨으로 입가의 기름기를 닦아 내고 마신다.
- 와인을 마실 때는 글라스의 스템 부분을 잡는 것이 올바른 매너이다.

표 2-3 / 와인 테스팅 체크 포인트

감각	체크 포인트
시각 (appearance)	선명도(clarity), 색도(depth of color), 색(color), 점도(viscosity)
후각 (smell)	전반적인 향(general appeal), 아로마(aroma), 방향(bouquet)
미각 (taste)	당도(sweetness), 타닌(tannin), 산도(acidity), 밀도(body), 쓴맛(bitterness), 균형(balance), 뒷맛(length)

(8) 유의사항

시각

잔을 기울여 와인의 색과 투명도, 명암, 광택, 유질성 등을 살핀다.

와인색의 농도는 포도주의 구성 성분이 골고루 풍부하게 내재하는 정도를 지적해 준다. 가벼운 색깔은 가벼운 와인, 짙은 색깔은 풍부한 와인을 나타낸다. 예를 들어 백햇포도주는 초록빛 음영을 띠고 적햇포도주는 보랏빛 반영을 보이며, 장기숙성된 적포도주는 오렌지 빛깔을 풍긴다.

일반적으로 화이트 와인은 순백색으로부터 호박색에 이르러야 하며, 갈색이나 구릿빛이 되어서는 안 된다. 레드 와인은 숙성될수록 더 붉은색을 띠게 되며, 여기에서 더 숙성되면 그 붉은색은 감소하고 레드 오렌지 색소를 띠면서 노랑색 계열로 변화한다.

좋은 와인은 크리스털처럼 광채가 나야 하며 혼탁하지 않고 맑아야 한다.

와인의 색상 가이드

후각

와인의 향기는 그 와인의 품질을 나타내는 지표가 되기도 한다. 크게 두 가지로 나눌 수 있다. 먼저 아로마 aroma란 포도의 원산지에 따라 다른 개성 있는 와인의 첫 번째 향기를 말한다. 이 아로마는 원료 자체에서 우러나는 향기이며, 포도의 품종에 따라서 같은 품종이라도 포도가 자란 환경, 즉 토양의 성분, 기후, 재배조건 등에 의하여 여러 가지 차이가 날 수 있다.

부케 bouquet란 주로 와인의 숙성과정 중에 형성되는 여러 가지 복잡 다양한 향기를 말한다. 부케는 각 성분들끼리의 어울림, 오크통 속에서의 화학적 변화, 병 숙성과정 등을 통하여 그 와인만의 고유한 향을 가지게 된다.

포도주의 후각적 접근은 내재된 아로마 전체를 강도와 질, 성질에 따라 분석하는 것이다. 이를 통해 와인의 꽃향기와 야채 향, 과일 향, 향신료, 동물 향, 훈연 향 등을 느낄 수 있다.

와인 아로마 휠

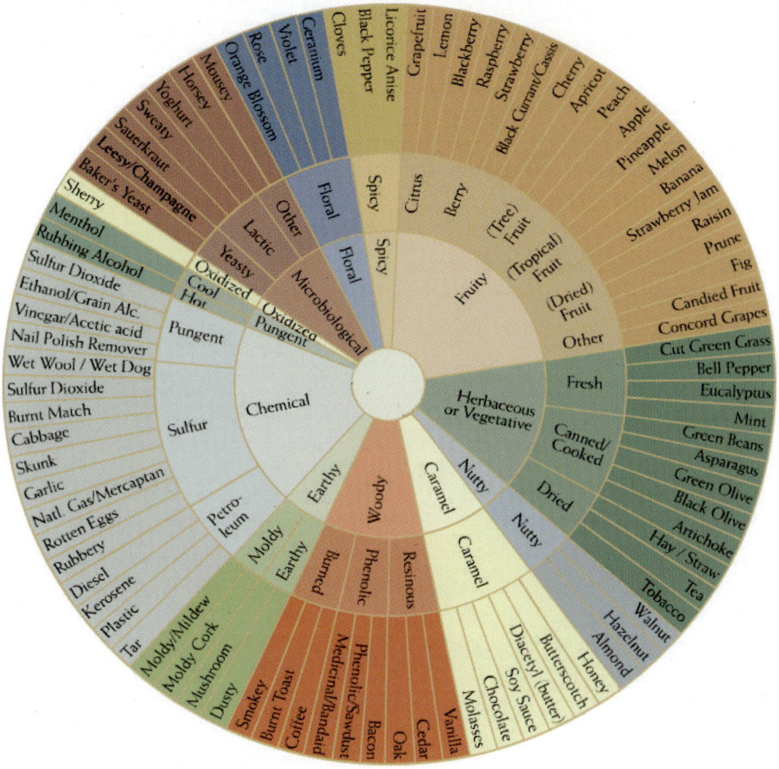

미각

와인의 구성 성분은 특별한 맛을 가지고 있다. 단맛은 알코올 도수, 글리세롤, 잔류 당도에 의해 결정된다. 이때 와인의 감미로운 맛과 유질 성분, 부드러움을 느낄 수 있다. 주석산 acide tartrique, 젖산 lactic acid, 구연산 등은 와인의 주요 3대 산이며, 신맛을 주도한다. 한편 탄닌은 떫은맛을 느끼게 해준다.

와인을 마시고 난 뒤에 느껴지는 여운 finish도 와인의 품질을 결정짓는 주요한 체크 포인트이다. 이때에는 균형 balance을 느끼는 것이 중요하다.

표 2-4 / 와인 테스팅 가이드

■와인명(name of wine) : ■나라(country) : ■지역(district) :	■빈티지(vintage) : ■가격(price) : ■타입(type) :
색(sight) • **선명도(clarity)** : 탁한(cloudy), 조금 탁한(buty), 흐린(dull), 맑음(clear), 아주 맑음(brilliant) • **색도(depth of color)** : 묽은(watery), 엷은(pale), 중간(medium), 진한(deep), 아주 진한(dark) • **색(color)** 화이트 와인 : 초록빛을 띤(green tinge), 담황색(pale yellow), 황금색(gold brown) 레드 와인 : 자주빛(purple), 자주빛 적색(purple/red), 적색(red), 진한 적색(red/brown) • **점도(viscosity)** : 약간 발포성(slight sparkle), 묽음(watery), 보통(normal), 진한(heavy), 유질성(oily)	선명한(starbright), 짚색(straw), 호박색(amber), 황갈색(tawny), 진홍색(ruby), 검붉은색(garnet), 흐릿한(hazy), 불투명한(opaque)
향(smell) • **전반적인 향(general appeal)** : 천연 향(natural), 맑은 향(clean), 매력적인 향(attractive), 특출한 향(outstanding) • **과일 향(fruit aroma)** : 전혀 없음(none), 미미한(slight), 긍정적인(positive), 뚜렷한(identifiable) • **방향(bouquet)** : 전혀 없음(none), 기분 좋은 향(pleasant), 복합 미묘한 향(complex), 강렬한 향(powerful)	삼목 향(cedarwood), 코르크 향(corky), 나무 향(woody), 결여된(dumb), 꽃 향(flowery), 탄내(smoky), 꿀 향(honeyed), 레몬 향(lemony), 풍미 있는(spicy), 곰팡이 냄새(mouldy), 유황 향(sulphury)
맛(taste) • **당도(sweetness)** 화이트 와인 : 매우 드라이(very dry), 드라이(dry), 미디엄 드라이(medium dry), 미디엄 스위트(medium sweet), 매우 단(very sweet) • **타닌(tannin)** 레드 와인 : 떫은(astringent), 하드(hard), 드라이(dry), 소프트(soft) • **산도(acidity)** : 산도가 없음(fiat), 상쾌한(refreshing), 좋은(marked), 시큼한(tart) • **밀도(body)** : 가볍고 엷은(very light and thin), 가벼운(light), 미디엄(medium), 진한(full bodied), 아주 진한(heavy) • **뒷맛(length)** : 짧은(short), 괜찮은(acceptable), 오래가는(extended), 아주 오래 남는(lingering) • **균형(balance)** : 불균형(unbalanced), 좋음(good), 잘 균형 잡힌(very well balanced), 완전한(perfect)	능금 맛(appley), 강렬한 맛(burning), 산딸기 맛(blackcurrants), 캐러멜 맛(caramel), 밋밋함(dumb), 신선한(green), 달콤한 맛(mellow), 금속성 맛(metallic), 곰팡이 냄새(mouldy), 나무열매의 맛(nutty), 짠맛(salty), 매끄러운 맛(silky), 풍미 있는(spicy), 싱거운 맛(watery), 쓴맛(bitter), 흙 맛(earthy), 연약한 맛(flabby)
총체적인 평가(overall quality) • 조악함(coarse), 열등함(poor), 괜찮음(acceptable), 좋음(fine), 뛰어남(outstanding)	연한(supple), 미묘한(finesse), 우아한(elegance), 조화로운(harmonious), 풍요로운(rich), 섬세한(delicate)

7) 빈티지

와인의 품질은 재배 지역과 기후, 포도 품종 등에 의해 결정된다. 빈티지 vintage란 포도를 수확한 연도를 말하는데, 불어로는 밀레짐 millesium, 이탈리아어로는 아노 ano라고 한다. 그해의 기온, 일조시간과 강우량 등 와인의 품질에 영향을 주는 기후를 측정하여 반영한 빈티지 표가 매해 작성되어 발표된다. 표 내용은 와인의 라이프 사이클 때문에 매해 조금씩 바뀐다. 이러한 정보는 소비자들이 와인을 선택할 때 참고가 될 수 있으나 절대적인 것은 아니다.

8) 와인과 음식

음식과 와인의 조화는 복합적인 성격을 띠고 있다. 단순한 공식으로는 설명할 수 없으며, 또한 개인의 취향이나 예산 등의 변수도 배제할 수 없다. 그러나 가장 기본적인 규칙은 각 나라의 와인은 그 나라의 음식과 어울렸을 때 가장 좋다는 것이다. 즉 프랑스 요리에는 프랑스의 와인이, 이탈리아 요리에는 이탈리아의 와인이 가장 잘 어울린다.

우리의 미각으로 느낄 수 있는 기본적인 4가지 맛인 쓴맛, 짠맛, 신맛, 단맛은 상호작용을 한다. 즉 짠맛은 쓴맛을 강화시키고 쓴맛은 신맛을 완화시키며 단맛은 신맛, 짠맛, 쓴맛을 둔화시킨다. 이러한 맛의 조화를 염두에 두고 와인과 음식을 선택한다면 도움이 될 것이다. 이것이 와인 선택의 두 번째 지침이다. 특히 와인과 음식의 조화에 있어서 조리법이나 요리의 소스는 매우 중요한 변인으로 작용한다. 지나치게 맵거나 향신료가 과다하게 사용된 요리에 와인을 곁들이기란 매우 까다로운 일이다.

마지막으로 선택한 와인이 전체 식사의 흐름을 깨서는 안 된다. 어디까지나 와인과 음식이 조화를 이루어야 하며, 어느 한쪽이 두드러져서는 곤란하다는 것이다. 따라서 와인과 음식의 조화는 가히 예술이라고까지 할 수 있다.

다음은 음식과 와인의 선택에 있어서 일종의 지침 guidelines이 될 것이다. 절대 규칙이 아님을 주의하기 바란다.

표 2-5 / 와인 선택의 지침

가벼운(light) 와인		무거운(heavy) 와인
숙성기간이 짧은(young) 와인	→	숙성이 오래된(old) 와인
맛이 단조로운(simple) 와인	→	맛이 복잡한(complex) 와인
드라이(dry) 와인	→	스위트(sweet) 와인
화이트(white) 와인	→	레드(red) 와인
생선과 흰색 고기에 곁들인 화이트 와인 (white wine with fish and white meat)	→	붉은색 고기에 곁들인 붉은 와인 (red wine with red meat)

(1) 전채 요리_Hors d' oeuvre

대부분의 전채 요리는 풍미를 위해 신맛에 많이 의존하기 때문에 와인의 적이 될 수 있다. 첫 코스인 아티초크, 아보카도, 토마토, 양상추에는 셰리를 곁들이는 것이 좋다. 조개류에는 드라이한 화이트 와인이 잘 어울린다. 반면에 기름기 많은 훈제 연어나 뱀장어 요리에는 화이트 와인보다는 드라이한 셰리가 적당하다.

(2) 피자, 파스타_Pizza, Pasta

대부분의 파스타는 레드 와인과 어울리며 피자와 끼안띠 와인은 서로 떼어놓을 수 없다.

(3) 생선 요리_ Fish

생선 요리에는 레드 와인보다 화이트 와인이 잘 어울리는데 이는 화이트 와인이 생선의 비린내를 제거하기 때문이다. 생선을 레드 와인과 같이 먹으면 독특한 금속성의 성질이 느껴지는데 이는 미각을 상하게 한다. 마늘을 사용한 부야베스 같은 생선 요리에는 좀 더 강하고 자극적인 와인이 좋다.

(4) 송아지 요리_ Veal

송아지 고기 요리에는 소스에 따라 다르지만 너무 드라이하지 않은 화이트 와인이 좋으며 모젤, 뮈스카델, 알자스, 그라브 등이 어울린다.

(5) 소고기와 양고기 요리_ Beef and Lamb

흔히 메인 코스의 종류에 따라 레드 와인을 선택하게 되는데 부드러운 양고기와 소고기 요리에는 보르도나 버건디 레드가 이상적이다.

(6) 가금류_ Poultry

닭고기와 어울리는 와인은 닭고기를 어떠한 방법으로 요리하는가에 따라 달라진다. 일반적으로 보졸레나 마콩 등 가벼운 레드 와인이 어울린다.

(7) 치즈_ Cheese

대부분의 프랑스 치즈는 맛과 향이 강하며, 영국 치즈는 대개 담백하고 이탈리아 치즈는 부드러워 이탈리아의 와인과 잘 어울린다. 파르마산 치즈는 와인과 가장 잘 어울리는 치즈이다.

3. 와인_ Wine II

각 나라별 유명한 와인 산지의 역사, 특징, 토양, 기후, 포도 품종과 와인의 제조방법, 생산량, 해당 국가만이 갖는 와인의 상징성 및 특징을 살펴본다.

1) 프랑스_ France

프랑스의 포도 재배는 기원전부터 시작되었으며 로마제국의 확장과 더불어 확산되어 품질과 생산량에서도 눈부신 발전을 이루었다. 이들은 오랜 세월 동안 포도를 재배해 오면서 그들 특유의 섬세함과 열정, 정직함, 과학적인 두뇌, 그리고 와인 생산자 및 소비자와 정부의 상호 신뢰를 바탕으로 오늘날의 명성을 얻었다. 1935년에는 원산지 통제명칭법 AOC을 제정하여 와인 소비자에게 신뢰를 주면서 생산자에게는 양질의 와인을 지속적으로 만들 수 있도록 제도화하였다.

프랑스는 전통적으로 유명한 포도원의 역사적 배경과 기후, 토질 등을 바탕으로 등급을 정하는 곳이 많으며, 지역별로 사용하는 포도의 품종, 제조법이 정해져 있다. 따라서 각 생산 지역의 특징을 파악하지 못하면 그 지역에서 생산되는 와인이 어떤 것인지 알 수 없게 된다.

프랑스의 포도 산지

(1) 와인법 및 품질 분류

프랑스 와인의 AOC Appellation d'Origine Côntrolée(원산지 통제명칭법) 등급이 2009년 AOP Appellation d'Origine Protegée(원산지 보호명칭법)로 새롭게 개정되었다. 유럽 와인시장 조직위원회 OCM Organisation Commune des Marches Vitivinicoles (오흐가니자씨옹 꼬뮌 데 막쉐 비띠비니꼴)이 새롭게 출범한 가운데 와인 등급 시스템 전반과 관련된 개정안들이 점차적으로 적용 시행될 것이며, 개정된 규정에는 'vins de Table(뱅 드 따블)' 폐지, 명시되지 않은 관행적 양조방식의 전면 금지 등 다양한 내용이 포함되어 있다. 이 모든 규정안들은 유럽공동체 차원에서 정해진 것이며, 유럽의 각 와인 생산국들은 자체적으로 더욱 엄격한 규정을 추가할 수 있다.

① AOP (Appelation d'Origine Protegee, 아뻴라시옹 도리진 프로테제)는 최고 높은 단계로 토양, 경작지 위치, 포도 품종, 재배 관리와 양조, 그리고 숙성을 엄격하게 관리하며 와인 저장고의 최저 규모를 준수하고 있다.

② IGP (Indication Geographique Protegee, 앵디카시옹 제오그라피 프로테제)는 vin de pays를 변경한 것으로 AOP와 같은 규정의 의무사항과 생산조건을 강화하였으며, 15%의 다른 빈티지 와인이나 다른 품종과의 블렌딩이 허용된다.

③ vin sans IG (=Vin de France, 뱅 드 프랑스)는 프랑스 와인이란 뜻으로 vins de Table을 변경한 것으로 수확량, 품종, 재배법에 제한이 없고, VCE Vin de

프랑스 와인의 품질 분류

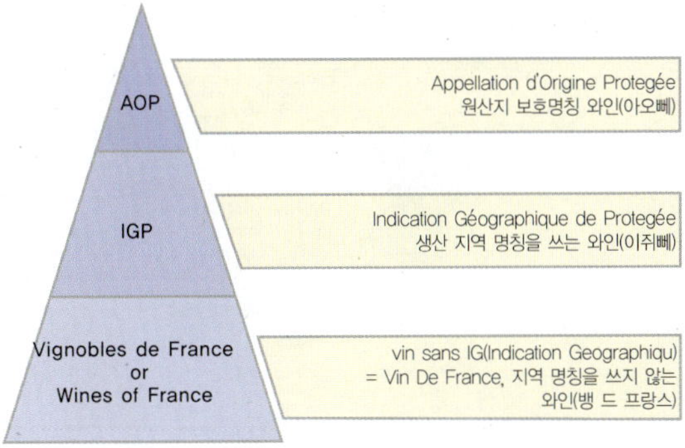

la Communaute Europeenne라는 표지를 달면 다른 EU 국가에서 생산된 다른 품종의 와인을 섞는 것도 가능하다.

(2) 지역별 분류

보르도_ Bordeaux 지역

보르도 지역산 와인 브랜드

프랑스 와인 산지 중에서 가장 유명한 곳으로 생산 지역은 프랑스의 남서쪽 지롱드 Gironde강과 가론 Garonne강을 중심으로 형성되어 있다. 보르도 지역은 품질이 좋은 와인이 생산되고 있다. 주로 레드 와인을 생산하며, 비율은 레드 82%, 화이트 15%, 로제 3%로 구성되어 있다.

주로 재배되는 포도 품종은 까베르네 소비뇽 Cabernet sauvignon, 메를로 Merlot, 까베르네 프랑 Cabernet franc, 말벡 Malbec, 프티 베르도 Petit verdot의 적포도 품종과 세미용 Sémillon, 소비뇽 블랑 Sauvignon blanc, 뮈스카델 Muscadelle의 백포도 품종이 있다. 제조법에 있어서도 단일 품종으로 와인을 만들지 않고 보통 2~3종류 이상의 포도를 섞어 만들어 다양하고 풍부한 개성을 지니고 있다. 병 모양은 목이 짧고 몸통이 있는 전통적인 타입으로 가장 일반적인 와인 병의 형태로 쉽게 식별할 수 있다.

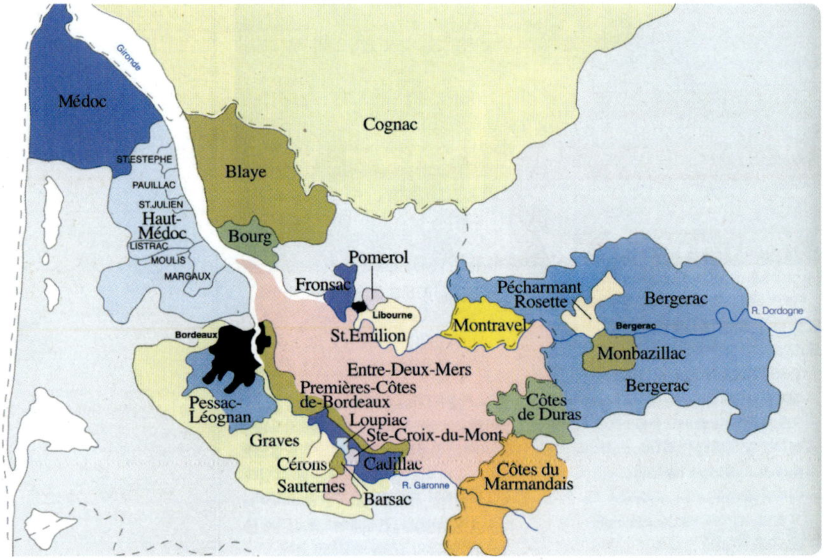

보르도의 포도 산지

[메독_ Médoc]

메독 지역산 와인 브랜드

메독이라는 지명은 물과 물 사이를 뜻하는 말이다. 보르도 북서쪽에 위치한 메독은 세계 최고의 레드 와인이 생산되는 포도원으로 이루어져 있으며 최상의 와인을 생산할 수 있는 모든 조건을 가지고 있다. 기후, 토양, 포도 품종의 완벽한 조화와 포도가 자랄 수 있는 한계 기후하에 놓여 있으며 토양은 자갈로 이루어져 있다. 레드 와인의 품질 관리가 엄격하며, 화이트 와인도 만들고 있으나 메독이라는 지명을 사용하는 것은 허가되지 않고 보르도 Bordeaux 또는 보르도 슈페리에 Bordeaux supérieur라는 이름으로 판매되고 있다.

- 생테스테프 Saint-Estéphe : 오메독 중에서 가장 힘이 좋은 와인을 산출한다. 가장 유명한 것으로 샤토 코스 데스투르넬 Château Cos d'Estournel, 샤토 몽트로즈 Château Montrose, 샤토 칼롱세귀르 Château Calon-Sèqur가 있다.
- 포약 Pauillac : 오메독 중 최고급 샤토가 가장 많은 아펠라시옹으로 유명하며 샤토 라피트로칠드 Château Lafite-Rothschild, 샤토 라투르 Château Latour, 샤토 무통 로칠드 Château Mouton Roths-child가 대표적이다. 가장 밸런스가 좋은 와인을 생산하는 것으로 유명하다.
- 생쥴리앙 Saint-Julien : 유연함과 감미로움, 풍부하고 개성 있는 향기를 지니고 있으며 장기간 맛이 향상되어 메독의 가장 전형적인 와인이라 할 수 있다. 국내에서 잘 알려진 샤토 탈보 Château Talbot와 샤토 베이슈벨 Château Beychevelle이 좋은 평가를 받고 있다.
- 마고 Margaux : 강렬하고 개성 있는 향기, 비단결 같은 부드러움, 강한 생명력을 특징으로 하며 AOC 기준의 1등급 포도원인 샤토 마고를 포함하여 8개 등급의 포도원이 있었다. 메독 지역에는 마고와 포약에만 1등급 포도원이 있었다.

포약 지역산 와인 브랜드

생쥴리앙 지역산 와인 브랜드

마고 지역산 와인 브랜드

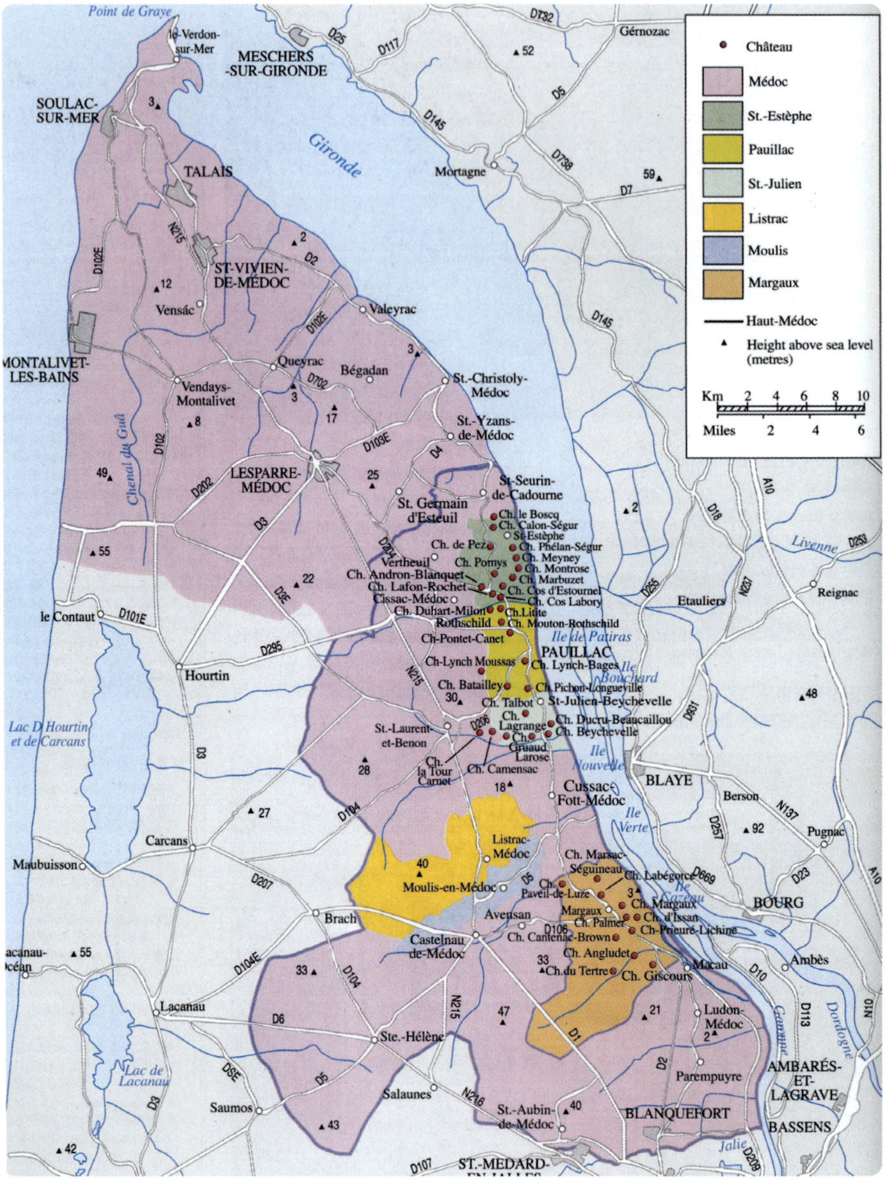

메독의 포도 산지

[그라브_ Graves]

'그라브' 라는 말은 불어로 자갈을 뜻한다. 이는 토양의 성분에 자갈이 많이 포함되어 있음을 의미한다. 보르도의 다른 지역과는 달리 레드와 화이트 와인이 같이 생산되며 일부 유명한 샤토에서 레드와 화이트를 동시에 생산하기도 한다.

화이트 와인은 스위트한 와인이 약간 있긴 하나, 대부분 드라이 와인을 주로 만들고 있다. 레드 와인은 메독과 같이 주로 까베르네 소비뇽이 주를 이루고 있다. 비단결처럼 부드러운 레드 와인은 중세기부터 유명하며, 그라브 이외의 다른 지역 포도와 섞어서 만들지 않도록 법으로 정해져 있다.

유명한 포도원으로는 샤토 오브리옹 Château Haut-Brion, 샤토 라미시용 오브리옹 Château La Mission-Haut-Brion, 샤토 라비유오브리옹 Château Laville-Haur-Brion, 샤토 라 투르오브리옹 Château La Tour-Haur-Brion, 사토 파프클레망 hâteau Pape-Clement, 샤토 오베이 Château Haut-Bailly 등이 있다.

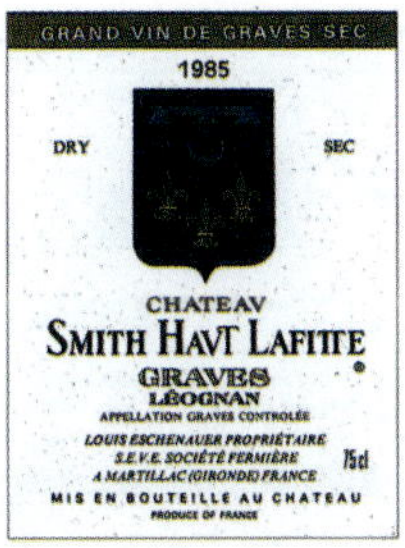

그라브 지역산 와인 브랜드

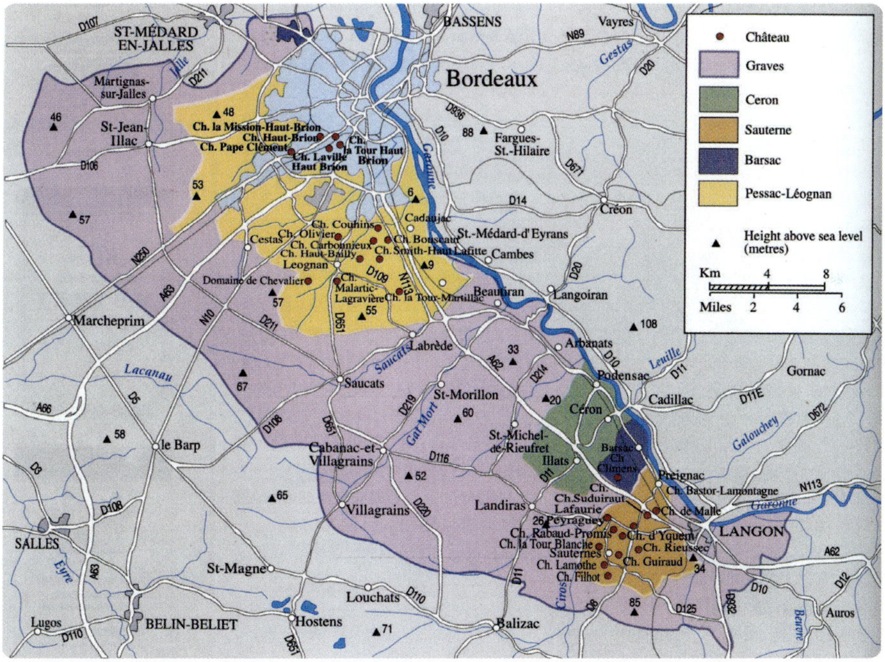

그라브의 포도 산지

[소테른_ Sauternes]

세계에서 가장 품질이 뛰어난 스위트 화이트 와인을 생산하는 지역으로 주 품종은 세미용, 소비뇽 블랑, 뮈스카델 품종을 혼합하여 만든다. 이 지역은 독특한 자연적인 과정을 거쳐 와인을 만드는데 보트리티스 시네레아 Botrytis Cinerea라는 곰팡이가 포도의 표피에 부착되면 당을 분해하지 않고 과피를 보호하는 피막을 녹여 과즙의 수분 증발을 활발하게 촉진시킨다. 따라서 당분이 농축되어 아주 달고 독특한 풍미를 지닌 스위트한 와인이 된다. 특히 샤토 디켐 Château d'Yquem은 이러한 귀부 포도만을 사용하여 만든 와인으로 프랑스의 스위트 화이트 와인의 최고품으로 인정받고 있다.

[생떼밀리옹_ St.-Emilion]

로마가 프랑스를 지배했을 때부터 포도나무를 심었으며 지난 800년 동안 세계 곳곳에 와인을 수출하였던 전통이 있는 와인 고장이다. 이 지역의 와인은 메독보다 드라이하지 않으며 향기는 덜하지만 강건한 부르고뉴의 중후한 맛을

생떼밀리옹 지역산 와인 브랜드

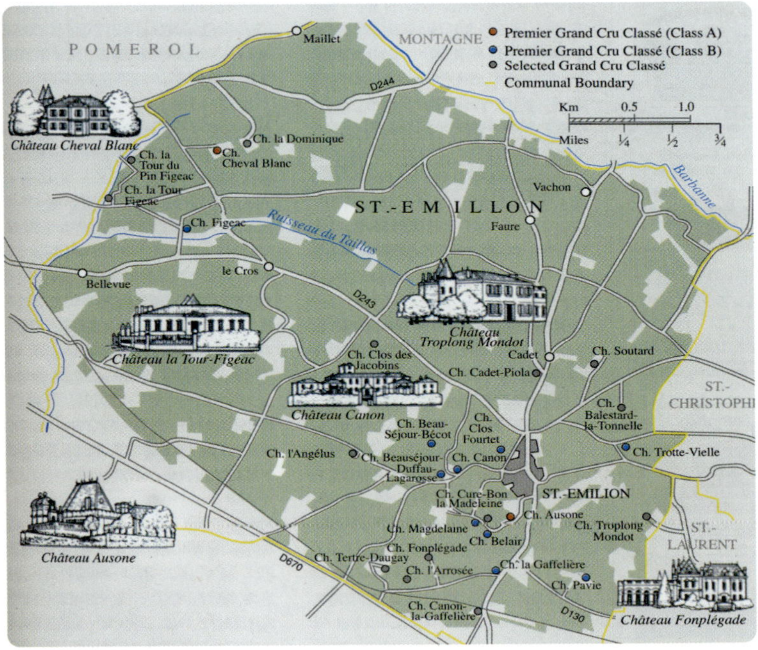

생떼밀리옹의 포도 산지

지니고 있는 것이 특징이다. 주요 포도 품종은 메를로이며 그 외에 까베르네 소비뇽, 까베르네 프랑, 말벡을 혼합하여 만들어진다. 유명한 포도원으로는 샤토 오존 Château Ausone, 샤토 슈발 블랑 Château Cheval Blanc이 있다.

[포메롤_ Pomerol]

보르도의 상급 포도 재배지 중에서도 면적이 784ha로 매우 작은 지역이다. 메독의 거친 맛과 생떼밀리옹의 힘을 합쳐 놓은 듯한 완벽에 가까운 와인으로 상표에 그랑 뱅 Grand vin이라고 쓰여 있다. 이 지역의 와인은 독특한 개성을 지닌 것으로 맛이 깊고, 전문가들은 송로주의 맛이 난다고 표현하기도 하며 마신 후 뒷맛이 독특하다. 주 포도 품종은 메를로 품종으로 포메롤 와인의 부드럽고 오묘한 맛을 내는 데 주요 역할을 한다. 유명한 포도원으로는 페트뤼스 Pétrus가 있다.

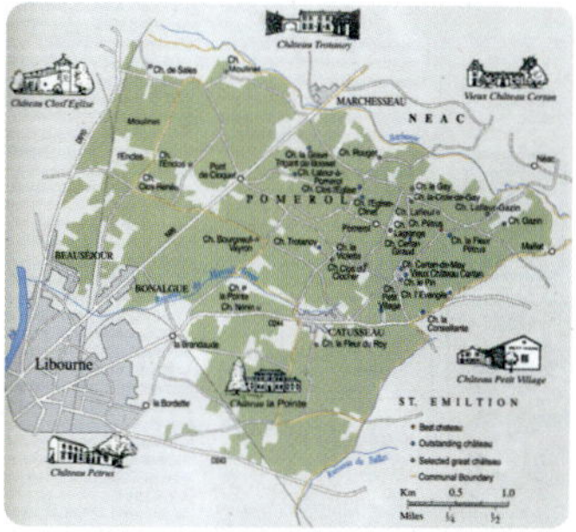

포메롤의 포도 산지

포메롤 지역산 와인 브랜드

부르고뉴_ Bourgogne 지역

[특징, 역사, 품종, 지형]

영어로는 버건디 Burgundy라고도 한다. 보르도가 와인의 여왕이라면 버건디는 왕이라 말할 수 있다. 이 지역의 와인 양조는 기원전 600년에 이미 시작되었고 중세에 접어들면서 수도승들이 와인의 품질 향상에 기여하게 되면서 오늘날의 버건디 와인의 기초를 다지게 되었다.

생산량은 보르도에 비해 절반 정도이며, 그중에서도 숙성되지 않은 보졸레 와인이 대부분을 차지한다. 주로 재배되는 포도 품종은 레드 와인으로는 삐노 누아 Pinot noir, 가메 Gamay, 화이트 와인은 샤르도네 Chardonnay, 알리고테 Aligoté가 있다. 보르도는 여러 품종의 와인을 혼합하여 만드는 반면, 부르고뉴는 단일 품종으로 만들어 상당히 개성적인 와인이 많다.

석회석이 많은 토양에서는 샤르도네가, 점토가 많은 이회에서는 삐노 누아가 재배된다. 가장 남쪽에 위치한 보졸레 지역은 가메와 화강암 토양이 잘 어울린다.

부르고뉴 와인에서 특히 살펴보아야 할 것은 네고시앙 negociants(주상)의 역할이 큰 몫을 차지한다는 점이다. 1789년 프랑스 대혁명으로 교회나 귀족들이 소유하던 포도원이 공매로 처분되어 분할되었고, 나폴레옹의 상속법에 의하여 포도원이 자녀들에게 똑같이 분할되었다. 이러한 현상으로 와인 도매업자들의 세력이 빠른 속도로 신장하였으며 주상들은 포도원들이 매우 작아진 부르고뉴 지역에서 와인 전문가가 되었다.

프랑스 와인법은 주상이 소유자가 될 수도 있고, 네고시앙이 될 수도 있다고 규정하고 있다. 포도 재배자 혹은 주상의 이름과 명성을 아는 것은 부르고뉴 와인을 이해하는 데 도움이 된다.

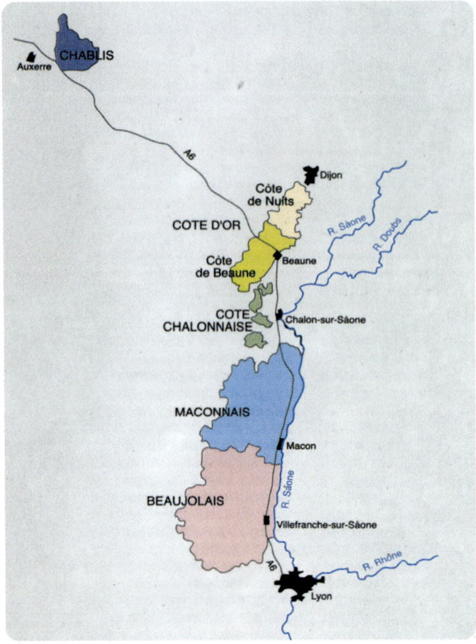

부르고뉴의 포도 산지

[코트 드 뉘_Côte de Nuits]

부르고뉴 북쪽에 위치하고 있으며 AOC 기준의 23개 레드 와인의 그랑 크뤼 중 무려 22지역이 이곳에 집중되어 있다. 최고의 토양에 최적의 기후에서 최상의 다양한 와인을 생산하며 특히 백악질의 광물질이 풍부한 적토로 삐노 누아 포도에 최상의 조건을 제공한다.

유명한 포도원으로는 줴브레샹베르탱 Gevrey-Chambertin, 샹볼뮈지니 Chambolle-Musigny, 클로 드 부조 Clos de Vougeot, 본로마네 vosne-Romanée, 로마네콩티 Romanée-Conti, 뉘생조르주 Nuits-St.-Georges, 모레생드니 Morey-St.-Denis, 픽생 Fixin 등이 있다.

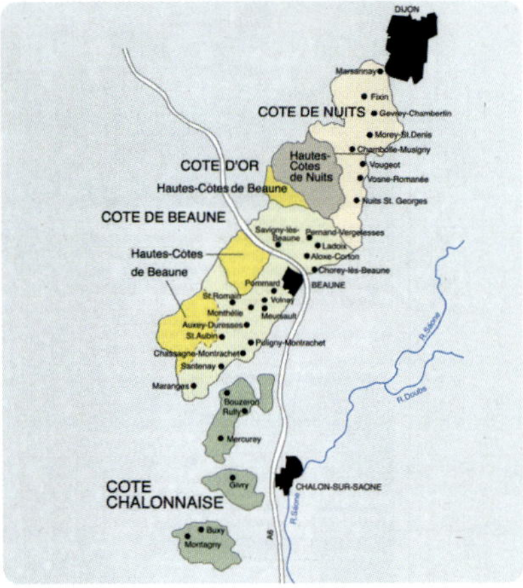

코트 드 뉘의 포도 산지

코트 드 뉘 지역산 와인 브랜드

[코트 드 본_ Côte de Beaune]

코트 도르의 남쪽 지역이다. 이 지역은 코트 드 뉘의 두 배에 해당하는 면적에서 다양한 와인들을 생산하고 있다. 레드 와인도 생산되지만 무엇보다 훌륭한 화이트 와인을 생산하는 곳이다. 8개의 그랑 크뤼 포도원이 이 지역에 집중되어 있다. 화이트 와인으로 몽라쉐 Montrachet, 뫼르소 Meursault, 코르통샤를르마뉴가 가장 유명하다.

코트 드 본 지역산 와인 브랜드

[코트 샬로네즈_ Côte Chalonnaise]

코트 도르를 벗어난 지역이지만 전통적으로 경작방법이나 숙성과정, 거래 관습 등 많은 것을 코트 드 본과 같이 한다. 이 지역은 좋은 와인을 생산하고 있기는 하지만 인기가 있기보다는 값이 적당한 것이 많다.

코트 샬로네즈 지역산 와인 브랜드

[샤블리_ Chablis]

지역적으로 부르고뉴에서 가장 북쪽에 위치하고 있으며 토양이 와인에 중요한 영향을 미치는 곳이다. 가장 좋은 곳은 킴머리지앙 kimmeridgian 점토로 덮인 석회석 토양이다.

이 지역은 전통적으로 샤르도네 품종만 재배가 허락되며 토양과 이상적인 결합을 이루어 낸다. 샤블리는 화이트 와인의 대명사로 통하고 있으며 AOC에 따라 그랑 크뤼 샤블리 Grands Crus Chablis, 프르미에 크뤼 샤블리 Premiers Crus Chabils, 샤블리 Chablis, 프티 샤블리 Petits Chablis로 나뉜다. 전 세계적으로 유사품이 가장 많은 와인으로 여러 나라에서 샤블리라는 라벨로 판매되고 있다.

샤블리 지역산 와인 브랜드

[마코네_ Mâconnais]

레드와 화이트의 AOC가 있으나 화이트 와인이 주종을 이루며 대중적인 와인을 주로 생산한다. 특히 화이트는 부르고뉴 내에서 가장 생산량이 많은 지역이다. 포도 품종은 화이트의 경우 샤르도네, 레드는 가메와 삐노 누아로 만든다.

마코네 지역산 와인 브랜드

푸이 퓌세 Pouilly-Fuissé는 샤르도네로만 만들어지며 부르고뉴 화이트 화인 중에서 가장 풍부한 맛을 낸다. 훌륭한 부르고뉴 와인 명단에 항상 포함되며 수량, 특성, 품질에서 세계적인 명성을 가지고 있다. 특히 미국 시장에서 인기가 있다. 이 외에 마콩 블랑 Mâcon Blanc, 마콩 슈페리외르 Mâcon Supérieur, 마콩빌라주 Mâcon-Villages가 있다.

[보졸레_ Beaujolais]

보졸레 지역산 와인 브랜드

세계에서 가장 많이 마시는 레드 와인 중에 하나로서 가볍고 신선하며 마시기 쉬워 인기가 있다. 매해 11월 셋째 주 목요일에 출하하는 보졸레 프리메르 beaujolais primeur, 보졸레 누보 beaujolais nouveau는 세계적으로 유명하다. 주품종은 가메이며, 화강암 토양으로 되어 있어 재배에 매우 적합하고 훌륭한 와인을 생산할 수 있다.

보졸레 Beaujolais는 이 지역에서 생산되는 와인의 총칭이다. 보졸레 누보는 포도 수확 후 4~6주 내에 만들어지는 그해 최초의 와인이며 11월 셋째 주 목요일에 첫 출고된다. 보졸레 지역의 10대 와인은 생따무르 St.-Amour, 쥘리에나 Juliénas, 셰나 Chénas, 물랭아방 Moulin-à-Vént, 플뢰리 Fleurie, 시루블르 Chiroubles, 모르공 Morgon, 레니에 Régnie, 브루이 Brouilly, 코트 드 브루이 Côte de Brouilly이다.

샹파뉴_Champagne 지역

포도 재배 지역으로서는 가장 북쪽에 위치해 있으며 포도 재배 한계 기후대에 위치하고 있다. 평균 기온은 약 10℃로 포도가 겨우 익을 수 있는 온도이다. 전형적인 와인의 유형은 가볍고 드라이하며 알코올 함유량이 낮고, 높은 산도를 지니고 있다. 이러한 요소는 발포성 와인을 만드는 데 이상적인 조건을 제공한다.

샹파뉴 지역산 와인 브랜드

주 포도 품종은 삐노 누아 pinot noir, 삐노 뫼니에 pinot meunier, 샤르도네 chardonnay를 사용한다. 세계 최고의 스파클링 와인 산지로 자리 잡는 데 결정적인 역할을 한 인물은 베네딕트파 수도원의 돔 페리뇽 Dom-perignon으로 샴페인에 거품이 생기게 한 것이 아니라 거품을 병 속에 보존하는 방법을 발견하였다. 또한 와인 양조자들에게 적절한 블렌딩을 통하여 와인의 맛을 향상시킬 수 있는 방법을 가르쳤던 인물이기도 하다.

프랑스 법에서는 '샴페인이란 프랑스 북부 지역인 샴페인 지방에서 오랜 전통에 의해 만들어지는 매우 특별한 발포성 와인'이라고 규정하고 있다. 샹파뉴 지역은 프랑스의 다른 지역과 달리 운영된다. 일반 포도 재배자들은 그들의 포도를 샴페인 회사에 판매한다. 이러한 현상은 샴페인을 만드는 시간이 다른 와인보다 오래 걸리고 원가가 많이 들기 때문이다.

유명한 샴페인 하우스로는 모에 에 샹동 Moët et Chandon, 뵈브 클리코 euve Cliquot, 크루 Krug, 로랑페리에 Laurent-Perrier 등이 있다.

그 외의 지역

[루아르_ Loire]

이 지역의 와인은 종류가 많고 마시기 쉬우며, 단기숙성용의 와인이 주류를 이룬다. 주요 포도 품종은 슈냉 블랑 Chenin blanc, 소비뇽 블랑 Sauvignon blanc, 뮈스카데 Muscadet, 까베르네 프랑 Cabernet franc, 그로 플랑 Gros plant이다.

[론_ Rhone]

프랑스의 남부에 위치하며 오랜 포도 재배의 역사를 가지고 있다. 전체적인 와인의 성격은 원숙하고 강렬하며 알코올 함유량이 많고, 색이 진하여 정찬의 메인 코스에 적합하다. 이 지역에서는 레드는 물론, 로제, 화이트, 스파클링 와인도 생산된다.

지역적으로는 북부 론과 남부 론으로 나누어진다. 북부의 주 포도 품종은 시라 syrah로 진한 적색을 띠며, 월귤이나 검은 딸기와 같은 부드러운 과일 향을 풍기며 장기숙성용으로 타닌 함량이 높다. 유명 상표로는 에르미타쥬 Hermitage, 코트 로티 Cote Rotie, 콩드리외 Condrieu, 생조제프 Saint-Joseph, 크로즈에르미타주 Croses-Hermitages, 코르나스 Cornas, 생페레 Saint-Péray 등이 있다.

론 지역산 와인 브랜드

남부 지역은 여러 가지의 와인 품종을 혼합하여 사용하므로 블렌딩 기술이 발달하였다. 유명 상표로는 코트 뒤 론 Côte du Rhône, 코트 뒤 론 빌라쥬 Côtes du Rhône-Villages, 샤토네프뒤파프 Châteauneuf-du-Pape, 타블로제 Tavel-Rosé 등이 있다.

[프로방스_ Provence]

온난한 기후와 변화가 많은 지형으로 다양한 와인을 생산하고 있는데, 전체적으로 가볍고 상쾌한 맛과 신선한 향을 가진 것이 특징으로 테이블 와인으로 가볍게 즐기기에 적합하다. 13종류의 포도 품종이 허용되고 있으며 가장 중요한 것으로 까리냥, 생쇼, 그르나슈, 위니 블랑, 클래레트, 무르베르드, 티부랭, 칼리토, 바르바루, 롤, 세이용, 쉬라, 까베르네 소비뇽이 있다. 유명 포도원으로는 코트 드 프로방스 Cotes de Provence, 방돌 Bandol, 카시스 Cassis, 벨레 Bellet, 팔레트 Palett가 있다.

[랑그독 루씨용_ Languedoc-Roussillon]

프랑스 최남단 지중해에 접한 와인 생산지로 프랑스 전체 와인 생산량의 40%를 생산하고 있다. 생산량이 많은 만큼 일상적으로 마실 수 있는 테이블 와인으로 레드 와인이 많다. 1980년대에 들어서면서 고급 와인을 생산하려는 노력으로 품종을 엄선하고 품질관리를 철저히 하여 VDQS 지역 와인 중에서 AC급으로 승격되기도 하였다.

[쥐라_ Jura]

이 지역의 와인은 매우 개성이 강한 토착 포도 품종을 사용하여 만든다. 유명 와인으로는 뱅 존 Vin Jaune, 뱅 드 파이유 Vin de Paille가 있다.

2) 독일_ Germany

로마제국의 멸망 후에도 활발한 와인 교역이 이어져 서기 800년에는 독일 전 지역에 걸쳐 포도 재배가 확산되었다. 그 후 4~6세기에 걸친 게르만 민족의 대이동으로 일시적으로 와인 양조가 퇴보하였으나 칼 대제에 의해 다시 장려되어 오늘날 독일의 라인가우의 역사를 열게 되었다. 프랑크 왕의 장려 정책과 수도원 확장에 의해 17세기 초에는 최고의 경작 면적을 가지게 되었다. 그 후 30년 전쟁으로 대부분의 포도밭이 황폐되었다가 18세기 라인가우의 요하네스베르크 Johannisbberg 수도원에 의해 근대적인 와인 생산이 가능해졌다.

독일의 포도 재배 지역의 특징은 산의 능선이나 기슭에 있어 대개 강과 접해 있다는 것이다. 대부분이 포도를 재배하기 위한 한계 지역에 위치하고 있어 레드 와인보다는 화이트 와인이 90% 이상을 차지하고 있다.

독일의 포도 산지

화이트 와인의 주 포도 품종은 리슬링 Riesling, 뮐러 투르가우 Muller Thurgau, 실바너 Sylvaner, 케르너 Kerner이며, 레드 와인의 주 포도 품종으로는 슈페트부르군더 Spätburgunder, 포트귀저 Portugieser, 트롤링거 Trollinger가 있다.

(1) 와인법 및 품질 분류

독일 정부는 1971년 새로운 와인법을 공포하였다. 다른 국가들과 마찬가지로 지리적 위치와 포도 품종이 독일 와인 분류의 주된 요소였다. 그러나 다른 국가와 다른 것은 수확했을 때 포도의 당도가 결정적인 역할을 한다는 점이다. 프랑스의 경우에는 포도원의 지리적 위치에 따라 분류하지만 독일의 경우는 포도의 당도에 의해 결정된다.

독일 와인의 품질 분류

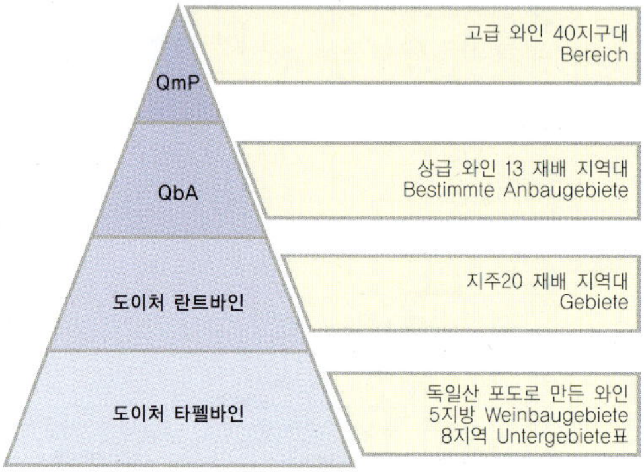

QmP_Qualitätswein mit Prädikat

최고 품질의 와인으로 '특수 품질의 와인' 혹은 '우수 품질의 와인'이란 의미이다. 이 등급은 어디까지나 포도의 당도, 즉 발효 전의 과즙 당도에 의해 결정되는 것으로 완성된 와인의 단맛의 강도에 의해 결정되는 것이 아니다.

- 카비네트 Kabinett : QmP 등급에서 가장 낮은 와인
- 슈패트레제 Spätlese : 포도의 주 수확기가 끝난 후 최소 일주일 후에 수확한 포도로 만든 와인
- 아우스레제 Auslese : 특별히 선택된 아주 잘 익은 포도로 만든 와인
- 베에렌아우스레제 Beereauslese : 귀부라 불리는 보트리티스 시네레아균의 작용에 의해 수분이 없어진 포도로 만든 와인
- 트록켄베에렌아우스레제 Trockenbeerenauslese : 포도즙이 거의 남지 않고, 건포도 상태인 포도를 낱낱이 선별하여 만든 와인

- 아이스바인 Eiswein : 최소 당도가 베에렌아우스레제 수준인 포도로 만들며 된서리가 내리는 한 겨울에 수확한다.

QbA _ Qualitätswein bestimmter anbaugebiete

품질이 좋고 지역적 특성이 있는 와인으로 '특정 재배 지역에서 생산되는 품질 와인' 또는 '지정된 품질 지역의 와인'이라는 의미로 정부 기관의 품질 검사를 거쳐 라벨에 공식적인 검사번호를 표기한다. 지역 간의 혼합이 허용되지 않으며 한 아바우게비터의 특정 포도 품종으로 만들어야 한다.

도이처 란트바인 _ Deutscher landwein

17개의 지정된 지역에서 생산되는 것으로, 와인이 생산된 지역의 명칭을 상표에 표시한다. 주로 자국 내에서 소비된다.

도이처 타펠바인 _ Deutscher Tafelwein

가장 낮은 등급의 테이블 와인으로 독일에서 생산되는 포도만으로 만든다.

(2) 독일 와인의 라벨

독일 와인의 라벨에는 공인검사번호(AP No.), 생산자명, 빈티지와 포도 품종, 수장과 인장 등이 표기된다.

(3) 지역별 분류

모젤자르루베르 _ Mosel-Saar-Ruwer

모젤자르루베르 지역산 와인 브랜드

모젤강은 그 지류인 자르강과 루베르강 유역의 경사진 면에 포도원이 형성되어 있다. 모젤은 가볍고, 섬세하며, 플루티한 향을 지닌 와인으로 제조 후 1~2년 내에 소비하는 것이 좋다. 그러나 스위트 와인은 10~50년까지 숙성이 가능하다.

이 지역은 다른 지역과 달리 포도원에 석판이 깔려 있어 땅의 습기를 유지시키고, 더운 여름낮의 태양열을 간직했다가 기온이 급강하하는 밤에 그 열을 다시 발산하는 기능을 수행하여 온도 차를 최소한 적게 하고 있다.

전체 독일 생산량의 15%를 차지하고 있으며 주품종은 리슬링 54%, 뮐러투루가우 21%, 엘빌링 9%로 이루어져 있다. 짙은 초록색의 와인 병이 특징이다.

라인가우_ Rheingau

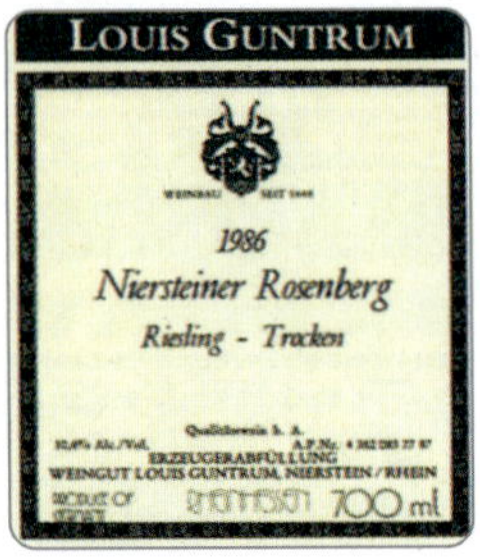

라인가우 지역산 와인 브랜드

지리적으로는 마인 Main강에 접하고 있으며, 호흐하임 Hochlheim과 중류 라인 근처인 로르히 Lorch의 사이에 위치한다. 중후한 맛의 와인으로 독일 전체 생산량의 약 3%를 차지하고 있으나 독일 와인 중에서 가장 유명한 메이커가 모여 있고 독일 와인 산지의 중심이 된다. 생산량은 약 400병 정도로 비싼 가격에 거래되고 있다. 귀부 포도의 생산에 도움을 주는 재배조건으로 포도 품종은 리슬링 81%, 슈페트부르군더 Spätburgunder 10%, 뮐러 투르가우 Müller-Thurgau 3%의 비율로 재배되고 있다. 병입 후 7년에서 50년 장기숙성이 가능하다.

나에_ Nahe

라인헷센과 모젤 양 지역의 동쪽과 서쪽 사이에 위치하고 있으며 토양은 황토층, 점판질, 미립사토의 석영암과 반암의 혼성 토양으로 주품종은 리슬링 26%, 뮐러 투르가우 21%, 실바너 10%로 이루어져 있다. 병입 후 5~25년 정도 장기숙성이 가능하다.

라인헷센_ Rheinhessen

독일 최대의 넓은 포도 재배지로 동쪽과 북쪽에는 라인강이, 서쪽에는 나에강이 흐르며 남쪽은 팔츠로 둘러싸인 평평한 구릉지이다.

토양은 황토층의 석탄압과 석탄의 미립사토로 강건하고 플루티하다. 주품종은 뮐러 투르가우 22%, 실바너 13%, 리슬링 9%이다. 유명한 포도 재배 지역으로는 원네가우 Wonnegau, 닐슈타인 Nierstein, 빙헨 Bingne이 있다.

라인팔츠 지역산 와인 브랜드

라인팔츠_ Rheinpfalz

북쪽은 라인헷센, 남쪽과 서쪽은 프랑스 국경과 접하고 있다. 포도원이 80km로 길게 뻗어 있다. 이 지역은 독일의 포도원 중에서 가장 덥고 건조한 지역으로, 점토질 미립사토와 풍화석회암 토양으로 이루어져 있다. 병입 후 6년에서 25년 장기숙성이 가능하다. 주품종은 리슬링 21%, 뮐러 투르가우 19%, 포트귀저 11%이다.

프랑켄_ Franken

둥글고 납작한 파우치 모양의 프랑코니아 와인 병에 담겨 있다. 주품종은 최근까지는 실바너였으나 지난 몇 년 동안 뮐러 투르가우, 리슬링과 새로운 타입의 포도 품종으로 바뀌어 가고 있다.

3) 이탈리아_ Italy

BC 800년경 그리스에서 온 정착민들에 의해 포도 재배가 시작되었으며, 고대에는 이탈리아 와인에 대한 명성이 높아 그리스 사람들은 이탈리아를 와인의 대지라고 불렀다. 와인에 있어서는 최대 생산국이자 수출국이다. 1963년 DOC법이 제정된 이후에 30년간은 '와인의 르네상스' 라고 말할 정도로 포도 재배에 대한 지식과 빠른 품질 향상을 이루었다.

이탈리아의 기후는 지역마다 다르지만 전반적으로 크게 변하지 않고 지속적이다. 따라서 프랑스나 독일에 비해 빈티지에 따른 품질의 격차가 크지 않다. 포도 품종은 500종이 넘을 정도로 다양하고 대부분 이탈리아 내에서만 주로 재배된다. 주품종은 네비올로나 산지오베제를 사용한다.

(1) 와인법 및 품질 분류

이탈리아 와인 발전에 모태가 된 와인법은 1904년부터 여러 움직임이 있었으나 1963년 7월 12일에 이탈리아 정부는 프랑스의 AOC를 기본으로 원산지 관리법인 DOC를 제정하게 되었다.

그러나 아직도 이탈리아 최고급 와인의 상당수가 DOC 및 DOCG 등급 분류에 속해 있지 않다. 그 이유는 대부분 생산지의 전통적인 방법을 따르지 않고 각각의 개성에 따라서 만들기 때문이다.

이탈리아의 포도 산지

DOCG_ Denominazione di origine controllata e garantita

최상위 등급으로 최고의 포도 재배 지역에서 생산되는 고품질의 와인이며 관계 기관의 엄격한 테스트를 통해 승인된다. DOC의 모든 요건을 갖추고, 생산지에서 병입되어야 하며, 농림부 장관의 시음을 거쳐 인증표를 취득해야 한다. 또한 5L 이상의 용기는 사용하지 못한다. 현재 이 등급의 와인은 12가지 이상이며 꾸준히 늘고 있는 추세이다. 바롤로 Barolo, 바르바레스코 Barbaresco, 키안티 클라시코 Chianti Classico, 키안티 Chianti, 부르넬로 디 몬탈치노 Brunello di Montalcino 등이 있다.

이탈리아 와인의 품질 분류

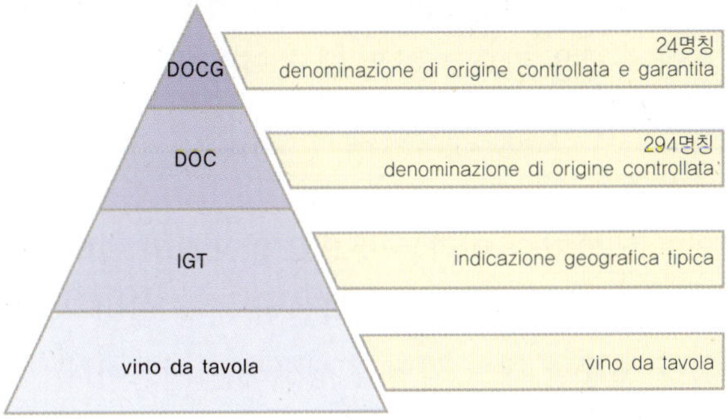

DOC_ Denominazione di origine cotrollata

프랑스의 AOC를 참고한 것으로 지역, 포도 품종, 제조방법, 수확량, 숙성기간을 준수해야 한다. 현재 230개가 넘는다.

IGT_ Indicazióne geografica tipica

1992년 개정된 와인법에 의해 새로 등급이 분류된 것으로 프랑스 뱅 드 페이와 동급이다.

비노 다 타볼라_ Vino da tavola

가장 기본적인 등급이다.

(2) 지역적 분류

북부 지역

[발레다스오타_ Valle D'Aosta]

피에몬테와 더불어 가장 북서쪽에 위치하며 1~8세기까지는 프랑스어권에 속하는 샤보이 공국의 일부였다. 16세기에 유일하게 에마뉴엘레 필레리베르토의 지배를 받던 시기에만 이탈리아의 세력권에 들어갔으며, 이탈리아를 통일로 이끌었던 운동에 중요한 역할을 담당했던 지역으로서 농업을 기반으로 양모 등의 산업활동이 활발하다. 와인 생산량 중 DOC급은 2,500hL로 높은 산도와 오랜 숙성을 필요로 하는 레드 와인이 널리 재배되고 있다.

[피에몬테_ Piedmonte]

'알프스의 기슭' 이라는 뜻으로 알프스의 빙하가 흘러 내려와 아름다운 계곡을 이룬다. DOC와 DOCG 와인이 가장 많이 생산되는 지역이며 이탈리아에서 가장 훌륭한 레드 와인을 생산하는 지역이다. 이 지역의 레드 와인은 강건하고 진하며 독특하다는 특징이 있으며, 숙성되면서 품질이 향상된다.

바롤로 Barolo, 바르바레스코 Barbaresco, 가티나라 Gattinara, 바르베라 Barbera, 돌체토 Dolcetto, 아스트 Asti 등이 있다.

[롬바르디아_ Lombardia]

롬바르디아 지역산 와인 브랜드

이탈리아 금융의 중심 도시로 밀라노 비스콘티 가문과 스포르차 가문 등 지역의 명문가들로 유명한 곳이다. 최대의 스파클링 와인 산지로서 샹파뉴의 방식으로 만들어진다.

중부 지역

[에밀리아로마냐_ Emilia-Romagna]

중부 이탈리아의 중심부로 알프스 북부와 지중해 남부의 분기점에 해당하는 포강 유역의 언덕과 평원에 넓게 펼쳐져 있는 농경지로 구성되어 있으며 포도 재배뿐만 아니라 와인 연구로도 유명하다. 주품종은 람부르스코 Lambrusco, 트레비아노 Trebbiano, 알바나 Albana, 산지오베제 Sangiovese이다.

[토스카나_ Toscana]

이탈리아의 심장부이며, 품질 와인 수출에 있어서 가장 중요한 곳이다. 재능 있는 젊은 양조학자들을 배출하여 양질의 와인을 생산함으로써 이탈리아 와인을 세계적인 수준으로 끌어올렸다. 주품종은 산지오베제이다.

키안티 Chianti, 키안티 클라시코 Chianti Classico, 키안티 클라시코 리세르바 Chianti Classico Riserva, 브루넬로 디 몬탈치노 Brunello de Montalcino, 로소 디 몬탈치노 Rosso de Montalcino, 비노 노빌레 디 몬테풀치아노 Vino Nobile di Montepulciano, 빈 산토 Vin Santo 등이 있다.

토스카나 지역산 와인 브랜드

[움브리아_ Umbria]

토스카나 동쪽, 이탈리아 중부 지역에 위치하였으며 거의 모든 종류의 포도 품종이 재배되고 있다. 특히 화이트 와인으로 유명하다.

남부 지역

남부 지역에는 몰리제 Molise, 캄파니아 Campania, 바실리카타 Basilicata, 칼라브리아 Calabria, 시칠리아 Sicilia, 풀리아 Apulia 등지가 있다.

4) 스페인_ Spain

로마시대 이전부터 포도가 재배되었으며, 로마 점령기에는 스페인과 로마 사이에 활발한 교역이 있었다. 8세기 스페인을 정복한 무어인들의 통치기간에도 포도 재배는 계속 번창하여 이 기간에 증류기가 사용되었으며, 알코올강화 와인은 서기 900년경부터 만들어졌다. 19세기 말에 유럽 전역의 포도원이 필록세라의 창궐로 초토화되었을 때에도 스페인의 포도원은 거의 피해를 입지 않았다. 이 당시 보르도의 포도 재배자들에 의해 리오하 와인의 품질이 향상되었다.

과거에는 주로 벌크 형식으로 테이블 와인을 수출하였으나 현재는 고급 와인을 생산하고 있다.

스페인의 포도 산지

(1) 와인법 및 품질 분류

1970년에 INDO Insti-tuto Nacional de Denominaciones de Origen가 도입되었다.

DOC_ Denominacion de Origen Calificada

최상위 등급으로 1991년 리오하 Rioja가 처음으로 지정되었으며 2001년 프리오라토 Priorato가 새로 지정되었다. 이 등급의 와인은 감독 기관에 의해 와인 등급을 보증하는 인증을 받아야 하며, 원산지 증명뿐만 아니라 숙성장소 등도 기록해야 한다.

DO_ Denominacion de Origen

지역에 근간을 두는 시스템으로 현재 55개 지역이 있으며 전체 포도 재배 면적의 80%를 차지한다.

스페인 와인의 품질 분류

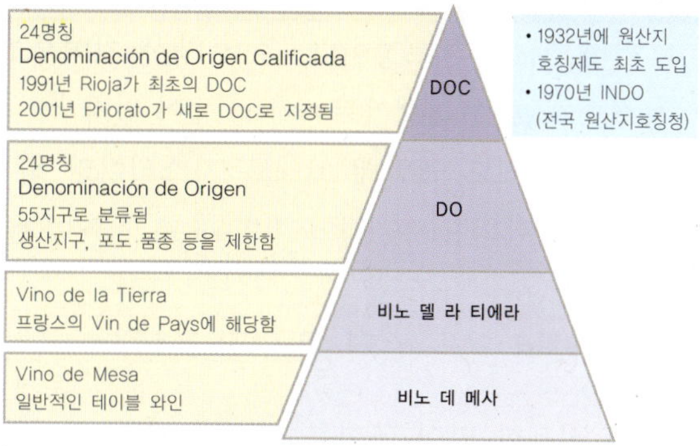

비노 델 라 티에라_ Vino de la Tierra

프랑스의 뱅 드 페이와 동급이다.

비노 데 메사_ Vino de Mesa

가장 낮은 등급의 테이블 와인이다.

(2) 주요 와인 산지

리오하_ Rioja

보르도에서 남쪽으로 320km 떨어진 지역으로 1870년 보르도 양조

리오하 지역산 와인 브랜드

업자들의 이주에 의해 보르도 타입의 품종과 오크통을 사용하게 되었다. 토양은 석회질, 점토 토양이며 기후는 여름이 서늘하여 지중해성 기후에 가깝다.

리오하 지역은 스페인에서 가장 훌륭한 레드 와인 산지이며 오크의 바닐라 향이 와인 맛의 특징이다. 주품종은 뗌쁘라뇨 Tempranillo, 가르나차 Garnacha, 그라차노 Graciano, 마주엘로 Mazuelo의 적포도 품종과 비우라 Viura, 말바시아 Malvasia, 가르나챠 블랑카 Garnacha blanca의 청포도 품종이 재배된다.

와인 생산 지역으로는 리오하 알타 Rioja Alta, 리오하 알바베사 Rioja Alavesa, 리오하 바하 Rioja Baja가 있다.

카탈루나_ Cataluna

카탈루나 지역산 와인 브랜드

바르셀로나 남쪽, 스페인 동북쪽에 위치하며 중급 와인의 주산지인 카바 Cava의 본고장이다. 주요 생산 지역으로는 알레라 Alella, 피네데스 Penedes, 프리오라토 Priorato 등이 있다.

그 밖에도 레반테 Levante, 가스티야라 만차 Castilla-La Mancha, 토로 Toro, 루에다 Rueda, 상그리아 Sangria 지역이 유명하다.

(3) 셰리_ Sherry의 종류 및 특징

강건함과 섬세한 맛이 조화를 이루는 셰리는 식욕촉진주로 알려져 있으며 영국이 최대 수입국이다. 주품종은 팔로미노 palomino, 페드로 히메네스 pedro ximenez, 모스카텔 moscatel이다. 셰리의 종류는 피노 Fino, 팔로 코르타도 Palo Cortado, 올로로소 Oloroso로 나눠진다.

5) 포르투갈

12세기까지 스페인령이었기 때문에 와인의 발달도 스페인과 같은 역사를 가지고 있다. 로마의 지배를 받았던 시대부터 무어인이 점령했던 회교시대까지 전국적으로 포도 재배가 활발했었으나, 영국의 식민지 이후 포도원이 식량 해결을 위한 농지로 바뀌면서 침체기를 맞이하였다. 와인 스타일은 여러 종류의 품종을 혼합하여 사용하며, 뚜렷한 개성을 지닌 와인이 생산된다.

포르투갈의 포도 산지

(1) 포트_ Port

포트라는 말은 도우루 Douro 강 입구의 항구를 가리키는 포르투갈어인 포르투 Porto로 교역의 중심지로서 중요한 지역이다. 1961년 영국과 포르투갈의 조약에 의해 '도우루 지역에서 생산되고, 오포르투 항구에서 수출되는 알코올강화 와인' 으로 법으로 제정하였다.

(2) 제법

포트 와인의 제법

적/백포도	• 도우로강 상류법 정재배지역 Alto Douro 지구 • 토양은 정판암(슬레이트), 화강암질, 경작방법은 계단식 포도밭 • 품종 : Red – Bastrdo, Mourisco, Tinta Amarella 등 9종 White – Donzelinho, Gouveio(Verdelho), Esgana Cao 등 6종, 보조 품종 레드 6종, 화이트 8종, 주요 품종 60% 이상 사용
↓ 파쇄	
↓ Treding Trough	라거라고 하는 통에서 10명 정도의 인원이 밟아 으깬다.
↓ 발효	• 당도계에서 당을 측정하여 10도가 되었을 때 미리 측정한 양의 브랜디에 넣고, 550L 술통에 옮긴 후 발효를 중지한다. • 전체 알코올 도수를 18도가 되게 한다.
↓ 통숙성	2회에 걸쳐 찌꺼기를 제거한 후, 도우로강 하구의 빌라 노바 데 가이아(Vila Nova de Gaia) 또는 레구아(Regua)로 운반하여 숙성시킨다.
↓ 혼합 → 병입 → 출하	

6) 신세계 와인 생산국

(1) 미국

미국의 최고급 와인은 세계 최상급 와인과 비견할 정도로 성장하였다. 세계 100대 와인에 속하는 와인을 가장 많이 보유하고 있으며, 1933년 금주법을 끝으로 미국의 와인 산업은 과학적인 방법으로 품질을 향상시켰다. 현재 다양한 기후와 토양으로 여러 종류의 와인 생산이 가능해졌다.

와인법의 역사

미국의 음료 산업을 통제하는 기관은 AFT Bureau of Alcohol, Tobacco, and Firearms로 알코올담배총기국에서 관할한다.

다음은 와인에 관한 몇 가지 중요한 규정이다.

① 와인에 미국 포도 재배 지역 American Viticulture Area, AVA의 라벨 사용 시에는 와인 양조에 사용된 85%의 포도가 그 지역에서 생산된 것이어야 한다.

② AVA 대신 카운티 county 이름을 사용할 수 있다.

③ AVA 대신 주州 이름을 사용할 수 있다.

④ 포도 품종 표기는 75% 이상이 사용되어야 하나 경우에 따라 주마다 다르게 규정하기도 한다.

⑤ 라벨에 빈티지를 기재할 경우 95%가 그해에 출하된 것이어야 한다.

⑥ 미국에서 생산되는 모든 와인은 병에 음주의 위험을 경고해야 하고, 또한 유황이 함유되어 있다는 것을 명기해야 한다.

미국 와인의 등급인 제네릭 와인 Generic wine은 값싼 일반 와인으로 대중적인 제품이다. 버라이어틸 와인 Varietal wine은 원료가 된 포도 품종 자체를 상표로 사용하는 것이 특징이며, 그 품종이 75% 이상 사용되어야 한다. 프러프라이어터리 와인 Proprietary wine은 회사의 독자적인 상표를 붙인 와인이다. 메리티지 와인 Meritage wine은 보르도 블렌드의 위대한 전통과 유산 heritage을 이어받아 캘리포니아의 장점과 가치를 지닌 명품 와인을 만들자는 취지에서 탄생하였다.

주요 산지

[캘리포니아_ California]

1769년 스페인 선교사에 의해 처음 소개되었으며 유럽의 경험을 통해 얻은 풍부한 와인 지식을 가지고 시작하였다. 미국의 와인 산업은 Volsted Act (1920~1933)가 실시되기 이전까지는 순조롭게 발전해 나갔으나 14년간의 금주령으로 인하여 다시 쇠퇴하게 되었다. 이후 1966년 로버트 몬다비의 가족 경영 중심의 경영 정책으로 일관된 와이너리로 미국 와인업계에 영향력이 있는

미국의 포도 산지

와인 전문가를 배출하고 있다. 캘리포니아 대학 포도주 양조학과를 시작으로 갈로Gallo 와인의 설립자인 어네스트 Ernest와 줄리오 갈로 Julio Gallo를 들 수 있으며 기계화, 자동화, 대량 판매를 통한 미국식의 와인 산업을 진행하고 있다.

거의 모든 품종이 재배되고 있으며 프렌치 콜롱바르French Colombard, 슈냉 블랑Chenin Blanc, 까리냥 Carignan, 바르베라Barbera는 혼합용으로, 진판델 Zinfandel은 핑크색의 블러쉬 와인, 까베르네 소비뇽, 샤르도네, 메를로, 삐노 누아, 소비뇽 블랑, 리슬링 등은 품질 좋은 와인용으로 사용되고 있다.

소노마 밸리 _ Sonoma Valley

미국 와인의 본고장으로 가장 역사가 깊은 산지이다.

1856년의 헝가리 귀족 출신인 아고스톤 하라츠티 Agoston Haraszthy는 '캘리포니아 포도 재배의 아버지' 로 불리며, 1904년에 설립된 소노마에서 가장 큰 포도원으로 역사가 깊은 세바스챠니 Sebastiani는 와인 산업의 혁신가로서 'Eye of Swan', 'Rosa' 를 개발해 블러쉬 와인 Blush wine의 품질을 향상시켰다.

소노마 지역의 기호와 토양은 세계적 품질의 와인을 만드는 데 이상적이다. 서늘한 안개와 비닷비람이 불어오는 여름은 성장기를 길게 하며, 포도나무에 포도가 열려 있는 기간도 길게 하여 품질을 향상시킨다.

나파 밸리 _ Napa Valley

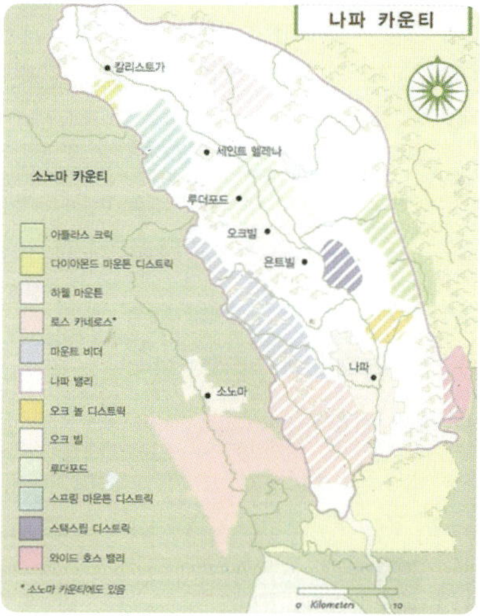

나파란 인디언 원주민 말로 '풍요 Plenty'를 뜻하는 말로, 나파 밸리 지역은 프랑스 부르고뉴의 본 Beaune, 보르도의 생떼밀리옹 지역과 비교할 만하다. 지역적으로 남과 북으로 이어져 있으며 다양한 포도원이 산재해 있다.

[오리건_ Oregon]

미국의 북서부 중에서 가장 추운 이곳은 강건하고 섬세한 양질의 와인이 생산된다. 현재 130여 개의 양조장이 있으며 대부분 삐노 누아를 재배한다. 삐노 누아는 프랑스의 부르고뉴 지방 외에는 잘 자라는 곳이 없는 아주 까다로운 품종이나 오로지 오리건만은 이러한 성질을 잘 맞추면서 훌륭한 와인을 만들어 내고 있다.

[뉴욕_ New York]

유럽에서 이주한 프랑스의 샴페인 양조가 샤를 푸르니에 Charles Fournier와 러시아 태생의 식물학 박사 콘스탄틴 프랭크 Konstantin Frank에 의해 캐넌다이과 Canandaigua는 갤로에 이어 미국에서 두 번째로 큰 와인 양조장이 되었다.

뉴욕에서 주로 사용되는 포도 품종으로는 비니페라를 비롯해 미국을 원산지로 하는 라브르스카 Labrusca, 리파리아 Riparia, 유럽과 미국 원산지 품종의 교배에서 나온 하이브리드 등이 있다.

(2) 칠레

비교적 최근에 세계 시장에서 관심을 끌고 있으며 칠레의 제조업 부문에서 토마토 가공식품, 신문용지, 와인이 3대 수출상품으로 자리 잡고 있다. 현재 외국 자본의 적극적인 유치를 위하여 생산단가를 낮추고 해외 투자를 유인하였으며 임금 인상을 억제하여 경쟁력 있는 와인을 생산할 수 있는 위치에 올랐다. 바론 드 로칠드 Les Domaines des Barons de Rothschild사가 로스 바스코 Los Vascos사에 지분 참여와 기술 이전의 형태로 생산에 투자하여 성공하였다.

칠레 정부는 1995년부터 자체적으로 원산지 표시제도인 일명 D.O Denomicacion de Origen 시스템을 실시하고 있는데, 이는 포도의 재배지, 종류, 수확 연도를 표시한 라벨을 병에 부착시키는 것이다. 포도주가 이 인증을 얻으려면 일단 칠레 영토에서 병에 담겨야 하고, 재배지, 포도 종류, 수확 연도를 표시하기 위해선 해당 포도가 최소한 75% 이상 쓰여야 한다.

와인법의 역사

칠레 와인의 역사는 스페인의 정복자들이 유럽종인 비니페라를 칠레로 들여오면서 라틴 아메리카에 처음으로 소개되었다. 칠레의 와인법은 숙성에 대해서만 언급하며 스페셜은 2년, 리저브는 4년, 그랑비노는 6년 숙성시킨 와인을 뜻한다. 일반 와인은 가장 저렴하고 대량 생산된다. 포도 품종은 좋지만 상급의 와인은 아닌 것으로 주로 까베르네 소비뇽과 세미용을 사용하여 만들고 있다.

상급 와인 라벨에 귀족이나 유명인의 이름이 등장하며 특히 레드 와인의 품질이 좋다. 토레스 까베르네 소비뇽 Torres Cabernet Sauvignon, 산타 에밀리아나 까베르네 소비뇽 콘차 이 토로 Santa Emiliana Cabernet Sauvignon Conchay Toro, 마쿨 동 루이스 Macul Dom Luis, 산타 카롤리나 트레스 에스트레야스 Santa Carloina Tres Estrellas 등이 있다.

주요 산지

칠레의 최고급 와인은 광산주가 모여 살았던 북부 고원 지대의 수도 산티아고 Santiago 부근 지역에서 생산되고 있다. 포도를 비롯한 과일 생산에 최적인 자연환경을 지니고 있으며 주변 지역에는 관계 시설을 갖춘 양질의 포도 재배지가 산재하고 있다. 특히 마이포 계곡Maipo Valle은 포도 재배 지역으로 칠레에서 제일 먼저 개발된 곳이다. 칠레의 중앙 지대는 수출용 최고급 와인이 생산되고 있다. 대표적인 생산 지역으로는 아콩카과Aconcagua, 수도권, 카차포알 Cachapoal, 탈카Talca이며 수도권의 마이포 계곡은 가장 우수한 와인을 생산하고 있다.

주요 품종

까베르네 소비뇽, 삐노 누아, 말벡, 프티 베르도, 소비뇽 블랑, 세미뇽, 메를로 등이 있다.

(3) 아르헨티나

남미 국가 중에서 가장 많은 와인을 생산하면서도 내수 판매에 치중하여 수출량은 적은 편이었다. 그러나 1990년대 이후 와인 산업이 활성화되면서 국제 시장에서 경쟁할 수 있을 정도로 품질을 향상시켜 해외 판매를 추진하고 있다.

와인법의 역사

19세기 중반에 스페인과 이탈리아 이민자들이 들여온 다양한 품종의 포도로 급속한 성장을 이루었다. 특히 멘도사는 세계 8대 와인 산지의 하나로 인정받고 있다. 우수한 포도원은 해발 약 700~1,400m에 자리하며 평균 고도 역시 900m 이상이다.

건조한 산 공기 덕분에 병충해가 드물고 밤 기온이 충분히 낮아 레드 와인용 포도가 깊고 좋은 향과 색을 갖게 된다. 아르헨티나에서 '고급 와인'이란 곧 수출이 가능하다는 의미이며, 주요 포도 품종으로 샤르도네와 슈냉 블랑, 위니 블랑이 있다.

주요 산지

멘도사Mendoza 지역의 주요 산지는 메이푸, 루한, 산 마르틴, 라파엘, 루한데 기요이다. 산 후안San Juan 지역은 오랫동안 다수확 품종인 로제 와인용 포도를 재배해 왔으며, 1990년대 후반부터 고품질 와인들을 개발해 왔다. 셰리 스타일의 와인이나 브랜드에 사용되는 주정강화 와인을 주로 생산한다. 리오 네그루Rio Negro는 최남단에 위치한 생산지로 다수확 품종이 재배되고 있다. 살타Salta는 북부에 위치한 지역으로, 토론떼스 리오하노 품종이 대규모로 재배

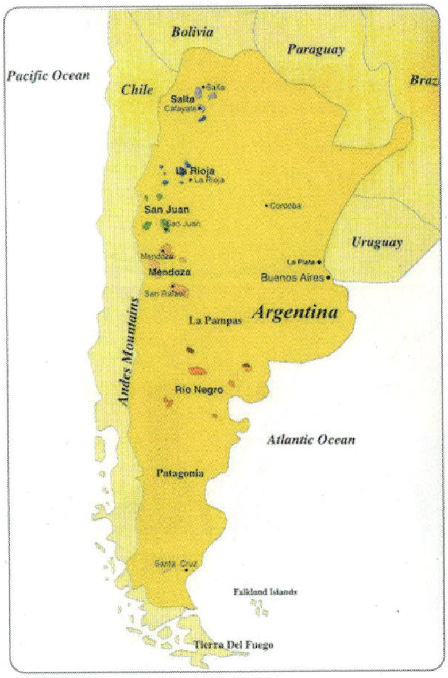

되고 있다. 라 리오하La Rioja는 가장 오래된 와인 생산지이며, 토론떼스 리오하노 품종의 본 고장이다.

주요 품종

1990년 후반까지 다수확 품종인 크리올라Criolla와 세레사Cereza가 전체 재배면적의 반을 차지하였다. 그러나 이들 품종은 감소하고 있는 추세이며, 유럽에서 재배되는 국제적인 포도 품종들의 재배가 증가하고 있다.

(4) 호주

1800년대 유럽에서 온 정착민들은 남부 호주 전역에서 포도를 재배하였다. 1800년대부터 1960년대까지는 가정에서 마시거나 영국에 수출하기 위해 포트와 같은 알코올강화 와인을 생산하였다.

와인법의 역사

버라이어털 블렌드 Varietal Bland 와인도 사용된 비율이 높은 품종순으로 품종명을 적도록 되어 있어서 알기 쉬우며, 라벨 표기 준수사항은 Food & Drug Law에 명문화되어 있다. 호주 와인 라벨의 특징 중 하나는 많은 제품들이 Bin 넘버를 사용한다는 것이다. 이것은 특별한 품질의 와인을 별도의 번호를 붙여 구별해 보관하던 전통에서 유래한 것으로, Bin #, Private Bin, Reserve Bin 등의 방식이 있으며 주로 품종에 따라 넘버를 부여하고 있다.

호주산 라인리슬링은 독일의 리슬링과는 다른 포도 품종으로 인정받고 있다. 쉬라즈는 프랑스 론Rhone의 쉬라 Syrah 품종에서 파생된 것으로 호주에서는 까베르네 소비뇽과 더불어 적포도 품종의 양대 산맥을 이루고 있다. 이 두 가지가 서로 혼합되거나 다른 품종과 결합되어 독특한 맛을 창출해 낸다.

호주 와인의 성장 요인으로는 품질 향상, 양조기술, 양조장 규모의 경제성, 세계 시장을 겨냥한 와인 산업의 통합 등을 들 수 있다.

주요 산지

[빅토리아_ Victoria]

남동부 멜버른 근처에 위치한 오랜 전통을 지닌 와인 지역이다. 빅토리아의 기후와 토양은 유럽과 비슷하며 호주 와인 생산량에서 많은 부분을 차지한다. 뛰어난 품질의 레드, 화이트, 발포성, 포트 와인을 생산하고 있다.

그레이트 웨스턴 Great Western은 엔니드 블람피드 Enid Blampied 형제에 의해 포도원이 조성되었으며, 셉펠트 그레이트 웨스턴 Seppelt Great Western 스파클링 와인이 생산된다.

야라 밸리 Yarra Valley의 와인 회사로는 예링버그Yeringberg, 야라 예링 Yarra Yering, 쎄빌 에스테이트 Seville Estate가 있다. 굴번 밸리 Goulbun Valley의 유명한 와인 회사는 샤또 타크빌과 미첼튼으로, 와인 품평회에서도 좋은 성적을 거두었다.

[뉴사우스웨일스_ New South Wales]

뉴사우스웨일스는 시드니의 가까운 곳에 위치해 있으며, 헌터 밸리 The hunter valley와 머지 Mergee, 리베리나 Riverina가 있다.

[사우스오스트레일리아_ South Australia]

이 지역의 와인 중심지로는 애들레이드가 있다.

저급에서 고급, 포트, 셰리, 브랜디까지 모든 종류의 와인을 생산하고 있으며, 마길 포도원에서는 품질이 뛰어난 그랑쥬 에르미따쥬 Grange Hermitage가 생산된다.

펜폴트와 페탈루마의 까베르네 소비뇽과 쉬라즈는 최상급이다. 기타 지역으로는 바로싸 밸리 Barossa Valley, 클래어 밸리 Clare Valley, 맥라렌 베일 McLaren Vale, 쿠나와라 Coonawarra, 패서웨이 Padthaway가 있다.

포도 품종

호주의 자연환경에 융화되어 독특한 개성을 지닌 새로운 품종이 탄생되고 있다.

레드 와인 품종으로는 까베르네 소비뇽, 쉬라즈, 말벡, 화이트 와인 품종으로는 라인리슬링, 샤르도네, 트라미너, 뮈스카, 세비용, 트레비아노, 소비뇽 블랑 등이 있다.

(5) 뉴질랜드

1838년 호주 포도 재배의 아버지라 불리는 제임스 버스비에 의해 프랑스와 스페인에서 포도나무를 가져와 베이 오브 아일랜드에서 뉴질랜드 와인이 탄생하였다. 제2차 세계 대전 후 포도 재배지와 와인 생산이 증가하였고, 1970년 이후 비약적인 발전을 이뤄 신흥 와인 생산국으로 자리 잡게 되었다. 다양한 기후와 토양을 가진 여러 지역에서 포도 재배가 이루어져 지역마다 독특한 풍미가 있는 와인이 생산되고 있다. 가을이 길고 건조하여 포도가 천천히 익으므로 강한 맛과 향, 적절한 산도를 가지고 있다.

와인법의 역사

현재 시행되고 있는 CO법은 와인 산지에 대한 '지리적 표시' 제도로서 1966년에 프랑스의 AOC 개념과 같은 '원산지 확인 Certified Origin' 제도를 도입한 것이다. 전국의 주요 산지는 CO 시스템에 의해 규정된다.

주요 산지

[북섬_ North Island]

뉴질랜드의 오래된 와인 생산 지역 중 하나로 따뜻한 아열대 기후를 가지고 있다. 오클랜드 Auckland는 와인 생산 역사는 길지만 생산량은 많지 않으며, 대부분 큰 와이너리들이 모여 있다. 기스본 Gisborne은 동쪽에 위치한 와인 생산 지역으로 데일리 와인이 생산되고 있다. 혹스베이 Hawkes Bay는 레드 와인을 많이 생산하는 지역으로 고급 와인들이 제조되고 있다.

[남섬_ South Island]

말보로 Marlborough는 뉴질랜드의 대규모 와인 생산 지역 중 하나로 산미가 있는 소비뇽 블랑으로 유명하다. 넬슨 Nelson은 일조량이 많은 해양성 기후로 인하여 신선한 향기와 강렬한 풍미를 지닌 소비뇽 블랑 및 샤르도네, 삐노 누아를 생산한다. 켄터베리 Canterbury는 남쪽에 위치하며 건조하고 신선한 기후를 지닌 와이파라 Waipara 계곡과 캔터베리 평원 지역은 향이 좋은 리슬링과 풍미가 강렬한 삐노 누아가 유명하다.

포도 품종

뉴질랜드 화이트 와인의 대표적인 품종은 소비뇽 블랑으로 품질이 매우 우수하다. 주로 화이트 와인을 생산하며 소비뇽 블랑, 샤도네이, 리슬링과 그 밖에 슈냉 블랑, 라인리슬링, 게브르츠 트라미너가 있다. 레드 와인으로는 삐노 누아, 까베르네 소비뇽, 메를로가 있다. 새롭게 생산되는 품종으로는 피노그리 Pinot Gris, 비오니에 Viognier로 발포성 와인이나 디저트용 와인을 만들고 있다.

4. 사케_ Sake

사케란 일본에서는 술이란 뜻으로 맥주, 소주, 양주 등 모든 술을 의미한다. 사케는 크게 쌀, 누룩, 물을 원료로 하여 발효시킨 '청주'와 이 청주를 증류시킨 '쇼츄燒酒'로 구분되는데, 일반적으로 '사케'란 쌀과 누룩으로 띄워 걸러 낸 맑은 술, 청주淸酒(세이슈)만을 가리키며, 알코올 함량이 15~17%로 '니혼슈日本酒'라고도 한다.

1) 어원

언어학적으로 볼 때도 술을 뜻하는 일본말 '사케'는 우리말의 '삭히다'에서 건너간 말로, 누룩을 삭혀 술을 만드는 데서 나온 말이라고 한다. 백제에서 일본에 술 제조법을 전하는 과정에서 발효를 거쳤다는 의미의 우리말 '삭혀'가 변해 '사케'로 발음하게 된 것으로 추정된다.

2) 역사

8세기 초 일본의 나라시대奈良時代(710~794)에 오노 야스마로太安麻呂가 저술한 고대 일본의 신화와 전설 등을 기술한 『고지키古事記』에 의하면 백제인이 누룩으로 술 만드는 방법을 가르쳤다고 한다. 그 술이 일본 사케(酒 : さけ)의 원류일 때, 나라시대에 쌀과 누룩을 이용한 양조법이 시작되었음을 알 수 있다.

10세기 초에는 신사神社에서 대부분의 양조가 이루어져 헤이안시대平安時代(794~1185) 말부터 가마쿠라 · 무로마치시대室町時代(1185~1173)에는 경제적 가치가 높은 술이 유통되었다. 일본 최초의 민간 주조 기술서인 『고슈노닛기御酒の日記』에는 누룩, 찐쌀, 물을 두 번에 나누어 만드는 다단계식 주조방법, 유산발효의 응용, 목탄의 사용이 기록되어 있으며, 이 시기에 술 수요의 증가로 주조법이 크게 발달하였다.

16세기에는 술의 대량 생산이 이루어졌다. 양조장이 생겨나 품질을 위한 경쟁도 심화되었다. 사케 주조의 원형인 '모로하쿠諸白'가 완성되고, 사케의 종류도 다양해졌으며, 서양으로부터 증류주 제조기술도 전해졌다.

17세기에서 19세기 초까지의 에도시대江戸時代(1603~1807) 또한 사케의 발전이 급격히 이루어진 시기로, 현대식 양조장 설비, 사케의 겨울 제조기법, 저온살균법으로 인한 사케의 높은 보존성과, 해운교통의 발달로 지방의 사케가 에도로 유통되었으며, 물의 중요성이 알려졌다.

19세기 초부터 20세기 초에 걸친 메이지시대明治時代(1868~1912)에는 가정 내의 양조를 금했으며, 주세를 강화하였다. 유리병입 사케의 판매가 시작된 시기이며, 오스트리아, 영국과 하와이에 사케를 수출하였다. '국립양조시험소'가 세워져 사케 제조에 현대화학이론이 적용되었고, 합성청주 또한 개발되었다.

20세기 쇼와시대昭和時代(1926~1989) 초기에는 고치 모양의 견형繭形 정미기가 발명되었고, 온도와 미생물 관리가 쉬운 탱크, 우량 효모 채취 등의 기술혁신이 이루어졌다. 중일 전쟁으로 인한 정미율의 제한과 양조장 간의 통합으로 사케의 생산량이 반으로 줄었다. 제2차 세계 대전 시기에는 쌀 부족으로 사케에 양조용 알코올을 섞는 비중이 늘었고, '후쯔슈'와 '3배 증양주'가 생산되었다. 1943년에는 '사케 등급제도'가 시행되어 특급, 1급, 2급으로 나누었으며, 1992년에 '특정 명칭주 제도'로 바뀌었다.

3) 원료

사케의 주원료는 쌀, 물, 누룩, 효모이다. 사케는 증류나 장기숙성 등의 과정을 거치지 않고 만들기 때문에 쌀과 물의 품질이 사케의 맛과 향에 큰 영향을 미친다.

(1) 쌀_ rice

쌀은 사케의 맛과 향을 결정하는 원료이다. 일본에서는 밥용 쌀을 '한마이飯米', 사케용 쌀을 '사카마이酒米'라고 하며, 일반적으로 양조용 쌀은 밥용 쌀에 비해 쌀알이 굵고 잘 부서지지 않는다. 주조용 쌀은 물을 잘 흡수한다. 술의 맛과 향에 부정적 영향을 끼치는 단백질, 지방 성분이 쌀의 겉부분에 많기 때문에 주조할 때는 쌀을 깎아 심백心白을 사용한다.

(2) 물

사케는 80% 이상이 물로 구성된다. 따라서 물은 사케의 품질에 많은 영향을 미친다. 사케의 양조용수는 무색투명하고, 잡미 · 잡취가 없는 중성이나 알칼리성이 좋다. 술을 빚는 데 사용되는 물은 원료로 사용되는 물의 20~30배에 달하며, 유해 미생물과 유해 성분이 없어야 한다.

(3) 누룩_ 麴

누룩은 누룩곰팡이를 의미하며 '코우지'라고 한다. 누룩은 술을 빚을 때 중요한 미생물로, 쌀의 전분을 당으로 만들고 비타민 등의 영양소를 공급하여 효모의 증식을 돕는다. 효모는 당분을 알코올로 만들기 때문에 누룩을 잘 띄워야 사케의 맛이 좋아진다.

(4) 효모_ 酵母

사케 양조에 필요한 미생물은 누룩균과 효모균으로, 맥주나 와인의 효모는 당분을 알코올로 분해하는 역할만 하지만 사케에서는 맛과 향, 품질에 크게 영

향을 미친다. 사케의 효모는 발효력, 향, 색에 영향을 미치므로 양조 책임자인 토우지とうじ杜氏는 효모의 선택을 매우 중요하게 여긴다.

4) 제조

사케의 제조과정

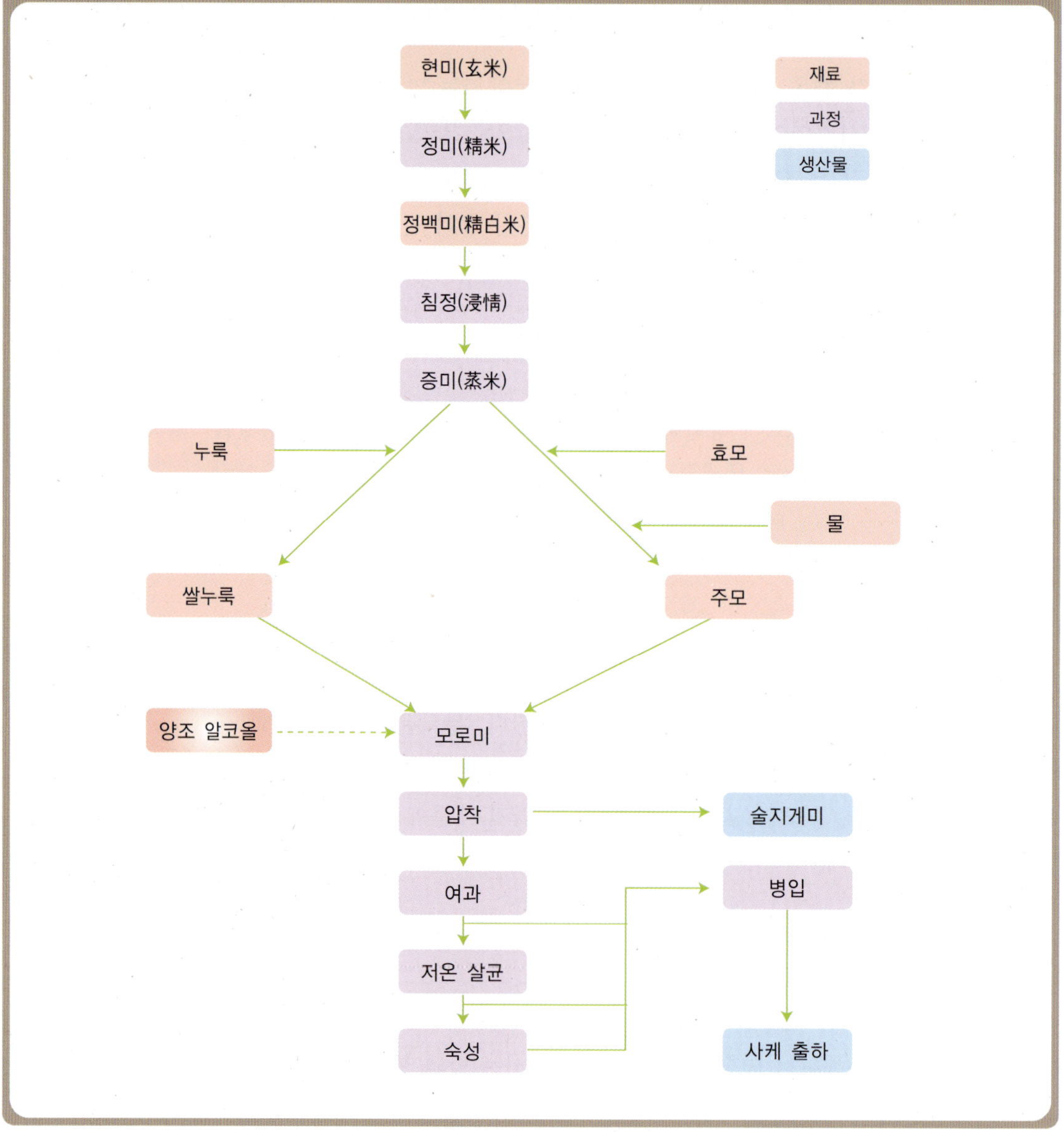

(1) 정미_ 精米

쌀 외피의 단백질 · 지방 · 무기질 등은 사케의 맛 · 향 · 색을 저하시키므로 이 외피를 25~50% 정도 깎은 뒤 남은 심백 부분을 사용한다. 정미율이 낮을수록 많이 깎았다는 뜻으로, 고급 사케일수록 정미율이 낮다. 사케의 정미율은 보통 70~75%이며, 정미율 20%의 쌀로 만든 사케도 있다.

(2) 세미_ 洗米

정미를 한 뒤 남아 있는 쌀겨를 없애기 위해 물로 씻는 것으로, 쌀알끼리 부딪쳐 정미효과도 있다. 쌀의 품종과 정미율에 따라 흡수율이 다르기 때문에 초 단위의 정해진 시간 내에 작업을 진행한다.

(3) 침정_ 浸精

쌀을 물에 담가 놓는 것으로, 쌀의 중심부까지 물을 흡수시켜 찐쌀을 만들 수 있도록 준비하는 단계이다. 쌀의 종류, 성질, 사용 목적에 따라 침정시간을 달리한다.

(4) 증미 · 방랭_ 蒸米 · 放冷

쌀을 찌는 과정으로, 증미를 통해 전분의 부피가 늘어나고 점성이 생겨 누룩균과 효소의 번식을 쉽게 한다. 고온에서 찌기 때문에 살균효과도 있다. 증미를 한 쌀은 누룩용, 술밑용, 주모酒母용, 덧술(카케마이)용으로 나눠 온도를 달리하며 식히는데, 이 과정을 방랭이라 한다.

(5) 누룩 제조_ 麴 製造

주조 시 가장 중요하게 다루는 공정으로, 누룩은 쌀을 알코올로 발효시키기 위해 전분과 단백질을 당으로 바꾸는 역할을 한다. 누룩방에서 증미한 쌀에 누룩곰팡이 씨를 뿌려 치댄 후 천을 씌워 누룩균을 번식시킨다.

(6) 주모 제조_ 酒母 製造

효모를 순수하게 대량 배양한 것을 주모라 하며, 효모를 대량으로 만드는 공정을 의미한다. 잡균의 침입을 막아 좋은 효모를 대량으로 배양해야 한다.

(7) 모로미_ 諸味

주모에 찐쌀과 누룩, 물을 3회에 걸쳐 섞어 얻은 것을 모로미라 한다. 한 번에 작업을 하면 잡균이 쉽게 번식하여 초첨, 중첨, 유첨의 3단계로 나누어 시행한다.

(8) 발효_ 醱酵

모로미에서 발효가 시작되어 알코올과 탄산가스가 생긴다. 8~10℃의 저온에서 한 달 정도 발효시키는데 여러 가지 향과 거품이 발생한다.

(9) 압착_ 壓搾

발효시킨 모로미를 천으로 만든 주머니에 넣어 압축기로 짜내는 작업이다.

(10) 찌꺼기 제거

하얗고 걸쭉한 술을 그대로 두면 찌꺼기가 가라앉는데, 통에는 위아래로 두 개의 추출 구멍이 있어 위쪽 구멍에서 맑은 술만을 추출한다.

(11) 여과_ 濾過

술을 분리한 뒤 일반적으로 기계로 찌꺼기를 걸러 내는 과정이다.

(12) 가열 · 살균_ 加熱 · 殺菌

여과를 거친 새 술에 열을 가해 효소의 활동을 멈추게 하는 작업으로, 방부제나 보존료를 쓰지 않기 때문에 중요한 작업이다.

(13) 저장 · 숙성_ 貯藏 · 熟成

병입 전에 탱크에 저장하는데, 숙성되면서 거친 향이 부드럽게 변한다.

(14) 조합_ 調合

완성된 사케의 품질과 맛은 탱크마다 조금씩 다르므로, 원하는 맛과 품질을 얻기 위해 여러 통의 술을 조합한다.

(15) 주질 조정_ 酒質調整

조합과 활성탄 여과 등으로 마지막 조정을 하며, 천으로 거르거나 단백질 분해 효소를 사용한다. 발효 후의 사케는 알코올 함량이 20% 전후로, 물을 가해 15~17% 사이로 만든다.

(16) 가열 · 병입_ 加熱 · 甁入

물을 섞은 다음 병입한 후, 다시 한 번 가열 살균한다.

5) 분류

사케는 여러 기준에 따라 다양하게 분류할 수 있다. 그중에서도 가장 많이 사용하는 분류 기준은 '정미율'과 '원재료'이다.

(1) 정미율에 의한 분류

정미율은 정미보합률의 줄인 말로 쌀알의 겉을 깎아 내고 남은 비율이다.

- 혼죠조슈 : 쌀을 30% 이상 깎아(정미율 70% 이하) 만든 술
- 긴죠슈 : 40% 이상 깎아(정미율 60% 이하) 만든 술
- 다이긴죠슈 : 50% 이상 깎아(정미율 50% 이하) 만든 술

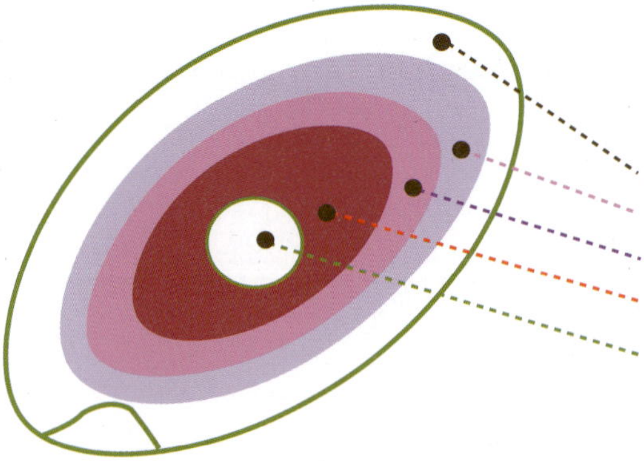

(2) 원재료에 의한 분류

사케의 원료는 쌀, 누룩, 물이다. 양조용 알코올을 비롯한 기타 첨가물에 의해 분류한다.

- 준마이슈 : 쌀과 누룩, 물만으로 빚은 술
- 혼죠조슈 : 쌀 · 누룩 · 물에 양조 알코올을 넣어 빚은 술
- 후츠우슈 : 쌀 · 누룩 · 물 · 양조 알코올에 당류나 산미료 등을 더 넣어 만든 술

(3) 기타

위스키나 와인처럼 오랜 시간 숙성을 한 사케도 있다. 고슈 혹은 쵸유키쵸조

여러 가지 사케

슈로, 짧게는 2~3년 길게는 10~15년간 숙성을 시킨다. 일반 사케보다 맛과 향이 깊고 중후하며 호박색이다.

6) 서비스

사케를 마시는 순서는 와인과 비슷하게 적용된다. 향과 맛은 담백하고 단순한 맛에서 진하고 복합적인 맛으로, 씁싸름한 맛에서 감칠맛으로, 새콤한 맛에서 달콤한 맛의 순서로 즐기며, 온도의 경우는 낮은 온도에서 상온 또는 높은 온도로, 숙성도는 신선하고 어린 맛에서 숙성된 맛의 순서로 즐긴다.

사케의 맑은 정도는 '키키초코' 라는 전문 시음잔 바닥의 파란색 원과 흰색 원을 통해 측정된다. '독쿠리' 라는 사기로 만든 작은 병에 잔과 함께 세트로 서비스한다. 나무로 만든 '마쓰잔' 은 썩기 쉬워, 플라스틱이나 도자기 재질로 만들어 코팅된 잔을 많이 사용한다. '치로리' 는 사케를 지속적으로 찬 상태로 유지시키기 위해 용기의 중간에 얼음을 넣도록 고안된 주전자이다. 유리로 만들어져 중간의 구멍에 얼음을 넣도록 고안된 '돗쿠리' 는 '레이슈카라훼' 혹은 '레이슈기' 라고 한다.

사케는 1년 안에 마시길 권하는데 그 이유는 일본이나 우리나라에서 80% 이상 팔리는 사케가 후츠우슈이기 때문이다. 후츠우슈는 사자마자 마시는 것이 좋다. 병입 이후에도 사케는 숙성과 착색이 진행되어 본래의 풍미가 손상되므로 개봉한 뒤에는 가능한 한 빨리 마셔야 한다. 남은 사케는 작은 용기에 담아 냉장고에 보관한다.

사케의 라벨에는 제조일자는 있지만 유통기한은 없다. 그리고 보관방법에 따라 품질에 차이가 난다. 후츠우슈는 상온에 보관 가능하나 좋은 사케일수록 온도 변화를 줄이고 1~8℃에 냉장 보관한다. 일반적으로 준마이슈는 15℃ 이하, 긴죠슈나 나마죠조슈는 10℃ 이하, 나마슈는 5℃ 이하에 보관하면 좋다.

사케의 색 · 향 · 맛 등을 평가하는 것이 '사케 테이스팅' 이

치로리

레이슈카라훼(레이슈기)

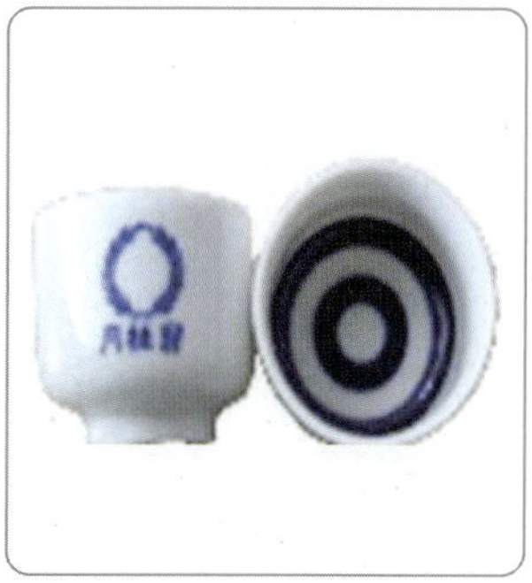

키키초코잔

다. '기키자케시'는 사케 판매점에서 사케에 대한 지식을 바탕으로 손님이 원하는 술을 찾도록 도와주는 사람이다. 사케 테이스팅은 먼저 '키키초코' 잔으로 사케의 투명도와 여린 노란빛을 관찰한다. 실내 온도에 따라 맛과 향이 달라질 수 있으므로 실내 온도 20℃ 정도의 공간이 테이스팅에 이상적이다. 일반적인 사케는 실온보다 1~2℃ 정도 낮게 준비한다.

독쿠리와 잔

마쓰잔

테이스팅 순서

- 눈으로 색조와 투명도, 이물질의 유무를 체크한다.
- 향을 맡아 본다.
- 사케를 입으로 가져간다.

7) 생산지

사케는 재료가 되는 쌀의 작황에 와인만큼 민감하지는 않다. 좋은 사케일수록 엄선한 쌀로 세심한 정미과정을 거치지만 와인이 100% 포도로만 만드는 술인 데 비해 사케는 쌀을 발효해 물이나 양조용 알코올을 섞는 점을 고려하면 사케의 원료 중요도가 와인만큼 절대적이지는 않다.

표 2-6 / 대표적인 3대 토우지 그룹

명칭	특징	규모
난부 토우지	이와테현 이시도리야초가 발상지이다. 이곳은 우수한 쌀 생산지로 유명하다. 부드러움과 다이내믹함을 고루 갖춘 사케가 나온다.	토우지 372명, 주조 종사자를 포함하면 1,300명
에치고 토우지	에치고는 니이가타현의 옛 이름이다. 일본 전역으로 양조기술을 퍼뜨렸다. 섬세하고 심플하며 깨끗한 인상을 주는 술을 만든다.	토우지 281명
탄바 토우지	효고현의 나다고코 명주를 만든다. 키모토츠쿠리 사케처럼 맛이 깊고 수준 높은 사케를 제조하는 그룹이다.	토우지 55명

일본의 3대 사케 생산지

일본의 3대 사케 생산지는 교토 후시미伏見, 니이가타현新潟縣, 고베 나다神戸灘이다. 교토 후시미는 사케로 역사 깊은 곳으로 지금도 많은 양의 사케를 생산한다. 일본 최대의 사케 회사인 겟케이칸을 비롯하여 타마노히카리, 코야마혼케, 키자쿠라, 쇼우치쿠바이가 있다. 니이가타현은 '명품 사케'로 일본에서 가장 유명한 지역이다. 요시노가와, 코시노간빠이, 세츄바이, 쿠보타 같은 명품 사케 양조장이 있다. 후시미처럼 연수이기 때문에 섬세하고 부드러운 맛의 사케가 만들어진다. 고베 나다는 일본 사케의 1/3을 생산하는 지역으로 로코산의 찬 바람과 야마다니시키 쌀, 미야미즈 물이 어울려 명품 사케를 빚어낸다. 부드럽고 여성스러운 후시미 사케와 반대로 드라이하며 남성적인 느낌이 강하나, 향은 강하지 않다. 후쿠스메, 후쿠토쿠초, 후쿠쥬, 하쿠츠루, 사와노츠루 같은 양조장이 있다.

8) 사케와 음식

향기와 맛으로 분류한 사케의 4가지 타입

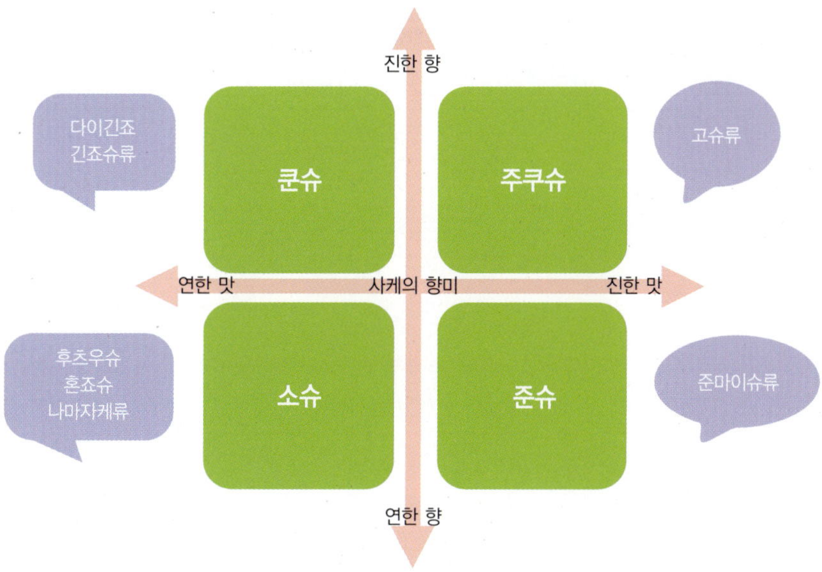

'쿤슈'는 식전주로서 화려한 향과 산뜻한 맛, 입맛을 돋우는 가벼운 요리들과 잘 어울리며, 과일과 꽃 향이 풍부해 유자, 레몬 같은 감귤류의 맛이 나는 음식과도 잘 어울린다. '소슈'는 산뜻한 향과 경쾌한 맛이 특징으로 간이 진하지 않은 음식과 어울리며, 지방이 많은 요리와는 어울리지 않는다. '준슈'는 깊은 맛과 풍부한 향으로 인해 주요리 식사 때 가장 많이 애용된다. 향과 맛이 강하여 쓴맛이 강한 음식이나 풍미가 강한 발효음식과 어울리며, 생크림이나 버터를 많이 쓰는 서양 음식과도 잘 어울린다. '주쿠슈'는 숙성된 향과 맛으로 깊은 맛의 요리와 기름기 많은 음식이나 조림, 강한 양념 맛의 요리, 너츠류 등과 잘 어울리며, 회나 어패류와는 어울리지 않는다.

표 2-7 / 타입별 추천 음식

구분	쿤슈	소슈	준슈	주쿠슈
한식	구절판, 해파리냉채	나물류, 전류, 생선찜류, 잡채	불고기, 산적류, 갈비찜, 삼계탕	갈비찜, 갈비탕
일식	흰살 생선회, 생선구이, 생굴	두부류, 계란류, 삶은 야채류	스키야키, 간장맛 야키토리, 일본식 젓갈류	장어구이
중식	브로콜리 볶음, 월남쌈, 닭고기냉채	어패류 슈마이, 오징어볶음, 팔보채	군만두, 마파두부, 새우칠리소스	베이징 덕(북경 오리)
서양식	무스, 시푸드 샐러드, 화이트 아스파라거스	봉골레 파스타, 흰살 생선 요리	햄버거, 비프스테이크, 크림 스튜, 연어구이, 캐비어	양갈비 스테이크, 비프스튜, 거위 로스트, 푸아그라, 치즈, 트리플

9) 국내 인기 사케 상표

키쿠히메 쿠로깅

겟케이칸 준마이다이긴죠

하쿠류 준마이다이긴죠

와카다케 온나나카세

네노히마츠
준마이다이긴죠

메이보 요와노츠키

시라가미산지노시키

하츠마고 마기리

데와자쿠라 준마이긴죠

일품 준마이슈

3 Chapter

증류주
Distilled Liquor

Beverage Coordinate

1. 위스키_ Whisky
2. 브랜디_ Brandy
3. 진_ Gin
4. 보드카_ Vodka
5. 럼_ Rum
6. 테킬라_ Tequila

Chapter 3

증류주

Distilled Liquor

증류주는 과실이나 곡물의 당분을 발효시켜 증류한 술이다. 발효된 술을 100℃ 이상이 되지 않도록 가열해서 먼저 증발한 알코올을 냉각시킨 후 액체화하여 만든다. 발효주는 8~14% 내외의 알코올을 함유하는 데 반해, 증류주는 40~70%의 순도 높은 알코올을 가지고 있다. 대표적인 증류주로는 위스키, 브랜디, 진, 보드카, 럼, 테킬라 등이 있다.

1. 위스키_ Whisky

위스키는 보리, 호밀, 밀, 옥수수, 귀리 등의 곡류를 주원료로 하여 당화·발효시킨 다음 증류와 숙성과정을 거쳐 만든다. 증류시킨 무색투명한 알코올을 참나무와 같은 목재통에 수년 동안 저장하여 숙성시키면 나무의 성분이 우러나와 짙은 호박색과 향기를 지닌 위스키가 된다.

1) 어원

위스키는 '생명의 물 Water of Life'을 뜻하는 스코틀랜드의 전통 언어인 게일어 Gaelic의 우스게바하 usquebaugh에서 유래되어 우스키 usky, 위스키 whisky로 변화되었다.

오늘날 위스키 Wisky는 아일랜드 위스키 Irish whiskey와 구분되면서 스카치위스키로 통용되기도 한다. Whiskey의 'e'가 생략된 것은 아일랜드 위스키와 구분하기 위해서라고 한다. 지금은 아일랜드와 미국에서는 'whiskey', 스코틀랜드와 캐나다, 한국 그리고 일본에서는 'whisky'라 부른다.

2) 역사

위스키는 5세기경 스코틀랜드 출신의 성직자 성 패트릭 St. Patrick에 의해 아일랜드에 소개되었다는 설이 있다. 1494년 스코틀랜드 재무부에 증류주와 관련한 첫 기록이 있으며, 그 기록을 보면 수도사인 존 코어 John Cor가 보리로 증류주aqua vitae를 만들었다고 한다. 한편 15세기에 수도원들이 해체되면서 수도승들이 증류기법을 이용하여 약이나 향수 등을 제조하였고 증류기술은 일반인에게도 전파되었다.

1707년 스코틀랜드와 잉글랜드의 의회 합병으로 부족한 재정을 마련하기 위해 고액의 주세酒稅를 부과하자 스코틀랜드의 위스키 제조업자들은 북부 지방 highland의 산속 골짜기에서 위스키를 밀조, 밀수하게 되었다. 맥아 건조를 위한 석탄을 구하기 어려워 피트peat탄을 사용하여 건조했으며, 이는 스카치위스키만의 스모키한 향을 더해 주었다.

단식 증류기pot still로만 위스키를 만들던 스코틀랜드는 1826년 로버트 스테인Robert Stein과 1830년 아네스 코페이Aeneas Coffey가 개발한 연속식 증류기로 인해 단기간 내에 대량의 위스키를 생산할 수 있게 되면서 위스키 산업이 급속히 발전되었다.

3) 원료

위스키의 주원료로는 보리, 물, 효모가 사용되며, 몰트위스키의 스모키함과 강렬한 풍미를 생성하는 피트도 주요 원료에 포함된다.

(1) 보리

9등급으로 분류한 보리 중 발아 및 성장이 가능한 1~3등급에 속하는 것을 사용한다. 보리는 전분 함량이 높고 단백질과 질소 함량이 낮은 것이 좋으며, 그 외에 호밀, 밀, 귀리 등이 쓰인다.

(2) 물

몰트위스키 제조에는 산성도pH가 낮은 연수를 사용하며 일부 증류소에서는 경수를 사용하기도 한다. 이는 경수에 녹아 있는 미네랄이 복합적인 향기를 내기 때문이다.

(3) 효모

효모는 알코올을 포함한 에스테르 ester, 알데히드 aldehydes, 산 acids 등을 생산하여 위스키의 풍미에 영향을 미친다. 위스키 제조용 효모는 알코올을 최대로 생산할 수 있는 것을 사용한다.

(4) 피트

피트 peat는 이탄泥炭이라고도 하며 물이끼, 헤더 heather, 사초 sedges 등의 습지 식물들이 퇴비화된 것이다. 석탄이 부족하던 시기의 증류업자들이 우연히 발견한 대체 연료로서 피트는 각 지역마다 특징이 다르다. 피트의 연기로 맥아를 건조시키면 스모키함과 강렬한 풍미가 생긴다.

4) 제조

위스키의 제조과정

원료 → 정선 → 침맥 → 발아 → 건조 → 제근과 분쇄 → 당화와 냉각
→ 발효 → 1차 증류 → 2차 증류 → 저장 → 혼합 → 후숙 및 병입

(1) 정선

보리를 정선기에 넣어 마른 알갱이 등의 이물질을 완전히 제거한다.

(2) 침맥

보리를 깨끗이 씻는 과정에서 속이 빈 보리를 제거하고, 발아 준비를 위해 침수한다.

(3) 발아

침수한 보리를 1주일 정도 발아시킨다. 항상 온도나 습도가 발아에 적당한 상태로 유지되어야 한다.

(4) 건조

발아한 보리는 건조탑에서 상단과 하단으로 각각 1주일씩 교반시키면서 열기를 가해 건조시킨다. 몰트 스카치위스키는 건조 시 피트탄을 이용하여 스모크 smoke 향을 첨가시킨다.

(5) 제근과 분쇄

건조한 맥아의 뿌리는 쓴맛이 있으므로 제거하고 당화糖化하기 쉽게 분말로 만들며, 이를 매쉬 mash라 한다. 몰트위스키 malt whisky의 경우는 발아한 맥아만을 분쇄하지만 그레인위스키 grain whisky는 발아하지 않은 보리, 호밀, 밀 등을 분쇄하여 첨가한다.

(6) 당화와 냉각

분쇄된 맥아에 양조수를 가하여 당화시키며, 당화 후 효모균의 번식에 적당한 온도까지 냉각시킨다.

(7) 발효

냉각된 당화액은 발효조로 보내 위스키용의 순수 효모를 가해서 발효시킨다. 당분은 알코올과 이산화탄소 CO_2로 분리되는데 발효는 보통 3일 만에 끝낸다. 이 과정에서 알코올 성분 8% 정도의 '발효주'가 생긴다.

(8) 증류

몰트위스키의 경우 발효가 끝난 발효주를 단식 증류기로 두 번 증류한다. 첫 번째로 나오는 초류액初溜液을 다시 재류부再溜釜에서 증류한다. 재류부에서 나오는 액체 중 최초의 부분과 최후의 부분을 제외한 가운데 부분만을 위스키의 원주로서 술통 oak barrel에 넣는다. 제외된 최초, 최후의 액체는 초류부에서 나온 초류액과 합하여 재류부에서 다시 증류한다.

(9) 저장

2차 증류를 마친 위스키 원주는 알코올 성분 60~70%로 맑고 무색투명한 액체이다. 이 원주는 술통에 저장되어 장기보관된다. 저장용 통으로는 떡갈나무 oak, 참나무 white oak가 사용된다.

(10) 혼합

같은 조건으로 증류 · 저장된 위스키는 저장 연수年數에 따라 통마다 미묘하게 다른 맛과 향기를 갖게 된다. 이를 테스트하고 각자의 특징을 살려 이상적으로 조합하여 균일한 품질로 만들기 위해 혼합 blend한다.

(11) 후숙 및 병입

혼합이 끝난 위스키는 다시 술통에 넣어 수년간 후숙後熟시킨 뒤 병에 넣어 시판된다.

5) 분류

(1) 증류법에 의한 분류

포트 스틸 위스키 Pot still whisky

포트 스틸이란 투구형의 단식 증류기를 말하며 구조도 간단하여 1회 증류가 끝날 때마다 포트를 바꾸어 증류하는 방법이다. 손이 많이 가며 대량 생산이 불가능하나 맛과 향이 뛰어나다.

페이턴트 스틸 위스키 Patent still whisky

페이턴트 스틸이란 연속식 증류기를 뜻하며 농도가 높은 알코올을 다량 얻을 수 있으나 방향 성분이 상실될 수 있다. 중후한 맛의 포트 스틸 위스키의 혼합용으로 사용된다.

(2) 원료 및 제법에 의한 분류

몰트위스키 Malt whisky

발아시킨 보리, 즉 맥아 malted barley만을 원료로 해서 만든 위스키이다. 맥아 건조 시 피트탄의 훈향 smoked flavor이 접착되도록 하고 단식 증류기로 2회 증류한 후 오크통에서 숙성시키기 때문에 피트탄과 오크향이 잘 어우러진 독특한 맛의 위스키이다. 농도가 낮고 다양한 성분이 함유되며, 맛과 향이 강하여 롱 스피릿 long spirit이라 부른다.

그레인위스키 Grain whisky

발아시키지 않은 보리와 호밀, 밀, 옥수수 등의 곡물에 보리맥아를 15~20% 정도 혼합하여 당화 · 발효한 후에 연속식 증류기로 증류한 위스키이다. 몰트위스키의 농후한 맛을 부드럽게 하는 혼합용이다. 향미 성분이 적고 온화하여 사일런트 스피릿 silent spirit이라 부른다.

블렌디드 위스키 Blended whisky

몰트위스키와 그레인위스키를 혼합한 것으로, 위스키의 대부분이 블렌디드 위스키이다. 가벼운 촉감과 알맞은 향으로 소비자들에게 인기가 높으며, 생산원가가 낮고 대량 생산이 가능한 것이 특징이다.

버번위스키 Bourbon whisky

미국 켄터키주 동북부의 버번 지방에서 생산된 옥수수를 51% 이상 사용하여 만든 위스키를 말한다.

콘 위스키 Corn whisky

미국 남부에서 생산되며 전체 원료 중 옥수수의 비율이 80% 이상이다.

라이 위스키 Rye whisky

조제법은 버번위스키와 거의 같으나 호밀을 66% 이상 주원료로 사용하는 위스키로 미국이 주산지이다.

표 3-1 / 스카치위스키의 분류

구분	내용	브랜드
싱글 몰트 (Single Malt) 스카치위스키	• 하나의 증류소에서 생산 • 물과 맥아만 사용 • 단식 증류기 이용 • 대부분 구리로 된 증류기 이용	글렌피딕(Glenfiddich) 글렌 그랜트(Glen Grant) 글렌로티스(Glenrothes) 달위니(Dalwhinnie) 더 글렌리벳(The Glenlivet) 맥캘란(Macallan) 발베니(Balvenie) 크래겐모어(Cragganmore)
싱글 그레인 (Single Grain) 스카치위스키	• 하나의 증류소에서 생산 • 물과 맥아, 또는 보리 이외의 다른 곡류, 몰팅하지 않은 보리(unmalted barley) 사용 • 보통 연속식 증류기 사용	–
블렌디드 (Blended) 스카치위스키	• 싱글 몰트 스카치위스키와 싱글 그레인위스키를 블렌딩하여 제조 • 스카치위스키 중 가장 인기가 높다.	듀어스(Dewar's) 딤플(Dimple) 로얄 살루트(Royal Salute) 발렌타인(Ballantine's) 스카치 블루(Scotch Blue) 시바스 리갈(Chivas Regal) 올드 파(Old Parr) 윈저(Windsor) 임페리얼(Imperial) 제이엔비(J&B) 조니 워커(Johnnie Walker) 커티삭(Cutty Sark) 킹덤(Kingdom)
블렌디드 몰트 (Blended Malt) 스카치위스키	• 최소 2개 이상의 싱글 몰트 스카치위스키로 블렌딩 • 과거에는 배티드(vatted), 퓨어(pure) 몰트라고 불리었다.	프라임 블루(Prime Blue)
블렌디드 그레인 (Blended Grain) 스카치위스키	• 최소 2개 이상의 그레인위스키 블렌딩	대부분의 그레인위스키는 독립적으로 병입되어 판매되지 않고 블렌디드 위스키에 사용된다.

싱글 몰트 스카치위스키	 Glenfiddich	 Glen Grant	 Glenrothes	 Dalwhinnie	
블렌디드 스카치위스키	 The Glenlivet	 Macallan	 Balvenie	 Cragganmore	
	 Dewar's	 Dimple	 Royal Salute	 Ballantine's	
	 Scotch Blue	 Chivas Regal	 Old Parr	 Windsor	
	 Imperial	 J&B	 Johnnie Walker	 Cutty Sark	 Kingdom
블렌디드 몰트 스카치위스키			 Prime Blue		

(3) 산지에 의한 분류

스카치위스키 Scotch whisky

스코틀랜드에서 생산되는 위스키의 총칭이다. 스코틀랜드에서는 스카치 대신 스캇scots이라고 표기하기도 한다. 스코틀랜드 내에서 증류하여 최소한 3년간 통에서 저장·숙성시킨 위스키이다. 3천 종이 넘는 상표brand가 있으며, 전 세계 위스키의 60% 이상을 차지한다.

아이리쉬 위스키 Irish whiskey

아일랜드산 위스키로 증류에 의해 얻은 스피릿spirit을 술통 안에서 최저 3년간 숙성시킨다. 맥아 외에 여러 가지의 곡류를 원료로 사용하므로 그레인위스키로 분류되며, 단식 증류기를 사용하여 증류한다. 최근에는 연속식 증류기를 사용한 그레인위스키와의 블렌딩도 이루어진다. 대표적인 브랜드로 제임슨Jameson이 있다.

아메리칸 위스키 American whiskey

미국에서 생산되는 위스키로는 켄터키주의 버번위스키Bourbon whiskey가 있다. 품질이 보증된 버번위스키는 최소한 4년 이상 숙성시켜야 하며, 메이커스 마크Maker's Mark, 우드포드 리저브Woodford Reserve, 짐빔Jim Beam이 유명하다. 테네시주에서는 숯으로 여과한 테네시 위스키Tennessee whiskey가 생산되고 있으며, 대표 브랜드로는 잭 다니엘스Jack Daniel's가 있다.

캐나디안 위스키 Canadian whisky

캐나다 내에서 생산되는 위스키로, 1920년 미국의 금주법 시행으로 증류업자들이 캐나다로 오면서 발전하게 되었다. 아메리칸 위스키에 비해 호밀의 사용량이 많은 것이 특징이다. 스트레이트 위스키는 법으로 금지하고 블렌디드 위스키만 생산하며, 4년 이상 저장하고 수출품은 6년 정도 저장한다. 다른 나라에 비해 정부의 통제가 엄격하며 캐나디안 클럽Canadian Club, 크라운 로열Crown Royal이 대표적인 브랜드이다.

재패니즈 위스키 Japanese Whisky

일본에서 생산되는 위스키로 1923년 일본인 최초로 스코틀랜드에서 유학하면서 위스키 제조법을 배워 온 다케스루에 의해 시작되었다. 위스키를 일본화하여 성공한 산토리와 북해도에 있는 니카 위스키는 경쟁을 통해 세계적으로 품질을 인정받는 재패니즈 위스키로 발전하게 되었다. 블렌디드 위스키로는 산토리 히비키 Suntory Hibiki, 싱글 몰트위스키로는 야마자키 Yamazaki와 요이치

아이리쉬 위스키 (Irish whiskey)	 Jameson			
아메리칸 위스키 (American whiskey)	 Maker's Mark	 Woodford Reserve	 Jim Beam	 Jack Daniel's
재패니즈 위스키 (Japanese Whisky)	 Suntory Hibiki	 Yamazaki	 Yoichi	 Taketsuru
캐나디안 위스키 (Canadian whisky)	 Canadian Club	 Crown Royal		

한국위스키협회 자료로 재구성
www.whisky.com/history.html
www.whiskysociety.or.kr/
k.daum.net/qna/openknowledge/view.html?category_id=QRR&qid=2dnlF&q=%C0%CF%BA%BB%C0%A7%BD%BA%C5%B0&srchid=NKS2dnlF

Yoichi, 블렌디드 몰트위스키로는 다케스루 Taketsuru가 유명하다.

현재 일본의 위스키는 스카치위스키, 아이리쉬 위스키, 아메리칸 위스키, 캐나디안 위스키와 함께 세계 5대 위스키 반열에 올랐으며 수준 높은 제품을 생산하고 있다.

2. 브랜디_ Brandy

좁은 의미의 브랜디는 포도를 발효 · 증류한 술을 말하며, 넓은 의미로는 모든 과일류의 발효액을 증류한 것으로 알코올 성분이 강한 술의 총칭이다. 브랜디는 35~60%의 알코올 함량을 지니고 있으며, 일반적으로 식후주로 이용된다. 포도 이외의 다른 과일을 원료로 할 경우에는 브랜디 앞에 그 과일의 이름을 붙인다. 애플 브랜디 apple brandy, 체리 브랜디 cherry brandy 등이 대표적이다.

1) 어원

브랜디는 네덜란드어인 브란데빈 brandewijin, 영어로는 브런트 와인 brunt wine(태운 또는 증류한 와인)에서 전해진 것인데, 이를 프랑스어로 브란데 뱅 brande vin이라 하고 영어화되어 브랜디라 부르게 되었다. 브랜디를 프랑스에서는 오드비 eau-de-vie; water of life라 부르고, 독일에서는 브란트바인 branntwein; brunt wine이라 한다.

2) 역사

브랜디는 12세기경에 제조가 시작되었으며 14세기에 일반적으로 알려지게 되었다. 이 무렵 프랑스의 연금술사인 아르노 드 빌누브 Arnaud de Villeneuve는 와인을 증류하여 '뱅 브루레' 라고 하는 증류주를 만들었다. 이는 '불사의 영주' 라 하여 의약품으로 팔았으며, 이후 알코올 음료로 마시게 되었다. 브랜디의 생산이 본격적으로 상업화된 것은 1630년부터로 프랑스 샤랑트 지역의 네덜란드 상인들에 의해 과잉 공급된 와인의 처리방안으로 증류했던 것이다. 이것이 다른 어느 지방의 브랜디보다도 품질이 우수하다는 뜻밖의 호평을 받게 되어, 오늘날 브랜디로서의 명성을 세계에 심게 되었다.

3) 원료

포도를 이용한 브랜디의 원료로 사용되는 품종은 생산지에 따라 다르나 프랑스에서는 폴 브랑슈 folle blanche, 위니 블랑 ugni blanc, 콜롱바르 colombar 등의 청포도 품종을 주로 사용한다. 이들은 신맛이 강해 와인으로서의 맛은 좋지 않으나 이 신맛이 고급 브랜디의 중요한 요소로 작용한다. 또한 과일을 원료로 하여 발효시켜 증류하는 경우 사과, 복숭아, 살구, 체리, 자두, 블랙베리 등이 이용된다.

4) 제조

브랜디의 제조과정

와인 제조 → 증류 → 저장 → 혼합 → 숙성 후 병입

(1) 와인 제조

9월에서 10월 하순에 걸쳐 포도를 수확하여 브랜디의 원료가 되는 와인을 만든다.

(2) 증류

브랜디는 발효주를 2~3회 단식 증류기로 증류한다. 첫 번째 증류를 마친 상태를 브루이이 brouillis라 하며 알코올 함량이 28~32% 정도가 된다. 이것을 다

시 증류하면 알코올이 68~70%가 되는데 이것을 '라 본느 소프 la bonne chauffe' 라 한다. 이렇게 2단계로 나누어 증류하면 평균 8통의 와인에서 1통의 브랜디가 얻어진다. 함량이 높을 경우 병입 전에 물로 희석시킨다.

(3) 저장

증류한 브랜디는 화이트 오크통 white oak barrel에 넣어 저장한다. 오크숙성을 거치면서 알코올이 자연적으로 52%까지 감소한다. 줄어드는 알코올을 'angle part' 라고 부르기도 한다. 오크통에서 숙성하는 동안 색과 아로마 aroma가 풍부해지며, 최소 2년 이상 숙성시킨다.

(4) 혼합

블렌딩은 브랜드별로 고착된 독특한 맛과 이미지를 지속적으로 유지시켜야 하므로 중요한 공정이다. 그러므로 오랜 경험과 예리한 감각을 지닌 블렌더 blender에 의해 혼합된 브랜디는 어느 정도 숙성시킨 후 병입되어 시판된다.

5) 등급

브랜디는 숙성기간이 길수록 품질도 향상되므로 품질을 구별하기 위해서 여러 가지 부호로 표시하는 관습이 있다. 1865년 헤네시 Hennesy사가 브랜디에 처음으로 별표 기호를 사용하였으며, 브랜디의 등급 표시는 각 제조회사마다 공통으로 사용하지는 않는다.

6) 코냑_ Cognac

프랑스 정부는 제품을 보증하기 위하여 원산지 통제명칭법에 따라 지역상의 경계와 증류까지의 과정 및 방법을 엄격히 규제하고 있다. 원료 포도는 반드시 코냑 지방에서 생산된 것이어야 하고, 와인의 양조와 증류 모두 코냑 지방에서 행해지며 반드시 단식 증류기로 2번 증류한다. 코냑 지방은 석회질 토양으로 폴 브랑슈, 위니 블랑, 콜롱바르 등의 품종을 사용한다. 이 품종들은 산도가 약간 높고 당분이 낮아 와인을 만들면 저급품이 되나, 증류하면 와인 중의 산이 브랜디의 향기 성분으로 바뀌어 우수한 브랜디가 된다. 코냑 지방은 샤랑트 Charente 지구와 샤랑트 인페류트 Charente Inferietu 지구에 속한 프랑스 법률에 따라 6개 지역으로 나눈다. 품질의 우열 순위별로 살펴보면 다음과 같다.

① Grande Champagne(그랑드 샹파뉴) : 석회질 토양으로 가장 고급의 코냑이 생산된다.

② Petite Champagne(프티드 샹파뉴) : 석회질 토양으로 2번째 고급 코냑이 생산된다.

③ Borderies(보르드리) : 포도숙성이 두 샹파뉴 지역보다 빠르게 진행된다.

④ Fins Bois(팡브와) : 생산면적이 가장 넓다.

⑤ Bons Bois(봉브와) : 보통의 코냑을 생산한다.

⑥ Bois Ordinaire(브아 오디네르) or Bois à Terroir(브아 와 떼르와) : 대서양의 영향으로 포도가 가장 빨리 숙성된다.

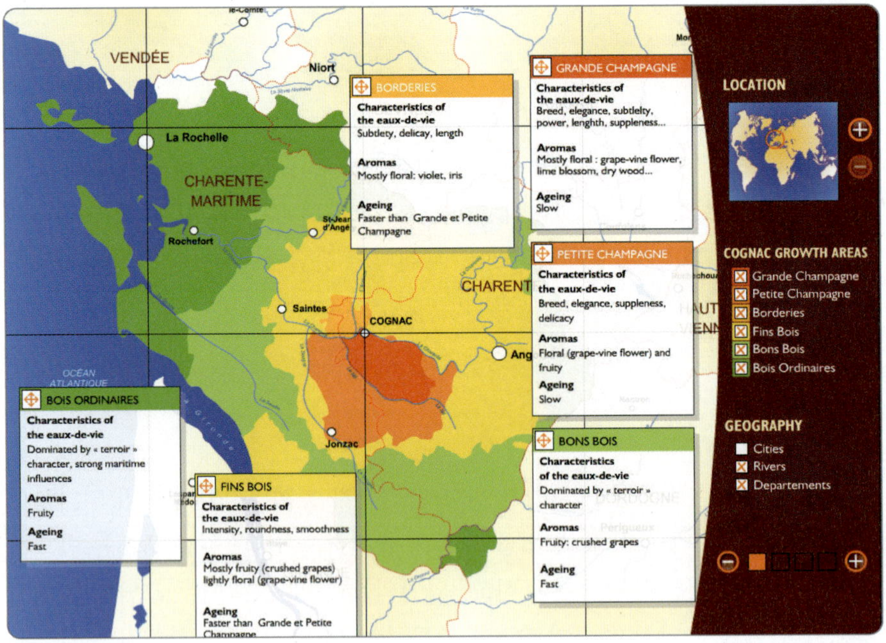

코냑 생산 지역

www.bnic.fr/cognac/_en/modules/cognac_crus/carte.html

①과 ②의 코냑만 상표에 그 지역을 표시한다. 그랑드 샹파뉴와 프티드 샹파뉴 지역의 코냑을 혼합한 것을 핀느 샹파뉴 코냑 Fine Champagne Cognac이라 하며, 최고급 코냑으로 평가되고 있다.

코냑 메이커인 헤네시사에서는 별 셋 등급 three star을 브라 자르므 Bras Arme라고 표시하고 있으며, 레미 마르탱 Remy Martin사는 엑스트라 Extra 대신 에이지 언논 Age unknown이라 표시한다. 또한 마텔 Martell사에서는 VSOP에 해당하는 것을 메다이용 Medaillion이라 표시하고 있어 각 회사별로 등급을 달리 표시하기도 하고 같은 등급이라도 저장 연수가 다를 수 있다.

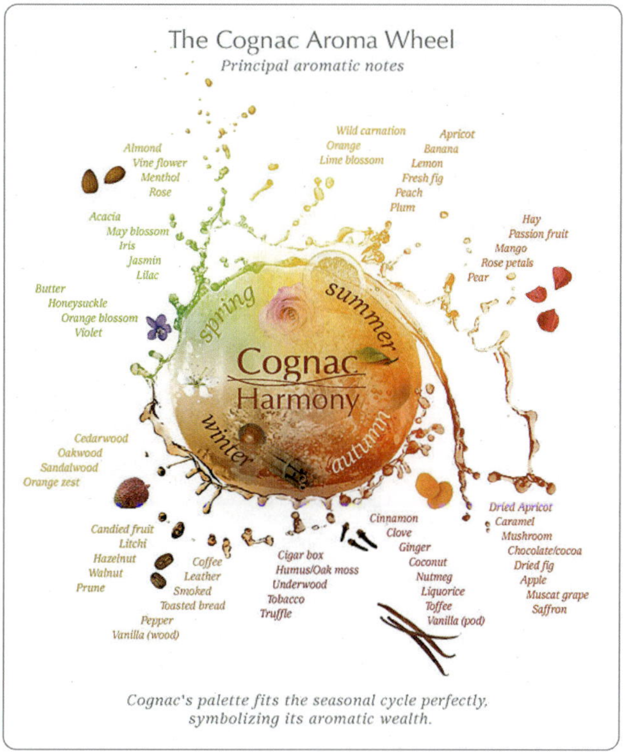

코냑 아로마 휠

www.bnic.fr/cognac/_en/2_cognac/index.aspx?page=aromes

표 3-2 / 코냑의 숙성기간에 따른 표기

표기	숙성기간
V.S(Very Special) 또는 ☆☆☆	최소 숙성기간 2년
V.S.O.P(Very Superior Old Pale), Réserve	최소 숙성기간 4년
Napoléon, X.O(Extra Old), Hors d'âge	최소 숙성기간 6년

Hine

Martell

Camus

Otard

Rémy Martin

Hennessy

Frapin

Delamain

Courvoisier

7) 아르마냑_ Armagnac

아르마냑은 프랑스 남서부 가론강 Garonne 좌안에 위치한 가스꼬뉴 Gascony의 아르마냑 지역에서 생산되는 브랜디 또는 오드비를 말한다. 프랑스에서 증류 브랜디로는 가장 오래된 것으로 과거에는 치료용으로 마셨다. 아르마냑은 모래 토양으로 바코 Baco 품종을 많이 재배하며, 코냑과 같이 석회질 토양에서는 위니 블랑을 주로 심는다. 아르마냑의 생산 지역은 바사르마냑 Bas Armagnac, 테

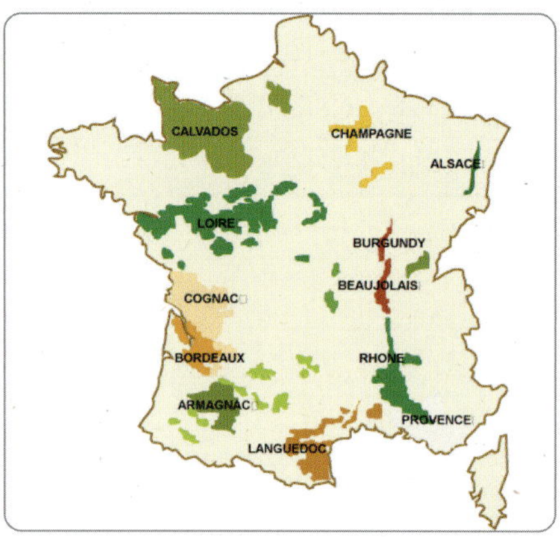

아르마냑

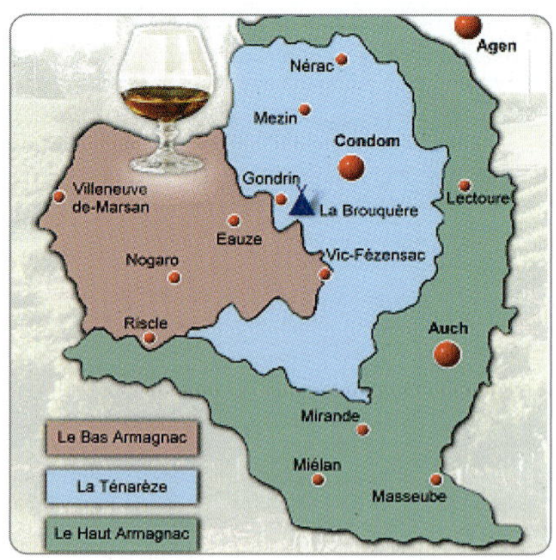

아르마냑 생산 지역

나레즈 Tenareze, 오타르마냑 Haut Armagnac으로 구분된다.

표 3-3 / 아르마냑 생산 지역

생산 지역	특징
바사르마냑(Bas Armagnac)	• 가장 고급품을 생산 • 이곳 이외의 지역에서 생산되는 브랜디는 아르마냑(Armagnac)만 표시
테나레즈(Tenareze)	• 바사르마냑과 오타르마냑의 중간 지대에 위치 • 중간적인 성질의 브랜디 생산 • 주로 블렌딩
오타르마냑(Haut Armagnac)	• 아르마냑에서 가장 넓은 지역 • 석회질 토양 • 주로 블렌딩

증류방법에 있어서 코냑은 단식 증류기로 두 번 증류하는 데 비해, 아르마냑은 반연속식 증류기로 한 번 하는 것이 보통이다. 그러므로 알코올 함량이 52% 정도로 코냑보다 낮다. 와인보다 큰 오크통에서 숙성하며, 최소 3년에서 20년, 30년, 50년까지 숙성시킨다. 숙성기간이 다른 브랜디를 블렌딩할 경우 혼합한 블렌딩 중 가장 숙성기간이 짧은 것을 기준으로 표기한다.

표 3-4 / 아르마냑의 숙성기간에 따른 표기

표기	숙성기간
V.S(Very Special) 또는 ☆☆☆	최소 숙성기간 2년
V.S.O.P(Very Superior Old Pale)	최소 숙성기간 5년
X.O(Extra Old)	최소 숙성기간 6년
Hors d'age	최소 숙성기간 10년

Samalens

Darroze

Saint Vivant

8) 칼바도스_ Calvados

노르망디의 애플 시드르 apple cidre를 증류하여 칼바도스를 만든다. 칼바도스는 식전주, 식중주, 식후주로 서비스되거나 음료 또는 커피에 블렌딩되기도 한다. 프랑스 내의 칼바도스를 제외한 사과로 발효, 증류한 술을 오드비 드 시드르 eau-de-vie de cidre라 하고, 미국에서는 애플 잭 apple jack이라 한다.

Busnel Calvados

Lair' d Apple jack

9) 기타

와인의 제조공정에서 생긴 찌꺼기를 발효 증류시켜 만든 프랑스의 마르 Marc, 이탈리아의 그라파 Grappa 등이 있다. 또한 과일을 발효시켜 증류하기도 하는데 이들의 공통점은 감미가 풍부하며 과일의 맛과 향이 짙다는 것이다. 병에는 원료 과일의 이름이 표기되어야 하며 복숭아 브랜디 peach brandy, 살구 브랜디 apricot brandy, 체리 브랜디 cherry brandy, Kirsch Wasser, 자두 브랜디 plum brandy, Mirabelle, 블랙베리 브랜디 blackberry brandy 등이 있다.

10) 시음

브랜디는 일반적으로 상온보다 높은 온도로 마시는 술로, 글라스를 살짝 알코올 램프에 데워 마셔도 좋다. 둘째와 셋째 손가락 사이에 글라스의 스템을 끼우고 손바닥의 온기로 브랜디를 데우면서 아주 조금씩 색, 향, 맛을 음미하면서 마신다. 브랜디를 데우는 이유는 향을 짙게 느낄 수 있도록 하기 위한 것이다.

브랜디 글라스

브랜디 워머

3. 진_ Gin

진은 대맥의 맥아, 라이맥을 원료로 하여 증류한 다음 주니퍼베리 juniper berry(두송 나무 열매)로 독특한 향기를 낸 술로서 알코올 함량은 40~47%이다. 무색투명하며 상쾌한 향미를 가지고 있다. 다른 술이나 리큐어 liqueur 또는 주스 등과 조화가 잘되어 칵테일의 기본주로 많이 쓰인다.

1) 어원

진은 주니퍼베리의 프랑스 말인 즈니에브르 genievre에서 유래한다. 즈니에브르는 네덜란드어로 제네바 geneva가 되고 영국으로 건너가 진 gin이 되었다.

2) 역사

1640년경 네덜란드의 실비우스 Sylvius 박사에 의해 만들어져 초기에는 약용으로 마시다가 애주가들의 호평을 받아 술로서 널리 알려지게 되었다. 1689년 윌리엄 3세가 영국 왕의 지위를 계승하면서 프랑스로부터 수입하는 와인이나 브랜디의 관세를 대폭 인상하자 가격이 저렴하고 향과 맛이 뛰어난 진이 영국인들의 인기를 얻게 되었다. 1736년 진의 판매를 저지할 목적으로 'Gin 법령'

이 의회를 통과하면서 많은 역경이 있었음에도 불구하고 시민의 폭동으로 법령은 효력이 정지되었다. 1831년 연속식 증류기가 발명되면서 대량 생산이 이루어졌으며, 품질이 좋아지고 저렴하게 판매되어 현재와 같이 세계인의 진으로 발전하였다.

3) 원료

맥아, 옥수수, 호밀 등이 주원료이며 향을 위해 주니퍼베리, 아니스, 코리엔더 등의 향료가 사용된다.

4) 제조

(1) 영국

원료인 맥아, 옥수수, 호밀 등을 혼합하여 당화 · 발효시킨 뒤 먼저 연속식 증류기로 증류하여 95% 정도의 주정을 얻는다. 이 증류액에 주니퍼, 아니스, 코리엔더, 안젤리카, 라임 껍질 등의 향료를 섞어 단식 증류기로 두 번째 증류를 한다. 여기에 증류수로 알코올 성분을 37~47.5%까지 낮춰 병입 시판한다.

영국 진의 제조과정

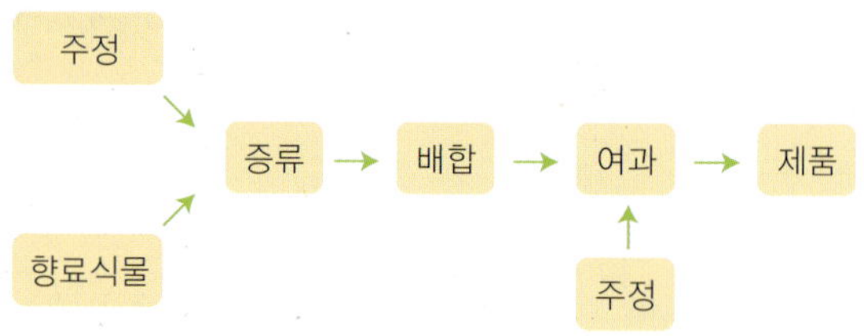

(2) 네덜란드

곡류의 발효액 속에 주니퍼베리나 향료식물을 넣어 단식 증류기로만 2~3회 증류하여 55% 정도의 주정을 만든다. 이것을 단기간 저장하고 45% 정도까지 증류수로 묽게 하여 병입 시판한다.

네덜란드 진의 제조과정

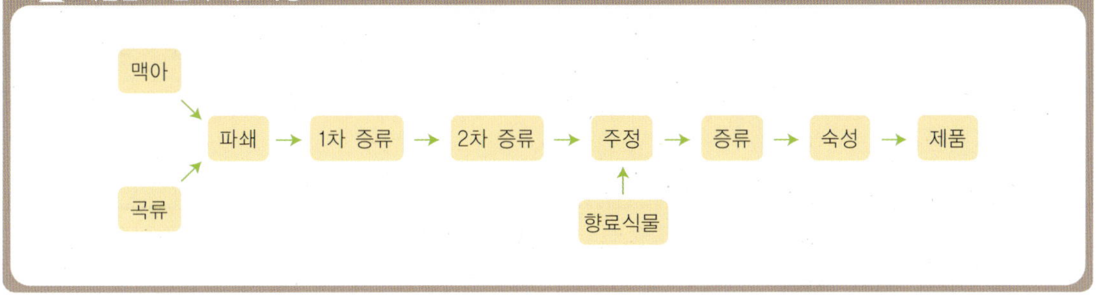

5) 분류

(1) 영국 진_ England Gin

런던 드라이진_ London Dry Gin

영국에서 생산되는 진을 뜻하였으나 현재는 일반적인 용어로 사용된다. 영국의 증류기술로 깨끗하고 부드러운 진을 생산하며, 당이나 착색제를 사용하지 않는다. 네덜란드 진과 구분하기 위하여 드라이진으로 불려 왔다. 런던 드라이진의 유명 브랜드로는 고르동 Gordon's, 비피이터 Beefeater, 길비 Gilbey' s, 탱거레이 Tanqueray 등이 있다.

올드 톰 진_ Old Tom Gin

드라이진에 2% 정도의 당분을 넣어 만든 부드러운 진이다.

플리머스 진_ Plymouth Gin

1830년 영국의 남서부에 있는 영국 최대의 군항인 플리머스에서 유래된 진으로, 런던 드라이진보다 강한 향미가 있으나 네덜란드 진보다는 약하다.

Gordon's

Beefeater

Gilbey's

Tanqueray

Hayman's Old Tom Gin

Plymouth Gin

(2) 네덜란드 진_ Holland Gin

Bols

네덜란드의 암스테르담 Amsterdam과 쉬담 Schiedam 지방에서 많이 생산한다. 일반적으로 런던 드라이진에 비해 농도가 낮고 중성 알코올의 사용량이 적어 짙은 향내와 감미가 나며, 칵테일용보다 스트레이트로 마시는 것이 더 좋다. 유명 브랜드로는 볼스 Bols가 있다.

(3) 플레이버드 진_ Flavored Gin

주니퍼베리 대신 여러 가지 과일, 씨, 뿌리, 약초 등으로 향을 낸 것이다. 이것은 술의 개념으로 말하면 리큐어이나 유럽에서는 진의 일종으로 취급되고 있다. 대표적으로 슬로 진 sloe gin(자두의 일종인 야생 오얏), 댐슨 진 damson gin(다마스커스종의 서양 자두), 오렌지 진 orange gin, 레몬 진 lemon gin, 민트 진 mint gin 등이 있다.

sloe gin

damson gin

orange gin

lemon gin

mint gin

(4) 골든 진_ Golden Gin

일종의 드라이진으로 색을 내기 위해 단기간 숙성시켜 엷은 황색을 띤다.

4. 보드카_ Vodka

보드카는 무색, 무미, 무취의 술로서 칵테일의 기본주로 많이 사용한다. 러시아인들에게는 몸을 따뜻하게 하는 수단으로 노동자나 귀족계급 할 것 없이 즐겨 마시며 아주 차게 해서 작은 잔에 스트레이트로 단숨에 들이킨다. 러시아어로 '사마곤'이라 불리는 각 지방의 민속주도 보드카의 한 종류이다.

1) 어원

12세기경 러시아 문헌에 지제니즈 보다 zhiezenniz voda; water of life라는 말로 기록된 데서 유래한다. 15세기경에는 보다 boda; water라는 이름으로 불리었고, 18세기경부터 보드카 vodka라고 불리었다. 즉 보드카는 'little water'라는 뜻의 애칭이다.

2) 역사

진과 보드카 협회 Gin and Vodka Association, GVA에 따르면 보드카는 9세기 후반 러시아에서 처음으로 증류되었다고 하며, 브리테니카 백과사전 Encyclopedia Britannica에 따르면 14세기 러시아에

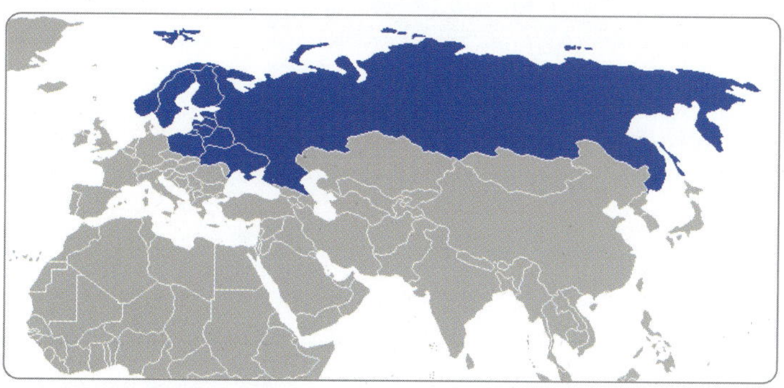

보드카 벨트(Vodca Belt)

서 유래되었다고 한다. 이처럼 보드카의 정확한 기원은 알 수 없으나 곡물 재배 지역인 폴란드, 서부 러시아, 벨라루스 Belarus, 우크라이나에서 유래되었을 것으로 보인다. 1794년 보드카를 자작나무 활성탄으로 여과하는 방법이 개발되어 이후부터 보드카는 활성탄 여과에 의한 깨끗한 술이라는 인식이 퍼지게 되었다. 1917년 러시아 혁명 이후 볼셰비키 정부는 한때 보드카의 제조 판매를 금지하였으나 국민들의 강력한 요구에 의하여 해제되었다.

3) 원료

보드카는 당이 풍부한 식물의 전분을 원료로 사용하며, 수수, 옥수수, 호밀, 밀 등의 곡물을 사용한다. 호밀과 밀로 만든 보드카는 일반적으로 품질이 우수하다. 보드카 벨트에 속하는 나라는 곡류, 감자, 사탕수수를 전통적인 방식으로 만든 것만 '보드카' 라는 브랜드를 쓸 수 있도록 허용한다.

4) 제조

곡류나 감자 등에 맥아를 첨가하여 당화 발효시킨 후 '세바리식' 이라는 연속 증류기로 95% 정도의 주정을 가한다. 이후 자작나무의 활성탄이 들어 있는 여과조를 20~30번 반복해서 여과시킨다. 마지막으로 모래를 여러 번 통과시켜 목탄의 냄새를 제거한 후 증류수로 40~50%로 묽게 하여 병입된다. 자작나

보드카의 제조과정

무의 활성탄과 모래를 통과시켜 여과하는 과정에서 무색, 무미, 무취의 보드카가 된다.

5) 분류

일반적인 제조과정을 거쳐 생산되는 보드카와 보드카에 향이 나는 식물을 첨가하여 만든 것이 있다.

국가별로 유명한 브랜드로는 앱솔루트 Absolut(스웨덴), 핀란디아 Finlandia(핀란드), 아이스버그 Iceberg Vodka(캐나다), 스미노프 Smirnoff(미국), 비보로바 Wyborowa(폴란드)가 있으며, 그 외에 잘 알려진 보드카로는 시락 Ciroc, 그레이구스 Grey Goose(프랑스), 벨베디어 Belvedere(폴란드), 스카이 SKYY(미국), 스톨리치나야 Stolichinaya(러시아) 등이 있다.

Absolut

Finlandia

Iceberg Vodka

Smirnoff

Wyborowa

Ciroc

Grey Goose

Belvedere

SKYY

Stolichinaya

향이 가미된 보드카 Flavored Vodca는 다음과 같은 종류가 있다.

주브로우카_ Zubrowka

주브로우카는 영국에서는 버팔로 그라스 보드카 Buffalo Grass Vodka or Bison Grass Vodka로 알려져 있으며, 호밀을 증류하여 우드러프 woodruff(선갈퀴아 재비),

바닐라, 코코넛, 아몬드 등의 향을 가미한 드라이 보드카이다. 알코올 함량은 40% 정도이다.

스타르카_ Starka

폴란드와 리투아니아 지역에서 생산하는 전통적인 드라이 보드카로 호밀 증류주에 라임과 사과나무 잎을 첨가하여 오크통에서 10~50년까지 숙성시킨다.

리모나야_ Limonnaya

러시아에서 생산하는 감귤류 향이 가미된 보드카이다. 겨울밀과 빙하로 만든 증류주에 레몬과 라임 향을 첨가하여 만든다.

Zubrowka

Starka

Limonnaya

5. 럼_ Rum

럼은 사탕수수의 생성물을 발효, 증류, 저장시켜 만든 술이다. 세계 럼 생산의 대다수가 카리브해와 중미, 남미에서 이루어지고 있다. 독특하고 강렬한 방향 성분으로 남국적인 이국미를 갖고 있어 해적의 술이라고도 하며, 색깔 및 풍미에 있어서도 다양함이 풍부한 술이다.

1) 어원

1651년 영국의 식민지였던 바베이도스 Barbados섬으로부터 나온 문서에 사탕수수를 증류하여 '럼불리온 rumbullion' 을 만들었다고 기록되어 있다. 럼불리온은 영국에서는 '소란', '대소동' 의 의미를 지닌 말로 쓰였으며 이것이 현재의 '럼 rum' 으로 불리게 된 것으로 보인다. 럼의 원료로 쓰이는 사탕수수의 라틴어인 사카룸 saccharum의 어미인 'rum' 으로부터 생겨난 말이라고도 한다.

2) 역사

럼은 17세기 바베이도스섬에서 사탕의 제당공정 중에 생기는 부산물로부터 만들어지기 시작하였다. 17~18세기 유럽에서 사탕수수의 요구가 증가하자 카리브해의 사탕 농장에 많은 인력이 필요하여 아프리카 원주민의 노동력에 의존하게 되었다. 노예 수송선이 카리브해에 도착하면 빈 배가 되는데 여기에 당밀을 싣고 미국으로 건너가 증류하여 럼을 만들었다. 그 배는 다시 아프리카로 돌아가서 노예의 몸값으로 럼을 건네주었다. 이 같은 식민정책의 '삼각무역 triangular trade' 에 의해 럼 산업이 성장해 왔다. 1805년 트라팔가 Trafalga 해전에서 영국의 넬슨 제독은 나폴레옹 1세의 함대를 대파하여 승리로 이끌었으나 결국 전사하였다. 육체의 부패를 막기 위해 럼주 술통 속에 넣어 런던으로 옮겨졌다. 이에 기인하여 영국 사람들은 넬슨의 충성심을 찬양하기 위해 다크 럼 dark rum을 넬슨의 피 Nelson's blood라고도 불렀다.

3) 제조

럼의 원료는 사탕수수를 롤러로 눌러 분쇄한 다음 여과한 당액을 그대로 쓰는 경우와 제당공정의 부산물인 당밀을 쓰는 두 가지 방법이 있는데 후자의 경우가 많이 사용된다. 원료가 이미 당분이므로 당화의 공정은 불필요하다. 당액의 발효는 라이트 럼 light rum이 2~4일 정도 소요되고, 헤비 럼 heavy rum의 경우는 5~20일 정도에 걸쳐 서서히 이루어진다. 산 발효를 조장하기 위해 천연 이스트인 버개스 bagasse를 첨가하기도 한다.

증류의 경우 헤비 럼은 단식 증류기로 하나, 산지에 따라 라이트 럼은 연속식 증류기로 증류할 수도 있다. 저장은 셰리 와인의 빈 통이나 화이트 오크통의 안쪽을 그을려 사용한다. 자메이카 럼과 같이 헤비 럼일수록 숙성시간이 더 필요하며 양질의 것은 10년 이상 숙성시킨다.

럼의 제조과정

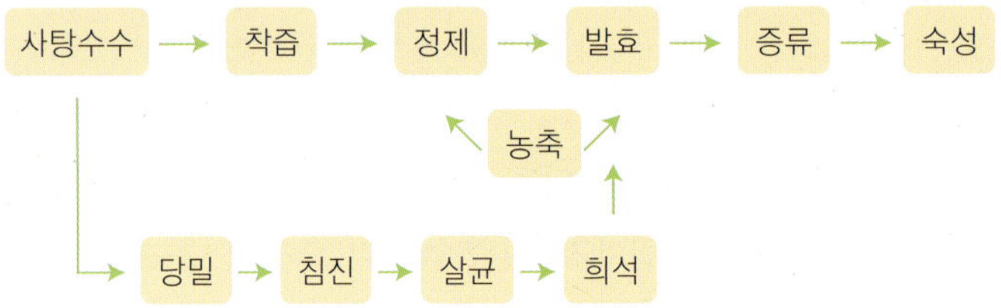

4) 분류

(1) 라이트 럼_ Light rum; silver rum, white rum

가벼운 향미와 일반적인 단맛을 지니며, 담색 또는 무색으로 칵테일의 기본주로 사용된다. 주요 산지로는 쿠바, 푸에르토리코, 멕시코, 아이티, 바하마, 하와이 등이 있으며 쿠바산이 가장 유명하다.

(2) 미디엄 럼_ Medium rum; gold rum, amber rum

중간 정도의 향미와 바디를 지니며, 라이트와 미디엄의 중간 정도 색을 지닌다. 주요 산지로는 도미니카, 남미의 기아나, 마르티니크 등이 있다. 헤비 럼과 골든 럼은 스트레이트로 마시거나 요리에 이용된다.

(3) 헤비 럼_ Heavey rum; dark rum

강한 향미와 감미를 지니며 짙은 갈색을 띤다. 강하게 그을린 오크통에서 숙성시키며, 숙성기간이 길고 일반적으로 요리에 많이 사용된다. 주요 산지로는 자메이카, 아이티, 마르티니크, 니카라과, 과테말라 등이 있다.

Pampero

Myers's

Bacardi

Malibu

Captain Morgan

6. 테킬라_ Tequila

테킬라는 블루 아가베 blue agave로 만든 증류주로 멕시코의 특산주이다. 전통적으로 테킬라를 마실 때는 소금과 라임을 곁들인다. 카바이토 caballito라는 길고 좁은 샷 글래스를 이용하여 스트레이트로 마시며 소금-테킬라-라임의 순서로 소금은 핥아 먹고, 테킬라는 마시며, 라임은 씹어 먹는다. 이것은 열대 지방인 멕시코가 건조하기 때문에 염분을 보충하고 신맛의 과즙을 섭취하기 위한 것이다. 고급 테킬라의 경우 브랜디 잔에 담아 향을 음미하며 천천히 마시는 것도 좋다.

1) 어원

테킬라 Tequila는 멕시코 할리스코 Jalisco 주의 테킬라 시 Tequila city 주변에서 블루 아가베로 만든 증류주로, 마을 이름에서 어원을 찾을 수 있다. 멕시코 법은 할리스코 주와 과달라하라 Guadalajara, 미초아칸 Michoacán, 나야리트 Nayarit,

타마울리파스 Tamaulipas 주의 제한된 지역에서만 '테킬라'를 생산하도록 허용하며 다른 지역에서 생산되는 것에는 '테킬라'라는 단어를 제한하고 있다.

2) 역사

테킬라 시 근처의 아즈텍인들은 아가베로 양조주인 플케 pulque를 만들어 마셨다. 1521년 멕시코에 도착한 스페인 사람들이 자신들의 브랜디가 동이 나자 이 플케에 증류기술을 도입하였다. 그 후 1600년경 페드로 산체스 드 타글레 Pedro Sánchez de Tagle 후작에 의하여 할리스코 지역에서 대량으로 생산되었다. 1968년 멕시코에서 올림픽이 개최된 이후 세계적으로 널리 알려지게 되었다.

3) 제조

테킬라의 제조과정

원료 → 당화 → 발효 → 1회 증류 → 2회 증류 → 숙성 → 정제 → 제품

잎을 잘라 낸 아가베(piñas or pineapples)

원료는 용설란과의 아가베인데 이 나무에는 '이눌린 inulin'이라는 전분과 비슷한 물질이 함유되어 있다. 10년 정도 자란 용설란의 잎을 잘라 내고 직경 50cm 정도의 줄기를 반으로 잘라 증기솥에 넣어 열을 가하면 다당류가 쉽게 당화되고, 이 당화액을 발효하면 멕시코 원주민들이 즐겨 마시는 발효주인 플케가 만들어진다. 이 플케를 단식 증류기로 1~3회 증류한 후 숙성시키며, 알코올 함량은 40~55%이다.

4) 분류

테킬라는 100% 아가베로 만든 것과 51% 이하의 아가베를 사용한 믹스토 Mixto로 구분할 수 있다. 아가베 아즐 테킬라나 agave azul tequilana는 아가베를 51% 이상 함유해야 하며, 프리미엄 테킬라는 반드시 아가베 아즐 테킬라나를 100% 사용해야 한다.

테킬라는 숙성 정도에 따라 5가지로 구분할 수 있다.

- 블랑코 Blanco; white 혹은 플라타 Plata; silver : 숙성시키지 않고 증류시킨 후 바로 병입하거나, 스테인레스나 자연 오크통에서 2개월 이하로 숙성시킨다. 가장 흔하고 가격도 저렴하며, 거칠고 깨끗한 맛을 느낄 수 있다.
- 호벤 Joven; young 또는 오로 oro; gold : 블랑코와 같은 종류이나 숙성된 것처럼 보이기 위해 색소나 맛을 첨가한다. 100% 아가베로 만들지 않았기 때문에 믹스토 mixto라고 불리기도 한다. 가격이 저렴해 수출용으로 인기가 있으며 호세 쿠엘보 Jose Cuervo 골드가 가장 유명하다.
- 레포사도 Reposado; rested : 최소 2개월에서 1년 동안 오크통에서 숙성시킨다. 고급 테킬라에 속하며, 숙성을 거쳤기 때문에 와인처럼 복잡하고 부드러운 맛과 향을 낸다.
- 아네호 Añejo; aged or vintage : 최소 1년에서 3년 동안 정부의 인장이 새겨진 오크통에서 숙성시키며, 통의 크기는 600L를 넘을 수 없고 대부분 200L 범위 내에 있다.
- 엑스트라 아네호 Extra Añejoextra; aged or ultra aged : 오크통에서 최소 3년 이상 숙성시키며, 2006년 3월에 인정받은 등급이다. 대부분의 아네호는 레포사도보다 색이 좀 더 진하고 오크나무 향이 강하다.

Don Julio

Sauza

El Tesoro

Jose Cuervo

Herradura

El toro

Mariachi

Monte Alban

5) 기타

메즈칼 Mezcal은 아가베로 만드는 증류주로 멕시코의 아악사카 Oaxaca 지역에서 주로 생산되며 테킬라보다 맛이 더 강하고 가격이 저렴하다. 또한 테킬라 생산 지역 이외의 중남미 멕시코 지역에서 생산되는 증류주를 메즈칼이라고 부르기도 한다. 가끔 병 안에 구사노 gusano라고 불리는 나비의 유충을 넣어 판매하기도 하는데 이는 1940년대에 마케팅의 한 전략으로 시작된 것이다.

메즈칼(Mezcal)
www.ianchadwick.com/tequila/mezcal_future.htm

4 Chapter

혼성주 Liqueur

Beverage Coordinate

1. 어원
2. 역사
3. 제조법
4. 분류

Chapter 4

혼성주 Liqueur

일반적으로 브랜디, 위스키, 럼, 진 등에 과일, 꽃, 향료, 식물 등의 성분을 배합하여 다시 증류한 후 감미료나 착색료 등을 첨가하여 만든 술이다. 중세 연금술사들은 연금술을 이용하여 증류주를 탄생시켰는데 그 후 증류주에 약효 성분을 가진 갖가지 식물을 넣어서 약용이나 건강 유지용으로 사용하였다. 요즘은 주로 칵테일에 사용되며, 부드러운 과일 향의 리큐어는 식후주로도 음용된다.

1. 어원

리큐어의 어원은 라틴어 '녹는다' 라는 뜻의 리케파세르 liquefacere에서 유래되었으며 증류주에 식물 등의 성분이 '녹아 있다' 라는 의미였다. 그 후 불어로 리큐어 liqueur라고 부르게 되었는데 유럽에서는 리큐어라고 하지만 영미 지역에서는 코디알 cordial이라고 한다.

2. 역사

고대 그리스의 히포크라테스는 원기를 북돋우기 위하여 포도주에 약초를 넣어 일종의 물약을 만들었는데 이것을 리큐어의 시초로 본다. 13세기경 연금술사들이 증류주에 약초나 향초 등을 넣어 약으로 만드는 과정을 통해 리큐어가 본격적으로 등장하게 되었다. 이러한 방법은 수도원의 수도사들에게 전수되어 독특하고 다양한 리큐어가 만들어졌다. 18세기에는 주로 과일의 향미를 주제로 한 단맛의 리큐어를 만들어 식후주로 애용하였고, 19세기 후반에는 연속식 증류기의 개발로 인하여 고품질의 리큐어가 생산되기 시작하였다. 오늘날 리큐어는 브랜디처럼 식후주로 애용되거나 스트레이트로 마실 수도 있고, 칵테일의 기본 술로서 사용하기도 한다. 또한 리큐어는 색채가 아름답고 향미가 좋아 여성에게 인기가 높으며, 알코올 함량은 20~70%까지 다양하다.

3. 제조법

1) 증류법_ Distilled process

과일이나 향초 등의 재료를 증류 기계의 윗부분과 밑부분에 놓은 다음 열을 가하여 알코올이 함유된 증기가 재료를 통과하면서 향과 맛이 스며들게 하고 그것이 액화되어 나오게 하는 방법이다. 또한 방향성 물질인 식물의 씨, 잎, 뿌리, 껍질 등을 강한 주정에 담가 부드럽게 한 후 추출한 액체를 증류한 것이기도 하다. 이렇게 하여 얻은 향과 맛이 첨가된 주정에 설탕, 시럽, 채소 원액 등을 혼합하거나 색을 넣은 후 다시 증류시키기도 한다.

2) 혼합법_ Essence process

주정에 향료를 배합하여 여과한 후 당분을 배합해서 만들며, 이렇게 만든 제품은 품질이 좋지 않고 가격이 싸다. 독일에서 주로 사용하는 방법이다.

3) 침출법_ Infusion process

신선한 과즙에 알코올과 설탕을 첨가하여 만드는 것으로 알코올 함량은 27~80%이다. 증류주에 과일이나 향초 등의 재료를 침전시키거나 향이 소멸할 때까지 스며들게 한다.

4. 분류

1) 과일 리큐어_ Fruits liqueur

과일류를 증류주에 넣어 수개월 동안 두면 색깔, 향취, 향미가 술에 녹아드는데 이것을 여과시켜 당을 가미하면 과일 리큐어가 된다. 보통 식후주로서 애용되며 주로 사용되는 과일류는 살구, 블랙베리, 버찌, 복숭아 등이다. 대표적인 리큐어로는 오렌지를 이용한 큐라소를 비롯하여 트리플 섹, 쿠앵트로, 슬로 진 등이 있다.

(1) 큐라소_ Curaçao

Curaçao

카리브해의 퀴라소 섬에서 생산되는 쓴맛이 강한 오렌지 껍질을 브랜디나 그 밖의 증류주에 첨가하고 감미를 곁들인 리큐어이다.

(2) 트리플 섹_ Triple sec

Triple sec

브랜디에 오렌지 껍질 및 설탕을 첨가해 만들어 화이트 큐라소에 해당하지만 3번 증류를 거듭했다는 뜻으로 별도의 '트리플 섹'이란 이름이 붙었다. 무색투명하며 알코올 함량은 25~40%이다.

(3) 쿠앵트로_ Cointreau

Cointreau

프랑스 파리 남쪽에서 생산되는 엄선된 오렌지의 껍질로 만든 혼성주로 트리플 섹의 프리미엄 브랜드이다. 화이트 큐라소 Curaçao Blanco Triple Sec의 최고급품으로 칵테일인 사이드카를 만드는 데 사용된다. 1849년 아돌프 쿠앵트로 Adolphe Cointreau와 그의 형 에두아르-장 쿠앵트로 Edouard-Jean Cointreau에 의해 탄생되어 오늘날까지 그 제조비법은 비밀로 전해 온다. 주로 식전주로 사용되나 가끔 식후주로 마시기도 한다.

(4) 슬로 진_ Sloe gin

Sloe gin

영국이나 프랑스에서 야생하는 자두나무 sloe berries 열매의 성분을 진에 첨가하여 만든 것으로 감미가 적고 약간 시큼한 맛이 난다. 알코올 함량은 30~35%로 소다나 토닉을 섞으면 글라스 표면에 핑크색 거품이 일어난다.

(5) 체리 헤링_ Cherry heering

Cherry heering

덴마크에서 피터 헤링 Peter Heering이 개발하였으며 앵두로 즙을 내어 향이 강하고 색이 짙다.

(6) 아프리코트 브랜디_ Apricot brandy

Apricot brandy

프랑스, 헝가리 등에서 생산되며, 살구를 발효시켜 증류한 것으로 브랜디라고 할 수 있으나 당분 등을 첨가했다는 점에서 리큐어라고도 한다. 알코올 함량은 약 30~35%이다.

(7) 갈리아노_ Galliano

Galliano

기다란 병 모양이 특이한 황금색의 술로 알코올 함량은 35%이다. 이탈리아 밀라노에서 생산되고 오렌지와 바이올렛 향이 강하다.

2) 허브 리큐어_ Herbs liqueur

약초나 향초 등의 식물류를 증류주에 넣어 성분이 우러나게 한 다음 다시 증류시킨다. 여기에 캐러멜 등으로 착색하고 감미료를 첨가하면 식물류 리큐어가 된다. 주로 식물의 열매, 잎, 껍질 등을 사용하는데 대표적인 리큐어로는 압생트, 아니세트, 캄파리 등이 있다.

(1) 압생트_ Absinthe

Absinthe

1795년 프랑스 혁명을 피해 스위스로 망명한 프랑스의 의학자인 오르디네르 Dr. Pierre Ordinaire 박사가 쑥의 일종인 웜우드 wormwood와 여러 가지 약재를 혼합하여 만든 술이다. 1797년부터 스위스의 '페르노'가 자신의 이름으로 생산하게 되면서 압생트와 페르노는 지금까지 동의어로 쓰이고 있다. 브랜디에 안젤리카 angelica, 레몬 껍질, 벌꿀 등을 넣어 제조한 것으로 '녹색의 마주魔酒'라는 별칭이 말해 주듯이 물을 가하면 탁해지고 햇빛을 받으면 7가지 색으로 변한다. 전통적으로 압생트는 글라스에 압생트를 넣고 압생트 스푼을 얹은 다음 각설탕을 놓는다. 그 위에 얼음물을 천천히 골고루 따라 준다. 일반적으로 1/3이 압생트이고 나머지가 물로 채워진다. 압생트의 알코올 함량은 45~68% 정도이다.

압생트 마시는 순서

http://en.wikipedia.org/wiki/Absinthe

압생트 글라스와 스푼

압생트 스푼

(2) 아니세트_ Anisette

지중해에서 나는 아니스 anis를 브랜디에 넣고 감미를 더한 리큐어로서 프랑스, 이탈리아, 스페인 등 남유럽 국가의 사람들에게 애용되고 있다. 아니스는 지중해 연안의 특산식물로서 소화촉진, 진통작용, 기침진정, 구취방지에 효과가 있다. 아니세트의 알코올 함량은 25~30%이다.

Anisette

(3) 캄파리_ Campari

여러 가지 식물의 뿌리, 씨, 껍질 등 70여 가지의 재료로 만들어지며 강한

Campari

향료가 들어 있는 이탈리아의 주정강화 와인이다. 소다수나 오렌지주스를 섞어서 식전주로 마신다.

(4) 페르노_ Pernod

Pernod

1797년에 페르노 Henri-Louis Pernod가 압생트의 제조법을 인수하여 술 이름을 '페르노'라고 하였다. 압생트가 정신장애나 허약체질의 원인이 되어 세계 여러 나라에서 판매가 금지되자 페르노는 아니스라는 약초로 알코올 농도가 높지 않은 술을 만들게 되었는데, 아니스는 압생트와 닮은 점이 많아 대체품으로 인기를 끌게 되었다. 알코올 함량이 45%로 주로 5배의 얼음물에 희석하여 마시거나 오렌지주스에 타서 마신다. 사용한 글라스나 쉐이커는 반드시 뜨거운 물로 헹구어야만 냄새를 없앨 수 있다.

(5) 앙고스투라 비터즈_ Angostura bitters

Angostura bitters

맨하탄 Manhattan을 비롯하여 많은 칵테일에 사용한다. 베네수엘라의 앙고스투라 마을에서 영국 주둔군의 군의관이었던 시거트 박사 Dr. Johann Gottlieb Benjamin Siegert에 의해 만들어졌다. 여러 가지 초근목피 草根木皮를 사용하여 만든 알코올 음료이나 그 제법은 알려지지 않고 있다. 현재는 서인도제도 트리니다드 토바고 Republic Trinidad and Tobago의 앙고스투라 회사에 의해 제조되고 있다. 알코올 함량은 약 45% 정도이다.

(6) 베네딕틴 디오엠_ Bénédictine DOM

Bénédictine DOM

1510년경 프랑스의 한 수도원에서 성직자가 만든 술로 프랑스에서 가장 오래된 리큐어이다. 안젤리카를 주 향료로 하여 박하, 아니카 꽃 등 약 27종의 약초를 첨가한 것이다. 원래는 베네딕틴 교단의 술이었으며 알코올 함량은 43%로 향기가 좋다. DOM은 라틴어로 '데오 옵티모 막시모 Deo opimo maximo'로서 '신 god과 같은, 가장 좋은, 가장 위대한'이라는 뜻이다.

(7) 크렘 드 망트_ Créme de menthe

달콤하고 민트 향이 있는 알코올 음료로 그래스호퍼 Grasshopper, 스팅거 Stinger 등의 칵테일에 사용되며, 식후주나 음식에 향을 내기 위해 사용되기도 한다. 세계 각국에서 생산되고 있으며, 무색과 초록색의 두 가지가 있다. 알코올 함량은 24~30%이다.

Créme de menthe

(8) 드람뷔_ Drambuie

어원은 고대 겔릭어인 '사람을 만족시키는 음료 Dream buid heach' 라는 뜻으로 숙성된 몰트위스키에 히스 꿀 heather honey과 샤프란, 아니스, 넛맥, 허브 등을 섞어 만든 혼성주이다. 1746년 찰스 Charles Edward Stuart 왕자가 조상으로부터 왕위를 탈환하기 위하여 스코틀랜드를 침략했을 때 스카이섬에 사는 매키넌 집안의 사람들이 자기를 받아 준 것을 포상하기 위해 리큐어 제법을 가르쳐 주었다. 그 비법이 오랫동안 매키넌 집안에 전해져서 오늘에 이르고 있다. 독특한 풍미를 가지고 있으며 알코올 함량은 40%이다.

Drambuie

(9) 그랑 마니에_ Grand marnier

큐라소 계열의 리큐어로 코냑과 양질의 오렌지 껍질을 가미하여 만든다. 코르동 루주 cordon rouge와 코르동 존 cordon jaune의 두 종류가 있으며 병에 적색과 황색 리본을 달아 구분한다. 적색은 감미와 방향이 강하다. 제품이 우수하여 디저트 요리에 가장 많이 사용되며, 알코올 함량은 30~39.5%이다.

Grand marnier (cordon rouge)

Grand marnier (cordon jaune)

(10) 아이리쉬 미스트_ Irish mist

'담갈색의 아일랜드 안개' 라는 뜻으로 수세기에 걸쳐 계승된 비법에 의해 만들어지고 아일랜드에서 생산된다. 화밀 花蜜(꽃의 꿀)이 함유된 이 술은 제법이 외부로 누설되지 않고 철저히 지켜져 왔다. '아일랜드의 안개' 란 뜻처럼 아늑한 풍미가 특징이다.

Irish mist

(11) 베르무스_ Vermouth

Vermouth

약 35종의 향초와 약초를 배합하여 화이트 와인에 넣어 수개월 동안 숙성시켜 만들며 알코올 함량은 16~18%이다.

- 이탈리안 베르무스 Italian vermouth : 단맛으로 칵테일에 많이 이용되며, 치자노 Chizano, 간치아 Gancia 등이 있다.
- 프렌치 베르무스 French vermouth : 쌉쌀한 맛으로, 노일리플라 Noilly-prat가 있다.

(12) 리카드_ Ricard

Ricard

페르노에 가까운 리큐어로서 아니스의 씨, 감초 등 프로방스 지방에서 재배되는 식물을 배합하여 만든 리큐어이다.

(13) 삼부카_ Sambuca

Sambuca

스트레이트 글라스에 볶은 커피콩을 띄워서 불을 붙여 제공하는 것이 특징인 허브 리큐어이다. 이탈리아에서 생산되며 아니세트와 비슷하지만 향이 연하다. 알코올 함량은 40~45%이다.

3) 종자 리큐어_ Seeds liqueur

과일의 씨에 함유되어 있는 방향성의 성분이나 커피, 카카오, 바닐라 등을 이용하여 향기를 높인 리큐어로서 주로 식후에 마신다. 단순히 씨만 이용하는 경우보다 몇 가지 향료를 혼합하는 것이 일반적이다.

(1) 크렘 드 카카오_ Créme de cacao

Créme de cacao

크렘이란 뜻은 극상, 즉 최고의 상품이란 의미이다. 브랜디에 카카오와 바닐라 향을 첨가한 술로서 주로 스트레이트로 식후에 마시며 화이트와 브라운색의 두 종류가 있다. 알코올 함량은 25~30%이다.

(2) 크렘 드 카페_ Créam de café

Créam de café

볶은 커피콩을 증류주에 배합하고 시럽을 첨가한 것으로 프랑스에서 만들며 커피의 향미를 느낄 수 있는 리큐어이다.

(3) 칼루아_ Kahlúa

커피의 맛과 향을 지닌 멕시코산 리큐어로서 식후에 주로 마신다. 코코아와 바닐라 향을 첨가하여 만들며, 알코올 함량은 26.5%이다.

Kahlúa

(4) 아드보카트_ Advocat

브렌디에 달갈노른자, 설탕을 섞고 바닐라 향을 가미한 리큐어로 에그 브랜디라고 하며, 사용 전에 병을 잘 흔들어야 한다. 네덜란드가 원산지이며 개봉 후에는 빨리 마시는 것이 좋다. 알코올 함량은 18%이다.

Advocat

(5) 아마레토_ Amaretto

살구의 씨를 술과 함께 증류하여 각종 향료와 추출액을 중성 알코올과 혼합한 후 숙성시킨다. 여기에 시럽을 첨가하여 만든 리큐어로 알코올 함량은 20~28%이다.

Amaretto

5 Chapter

칵테일 Cocktail

Beverage Coordinate

1. 어원
2. 유래
3. 제조
4. 분류
5. 기구
6. 글라스의 종류
7. 부재료
8. 레시피

Chapter 5

칵테일 Cocktail

칵테일은 기본이 되는 술에 두 가지 이상의 재료를 섞어서 새로운 맛과 향, 그리고 색의 조화를 만들어 내는 혼합주이다. 기본으로 사용되는 술은 모든 주류가 가능하나 주로 증류주를 사용하며, 부재료로 시럽, 과일주스, 우유, 달걀, 탄산수 등을 이용한다. 칵테일은 색이 아름답고 향과 맛이 좋아야 하며, 분위기에 어울려야 한다.

1. 어원

칵테일이 언제부터 시작되었는지에 대해서는 정확하게 알려지지 않았으나 여러 이야기가 전해지고 있다.

옛날 멕시코 유카탄 Yucatan 반도의 캄페체 Campeche 항구에 입항한 영국 상선의 선원들이 술집에 들어갔을 때 한 소년이 깨끗이 벗긴 나뭇가지 껍질로 혼합음료를 만들고 있었다. 스트레이트로만 마셨던 영국 사람은 신기해 하며 무엇인지 물었다. 선원은 술을 물었으나, 소년은 나뭇가지를 묻는 줄 알고 닭 꼬리처럼 생겨 '콜라 데 갈로 Cola de gallo' 라 부른다고 대답하였다. 이 말은 스페인어로 수탉 꼬리를 의미하며, 이것을 영어로 바꿔 수탉이란 뜻의 'cock' 과 꼬리란 의미의 'tail' 을 합쳐 칵테일 cocktail이라고 부르게 되었다고 한다.

또 다른 설은 미국 독립전쟁 때의 이야기이다. 당시 버지니아 기병대의 'B. 플래나간 B. Flanagan' 이라는 아일랜드 군인이 전사하자 그의 부인이 남편의 부대에 종군할 것을 희망하였다. 부대에서 마련해 준 주점을 운영하게 된 그녀는 브레이서 bracer라고 하는 혼합주를 곧잘 만들었다. 어느 날 부인은 반미 反美 아일랜드인 지주의 정원에 몰래 들어가 아름다운 꼬리를 지닌 수탉을 훔쳐와 그 꼬리털을 브레이서의 병에 꽂아 장식하였다. 병사들은 그녀의 용기 있는 행동을 찬양하며 밤새 춤을 추고 즐겼다. 모두가 만취한 가운데 어느 한 장교가 병에 꽂힌 닭의 꼬리를 보고 '야! 정말 멋있는 칵테일 cock's tail이군!' 하고 말하자 다른 장교가 자신이 마신 혼합주의 이름인 줄 알고 '응, 정말 멋있는 술이야.' 라고 응수하여 그 후부터 혼합주인 브레이서를 칵테일이라고 부르게 되었다고 한다.

2. 유래

술에 여러 가지 재료를 섞어 마시는 행위는 아주 오래전부터 시작되었다. 기원전 고대 이집트에서는 맥주에 벌꿀이나 과즙을 넣어 마시기도 하였고, 로마에서는 포도주에 샘물을 타서 마시기도 하였다. AD 640년경 중국 당나라에서는 포도주에 마유馬乳를 첨가한 유산균 음료를 즐겨 마셨으며, 1180년대 이슬람교도들 사이에는 꽃과 식물을 물과 약한 알코올에 섞어 마시는 음료가 있었다고 한다.

1658년에는 인도 주재의 영국인이 펀치punch를 고안하였다. 펀치는 인도어로 '다섯'을 뜻하는데, 술, 설탕, 과일, 향신료, 물을 사용한 것이다. 이러한 혼합 음료를 칵테일이라고 부르게 된 것은 18세기 중엽으로, 1748년 영국에서 발행된 『The squire recipes』라는 책에 처음으로 칵테일이라는 단어가 등장하였다. 이후 1870년대 독일에서 인공 냉동기가 발명되면서 얼음을 사용한 현대적인 칵테일이 만들어지기 시작하였다.

1920~1933년 미국의 금주법 시행으로 특이한 칵테일이 많이 유행하였고, 1933년 금주법의 해제로 칵테일 전성기를 맞이하였다. 1960년대 미국에서는 많은 과일이 생산되면서 천연 음료의 시대가 도래하였다. 특히 휴양지 성격의 열대성 칵테일이 늘어나고, 이로 인해 바텐더bartender들은 칵테일 바에서 현란한 쇼를 보여 주는 플레어flaire를 하기 시작하였다.

우리나라의 칵테일은 1888년 최초로 세워진 대불호텔, 1990년 건립된 손탁호텔 등 근대 호텔의 등장과 함께 그 역사가 시작된 것으로 본다.

3. 제조

칵테일의 종류는 만드는 방법에 따라 크게 5가지로 구분할 수 있다.

1) 직접 넣기_ Building

글라스에 직접 얼음과 재료를 넣어 만드는 방법이다. 주로 청량음료를 재료로 하이볼 high ball에 조주할 때 이용된다.

2) 휘젓기_ Stirring

믹싱 글라스에 얼음과 재료를 넣고 바 스푼으로 잘 저어 잔에 따르는 방법으로, 흔들면 풍미에 손상이 있는 재료의 혼합이나, 술의 비중에 별 차이가 없어 혼합이 용이한 재료, 단순한 내용물의 혼합에 이용한다. 믹싱 글라스를 사용할 경우 글라스에 따를 때 얼음이 나오지 않도록 스트레이너 strainer를 이용한다.

3) 흔들기_ Shaking

셰이커 shaker에 얼음과 재료를 넣고 흔들어 만드는 방법으로 설탕, 크림, 우유, 달걀, 각종 과일주스 등 비교적 비중이 큰 재료를 사용한 칵테일을 만들 때 사용한다.

4) 띄우기_ Floating or layering

술이나 재료의 비중을 이용하여 재료가 차례로 쌓이게 하거나 내용물을 위에 띄우는 방법으로, 바 스푼을 뒤집어 글라스의 림 안쪽에 대고 조심스럽게

부어 글라스의 내벽을 타고 흘러 들어가도록 한다. 반드시 비중이 무거운 술을 먼저 부어야 한다.

5) 블렌딩_ Blending

재료를 블렌더 blander에 넣고 혼합한 다음 잔에 따르는 방법이다. 트로피컬 칵테일 tropical cocktail이나 프로즌 칵테일 frozen cocktail 종류에도 간혹 사용된다.

4. 분류

용량, 맛, 식사 시 용도, 스타일에 따라 다양하게 분류할 수 있다.

1) 용량에 따른 분류

[롱 드링크 칵테일_ Long drink cocktail]

용량이 4oz(120ml) 이상인 글라스에 담는 칵테일로 대부분 글라스에서 직접 만든다. 글라스에는 얼음이 서너 조각 들어가는데 이 얼음이 녹기 전에 몇 모금씩 나누어 마시는 것이 좋다. 대표적인 칵테일로는 슬로 진 피즈 sloe gin fizz, 톰 콜린스 tom collins 등이 있다.

[쇼트 드링크 칵테일_ Short drink cocktail]

용량이 4oz(120ml) 미만인 글라스에 담는 칵테일로 직접 글라스에서 혼합하기는 어려우며, 주로 셰이커나 믹싱 글라스를 사용하여 만든다. 향 위주의 칵테일이므로 천천히 마시면 향을 잃기 쉬워 차가울 때 두세 번에 나누어 마시는 것이 좋다. 대표적인 칵테일로는 맨하탄 manhattan, 마티니 martini 등이 있다.

2) 맛에 따른 분류

[스위트 칵테일_ Sweet cocktail]

단맛이 강한 칵테일이다.

[사워 칵테일_ Sour cocktail]

신맛이 강한 칵테일이다.

[드라이 칵테일_ Dry cocktail]

쓴맛이나 알코올 함량이 많은 칵테일이다.

3) 식사 시 용도에 따른 분류

[아페리티프 칵테일_ Aperitif cocktail]

식욕촉진을 위해 식전에 마시는 칵테일로 맨하탄, 마티니 등이 있으며, 대부분 단맛이 없다.

[비포 디너 칵테일_ Before dinner cocktail]

정찬이 시작되기 전에 마시는 칵테일로 대부분 드라이 칵테일이 많다.

[올 데이 타입 칵테일_ All day type cocktail]

식사 이외에 하루 중 어느 때 마셔도 괜찮은 칵테일로 맛이 대체로 달콤하다.

[애프터 디너 칵테일_ After dinner cocktail]

식후에 서서히 향을 즐기며 마시는 칵테일로 단맛을 지닌 리큐어, 향이 좋은 브랜디 등이 속한다.

4) 스타일에 따른 분류

칵테일의 스타일에 따른 분류는 표 5-1 과 같다.

표 5-1 / 스타일에 따른 칵테일 분류

스타일(style)	내용
하이볼(high ball)	하이볼 글라스에 얼음을 넣고 증류주를 탄산음료와 혼합한 것으로 알코올 함량이 낮으며, 칵테일 파티에서 많이 사용한다.
피즈(fizz)	탄산음료 개봉 시 나는 소리(fizz)에서 비롯된 것으로, 주로 단맛이 나며 거품이 많은 것이 특징이다. 베이스가 되는 술에 레몬이나 라임주스, 설탕, 소다수를 넣는다.
콜린스(collins)	피즈와 같이 술에 레몬이나 라임즙, 설탕을 넣고 소다수로 채우는 칵테일로 콜린스 가족에 의해 만들어져 그 이름이 붙었다.
사워(sour)	증류주에 레몬주스를 넣어 시큼한 맛이 강한 칵테일
슬링(sling)	피즈보다 용량이 약간 많고 리큐어를 첨가하여 레몬, 체리로 장식한 칵테일
코블러(cobbler)	텀블러 글라스에 증류주, 가루얼음, 설탕을 넣고 와인이나 계절 과일즙 또는 술을 곁들인 칵테일
쿨러(cooler)	산뜻한 청량감이 느껴지며, 기본 술, 설탕, 레몬이나 라임주스를 넣고 소다수를 채운 칵테일
펀치(punch)	펀치 볼에 과일, 주스, 술, 설탕, 물, 향신료 등을 혼합하여 큰 얼음을 띄운 음료
프라페(frappe)	가루얼음을 글라스에 넣은 다음 술을 붓고 스트로우를 꽂은 칵테일
토디(toddy)	설탕과 뜨거운 물이나 차가운 물, 술을 혼합해서 만든 칵테일
에그녹(eggnog)	크리스마스 음료로 달걀과 우유를 사용해서 만드는 영양가 높은 칵테일
플립(flip)	와인을 기본으로 사용하여 달걀, 설탕을 넣은 칵테일로 에그녹과 비슷하다.
스노우(snow)	글라스 가장자리에 설탕이나 소금을 묻히는 방법으로 일본식 표현이다. 영어권에서는 'rimmed with sugar or salt'라고 표현한다.
픽스(fix)	코블러와 유사하나 더 강한 맛의 칵테일
피즈(fizz) 데이지(daisy)	증류주에 레몬 또는 라임주스, 그레나딘 시럽(grenadine syrup) 또는 리큐어 등을 혼합한 뒤 소다수로 채운 칵테일
크러스타(crusta)	술에 레몬주스와 리큐어 또는 쓴맛을 넣은 것으로 레몬이나 오렌지 껍질을 넣은 칵테일
릭키(ricky)	라임즙을 짜서 글라스에 넣고 그 잔에 소다수로 채운 칵테일로 단맛이 없다.
생거리(sangaree)	와인이나 증류주에 설탕, 냉수를 넣은 칵테일
트로피컬(tropical)	열대성 칵테일로 과즙을 사용하고 과일 장식을 한 양이 많은 칵테일
에이드(aid)	과일즙에 설탕과 물을 넣어 만든 칵테일
스트레이트 업(straight up)	술에 아무것도 넣지 않은 상태로 마시는 형태를 말한다.
온더록스(on the rocks)	글라스에 얼음만 넣고 그 위에 술을 따라서 마시는 형태를 말한다.

5. 기구

칵테일을 만드는 데 필요한 기구의 종류 및 용도는 다음과 같다.

표 5-2 / 칵테일 기구의 종류 및 용도

종류	형태	용도
셰이커 (shaker)		혼합이 어려운 재료를 잘 섞는 동시에 냉각을 도와주는 기구로 캡(cap), 스트레이너(strainer), 바디(body)의 세 부분으로 구분한다. 흔드는 동안 셰이커 속의 공기가 재료 속으로 용해되어 칵테일 맛을 부드럽게 해준다. 여러 가지 재질의 셰이커가 있으나 스테인리스강이 가장 많이 사용된다.
믹싱 글라스 (mixing glass)		비중이 가볍고 혼합이 쉬운 재료를 섞거나 칵테일의 색을 선명하게 내고 싶을 때 사용한다. 주로 두꺼운 유리로 된 글라스를 사용하며, 텀블러로 대신하기도 한다.
바 스푼 (bar spoon)	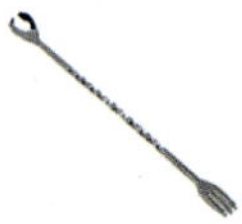	재료를 혼합하기 위해 글라스에 직접 넣고 저을 때 사용하는 대가 긴 스푼이다. 믹싱 글라스를 이용하거나 하이볼을 만들 때 주로 사용한다. 칵테일 레시피에서의 티스푼은 바 스푼을 의미하며, 스푼의 반대쪽이 포크 모양이어서 체리나 올리브를 병에서 꺼낼 때 용이하다.
스트레이너 (strainer)		글라스로 칵테일을 옮길 때 믹싱 글라스의 얼음을 막아 주는 역할을 한다.
블렌더 (blender)		트로피컬 칵테일, 프로즌 스타일을 만들 때 주로 사용되며 혼합이 어려운 재료를 섞기에 편하다.
지거 (jigger)		술의 양을 계량할 때 사용하는 기구로 양쪽으로 계량이 가능하며 큰 쪽은 1.5~2oz(45~60ml), 작은 쪽은 1oz(약 30ml)이다.
스퀴저 (squeezer)		레몬이나 오렌지의 과즙을 짜기 위한 기구로 레몬 등을 반으로 잘라 스퀴저의 볼록한 부분에 꽂아 살짝 눌러 좌우로 돌린다.
오프너 (opener)		병마개를 따기 위한 기구이다.

종류	형태	용도
아이스 텅 (ice tongs)		얼음을 집기 위한 기구로, 얼음이 미끄러지지 않도록 하기 위해 집게 부분이 요철로 되어 있다.
아이스 패일 (ice pail)		테이블 위에서 얼음을 사용할 경우 얼음을 담는 용기로 아이스 버킷(ice bucket)이라고도 한다.
아이스픽 (ice pick)		얼음덩어리를 잘게 부술 때 사용하는 얼음용 송곳이다. 요즘은 아이스 크러셔(ice crusher) 기계를 주로 사용한다.
칵테일 픽 (cocktail pick)		가니쉬로 사용되는 올리브나 체리 등을 꽂는 핀으로 다양한 디자인과 재질이 있다.
머들러 (muddler)		롱 드링크를 마실 때 장식 과일을 으깨거나 혼합하기에 편리한 긴 막대형의 장식품이다.
포우러 (pourer)		술을 따를 때 정확한 용량을 따를 수 있도록 병에 끼워 사용하는 편리한 기구로 술의 낭비를 막아 준다.
코스터 (coaster)		칵테일이나 음료수를 제공할 때 글라스 밑에 까는 받침대로 테이블에 부딪칠 때 나는 소음과 미끄러움을 방지한다. 종이 코르크, 플라스틱 등 재질이 다양하다.

6. 글라스의 종류

칵테일을 만든 다음 글라스를 선택할 때는 분위기나 칵테일의 성격 등 여러 가지를 고려한다.

칵테일 글라스

7. 부재료

1) 얼음

칵테일에 사용되는 얼음은 크기와 모양에 따라 6가지 종류가 있다. 얼음은 맑고 단단한 것을 사용하고, 칵대일 용도에 따라 알맞은 크기와 모양을 선택하여야 한다.

표 5-3 / 칵테일에 사용되는 얼음의 종류

종류	형태	내용
쉐이브드 아이스 (shaved ice)		가루얼음으로 주로 프라페를 만들 때 사용
크러쉬드 아이스 (crushed ice)	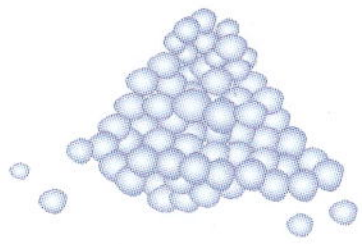	잘게 부순 직경 1cm 크기의 얼음
큐브드 아이스 (cubed ice)		칵테일을 만들 때 가장 많이 사용하며 제빙기로 얼린 3cm 정도 크기의 정육면체 모양의 얼음
크랙크드 아이스 (cracked ice)		덩어리 얼음을 아이스픽으로 부순 것으로 크러쉬드 아이스와 큐브드 아이스의 중간 크기이며 모양이 불규칙
럼프 오브 아이스 (lump of ice)	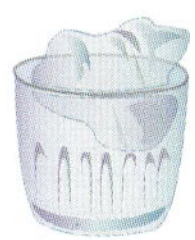	올드 패션드 글라스 안에 꽉 차게 들어가는 덩어리 얼음으로 온더록스에 주로 사용
블록 오브 아이스 (block of ice)		1kg 이상의 큰 덩어리 얼음

2) 시럽

그레나딘 시럽_ Grenadine syrup

설탕을 만들고 남은 찌꺼기인 당밀에 석류를 섞어서 만든 선홍색의 시럽으로 칵테일에서 가장 많이 사용된다.

플레인 시럽_ Plain syrup

설탕을 물에 녹여서 만든 것으로 심플 시럽 simple syrup 또는 슈가 시럽 sugar syrup이라고도 한다. 물과 설탕의 비율을 1:1로 하여 약한 불로 끓이거나 중탕으로 만든다.

3) 장식의 종류와 형태 및 데커레이션

종류

레몬, 라임, 파인애플, 체리, 키위, 아보카도, 메론, 딸기, 올리브 등을 가니쉬로 쓰며, 그 외에 칵테일 어니언 cocktail onion, 셀러리, 꽃 등을 사용하기도 한다.

형태와 데커레이션

과일 장식은 칵테일의 분위기와 특징을 돋보이게 할 수 있는 것으로 다양한 모양을 연출하여 활용한다.

표 5-4 / 가니쉬 형태 및 데커레이션 방법

<table>
<tr><th>종류</th><th colspan="2">데커레이션 방법</th><th>형태</th></tr>
<tr><td rowspan="2">체리</td><td colspan="2">칵테일 픽에 체리를 꽂아 글라스에 넣는다.</td><td>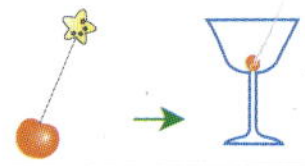</td></tr>
<tr><td colspan="2">체리에 칼집을 넣어 글라스의 가장자리에 끼운다.</td><td>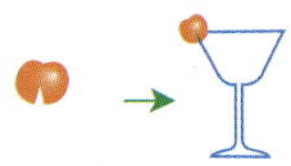</td></tr>
<tr><td rowspan="3">레몬 · 오렌지
슬라이스(slice)</td><td>하프 슬라이스
(half slice)</td><td>레몬이나 오렌지를 반달 모양으로 얇게 저민 형태로 칼집을 넣어 글라스의 가장자리에 끼운다.</td><td></td></tr>
<tr><td>휠 슬라이스
(wheel slice)</td><td>레몬이나 오렌지를 원형으로 얇게 저민 형태로 홀 슬라이스(whole slice)라고도 하며, 슬라이스의 반경 정도 칼집을 넣어 글라스의 가장자리에 끼운다.</td><td></td></tr>
<tr><td>풀 슬라이스
(full slice)</td><td>레몬이나 오렌지의 가장자리를 휠 슬라이스 한 후 껍질과 과육 사이를 0.5cm 정도 남기고 칼집을 넣어 껍질 쪽은 글라스의 바깥으로, 과육은 글라스의 안으로 가도록 가장자리에 걸친다.</td><td></td></tr>
</table>

종류	데커레이션 방법	형태
레몬 · 오렌지 슬라이스 + 체리	레몬이나 오렌지 슬라이스와 체리를 픽에 같이 끼우거나 글라스에 슬라이스와 체리를 함께 넣는다.	
레몬 · 오렌지 웨지(wedge)	레몬이나 오렌지를 쐐기 형태로 잘라 칼집을 넣은 후 글라스의 가장자리를 장식한다. 껍질과 과육 사이 또는 과육에 칼집을 넣기도 한다.	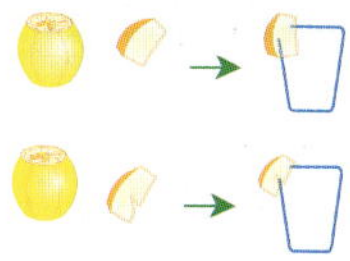
레몬 · 오렌지 필 스파이럴(peel spiral)	레몬이나 오렌지 껍질을 나선형으로 벗겨 장식한 것이다.	
트위스트 필 (twist peel)	레몬 껍질을 5mm 두께로 잘라 살짝 비틀어서 글라스에 넣는다.	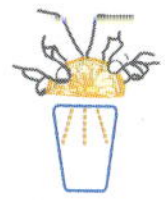
파인애플 + 체리	다양한 모양으로 자른 파인애플과 체리를 픽에 함께 꽂아 글라스의 가장자리에 끼운다.	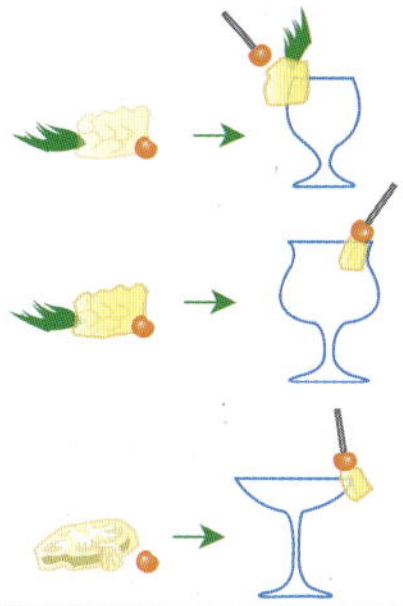
셀러리	신선한 것을 골라 연하고 깨끗한 잎만 남겨 정리한 후 적당한 길이로 잘라 글라스에 꽂는다.	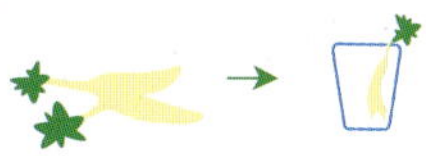

8. 레시피

1) 진 베이스_ Gin base

명칭	형태	글라스	기법	재료 및 분량	얼음	가니쉬
드라이 마티니 (Dry Martini)	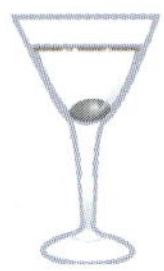	Cocktail glass	Stir	Dry Gin 2oz Dry Vermouth 1/3oz	–	olive
깁슨 (Gibson)		Cocktail glass	Stir	Dry Gin 1.1/2oz Dry Vermouth 3/4oz	–	pearl onion
김렛 (Gimlet)		Cocktail glass	Shake	Dry Gin 1.1/2oz Lime juice 3/4oz Powdered sugar 1tsp	–	twist of lemon peel
싱가폴 슬링 (Singapore Sling)		Pilsner glass	Shake + Build	Dry Gin 1.1/2oz Lemon juice 1/2oz Powdered sugar 1tsp Soda water fill Cherry Brandy(top) 1/2oz	cube in	orange, cherry
니그로이 (Negroni)		Old Fashioned glass	Build	Dry Gin 3/4oz Sweet Vermouth 3/4oz Campari 3/4oz	cube in	twist of lemon peel

2) 위스키 베이스_ Whisky base

명칭	형태	글라스	기법	재료 및 분량	얼음	가니쉬
뉴욕 (New York)		Cocktail glass	Shake	Bourbon whisky 1.1/2oz Lime juice 1/2oz Powdered sugar 1tsp Grenadin syrup 1/2tsp	-	twist of lemon peel
맨하탄 (Manhattan)		Cocktail glass	Stir	Bourbon whisky 1.1/2oz Sweet Vermouth 3/4oz Angostura Bitters 1dash	-	cherry
위스키사워 (Whiskey Soure)		Sour glass	Shake+ Build	Bourbon Whiskey 1-1/2oz Lemon Juice 1/2oz Powdered Sugar 1T Top with Soda Water 1oz	-	Lemon cherry
러스티 네일 (Rusty Nail)		Old Fashioned glass	Build	Scotch whisky 1oz Drambuie 1/2oz	cube in	-
올드 패션드 (Old Fashioned)		Old Fashioned glass	Build	Bourbon whisky 1.1/2oz Cubed Sugar 1ea Angostura Bitters 1dash Soda water 1/2oz	cube in	orange, cherry

3) 브랜디 베이스_ Brandy base

명칭	형태	글라스	기법	재료 및 분량	얼음	가니쉬
퓨즈카페 (Pousse Cafe)		Stemed Liqueur glass	Float	Grenadine Syrup 1/3 part Creme De Menthe(Green)1/3part Brandy 1/3part	–	–
사이드 카 (Side Car)		Cocktail glass	Shake	Brandy 1oz Cointreau(Triple sec) 1oz Lemon juice 1/4oz	–	–
브랜디 알렉산더 (Brandy Alexander)		Cocktail glass	Shake	Brandy 3/4oz Creme de cacao(B) 3/4oz Light milk 3/4oz	–	nutmeg
허니문 (Honeymoon)		Cocktail glass	Shake	Apple Brandy 3/4oz Benedictine 3/4oz Triple Sec 1/4oz Lemon juice 1/2oz	–	–

4) 럼 베이스_ Rum base

명칭	형태	글라스	기법	재료 및 분량	얼음	가니쉬
바카디 (Bacardi)		Cocktail glass	Shake	Bacardi White Rum 1.3/4oz Lime juice 3/4oz Grenadin syrup 1tsp	–	–
다이커리 (Daiquri)		Cocktail glass	Shake	Light Rum 1.3/4oz Lime juice 3/4oz Powdered sugar 1tsp	–	–
쿠바 리브레 (Cuba Libre)		High ball glass	Build	Light Rum 1.1/2oz Lime juice 1/2oz Cola fill	cube in	wedge of lemon
마이타이 (Mai-Tai)		Pilsner glass	Shake	Light Rum 1.1/4oz Triple Sec 3/4oz Lime juice 1oz Orange juice 1oz Pineapple juice 1oz Grenadin syrup 1/4oz Dark Rum 1dash(top)	cube in	pineapple, cherry
피나 콜라다 (Pina Colada)		Pilsner glass	Shake	Light Rum 1.1/4oz Pina Colada Mix 2oz Pineapple juice 2oz	cube in	pineapple, cherry
블루 하와이 (Blue Hawaiian)		Pilsner glass	Shake	Light Rum 1oz Coconut Rum 1oz Blue Curacao 1oz Pineapple juice 2.1/2oz	cube in	pineapple, cherry

5) 보드카 베이스_ Vodka base

명칭	형태	글라스	기법	재료 및 분량	얼음	가니쉬
키스 오브 파이어 (Kiss of Fire)		Cocktail glass	Shake	Vodka 1oz Sloe Gin 1/2oz Dry Vermouth 1/2oz Lemon juice 1tsp	–	Sugar frost
코스모폴리탄 (Cosmopolitan)		Cocktail glass	Shake	Vodka 1oz Triple Sec 1/2oz Lime juice 1/2oz Cranberry juice 1/2oz	–	twist of lemon peel
애플 마티니 (Apple Martini)		Cocktail glass	Shake	Vodka 1oz Apple Puker 1oz Lime juice 1/2oz	–	slice of apple
시브리즈 (Seabreeze)	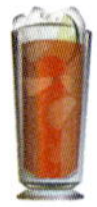	High ball glass	Build	Vodka 1.1/2oz Cranberry juice 3oz Grapefruits juice 1/2 oz	cube in	wedge of lemon
스크류 드라이버 (Screwdriver)		High ball glass	Build	Vodka 1.1/2oz Orange juice fill	cube in	–
모스코 뮬 (Moscow Mule)		High ball glass	Build	Vodka 1.1/2oz Lime juice 1/2oz Gingerale fill	cube in	slice of lemon
블러드 메리 (Blood Mary)		High ball glass	Build	Vodka 1.1/2oz Wocerster sauce 1dash Tabasco sauce 1dash Salt and pepper 1pinch Tomato juice fill	cube in	slice lemon or celery
하베이 월뱅어 (Harvey Wallbanger)		Collins glass	Build + Float	Vodka 1.1/2oz Orange juice fill Galliano 1/2oz(top)	cube in	–

명칭	형태	글라스	기법	재료 및 분량	얼음	가니쉬
롱 아일랜드 아이스티 (Long Island Iced Tea)		Collins glass	Build + Float	Vodka 1/2oz Tequila 1/2oz Gin 1/2oz Rum 1/2oz Triple Sec 1/2oz Sweet & Sour mix 1.1/2oz Top with cola	cube in	wedge of lemon
블랙 러시안 (Black Russian)		Old Fashioned glass	Bulid	Vodka 1oz Kahlua 1/2oz	cube in	–

6) 테킬라 베이스_ Tequila base

명칭	형태	글라스	기법	재료 및 분량	얼음	가니쉬
테킬라 선라이즈 (Tequila Sunrise)		High ball glass	Bulid + Float	Tequila 1.1/2oz Orange juice fill Grenadin syrup 1/2oz	cube in	–
마르가리타 (Magarita)		Cocktail glass	Shake	Tequila 1.1/2oz Triple Sec 1/2oz Lime juice 1/2oz	–	salt frost

7) 리큐어 베이스_ Liqueur base

명칭	형태	글라스	기법	재료 및 분량	얼음	가니쉬
준벅 (June Bug)		Collins glass	Shake	Melon Liqueur 1oz Coconut Rum 1/2oz Banana Liqueur 1/2oz Pineapple juice 2oz Sweet & Sour mix 2oz	cube in	pineap ple, cherry
슬로진 피즈 (Sloe Gin Fizz)		High ball glass	Shake + Build	Sloe Gin 1.1/2oz Lemon juice 1/2oz Powdered sugar 1tsp Soda water fill	cube in	slice of lemon
아프리코트 (Apricot)		Cocktail glass	Shake	Apricot flavored brandy 1.1/2oz Dry Gin 1tsp Lemon juice 1/2oz Orange juice 1/2oz	–	
그래스호퍼 (Grasshopper)		Champagne glass	Shake	Creme de menthe(G) 1oz Creme de cacao(W) 1oz Light milk 1oz	–	
비-52 (B-52)		Shot	Float	Kahlua 1/3oz Baily's Irish cream 1/3oz Grand Marnier 1/3oz	–	

8) 와인 베이스_ Wine base

명칭	형태	글라스	기법	재료 및 분량	얼음	가니쉬
끼르 (Kir)		White wine glass	Build	White wine 3oz Creme De Casis 1/2oz	–	twist of lemon peel

9) 전통주 베이스

명칭	형태	글라스	기법	재료 및 분량	얼음	가니쉬
힐링 (Healing)		Cocktail glass	Shake	Gam Hong Ro(40도) 1-1.2oz Benedictine 1/3oz Creme de Cassis 1/3oz Sweet & Sour Mix 1oz	-	Twist of Lemon Peel
진도 (Jindo)		Cocktail glass	Shake	Jindo Hong(40도) 1oz Creme de Menthe White 1/2oz White Grape Juice 3/4oz Rasberry Syrup1/2oz	-	
풋사랑 Puppy Love		Cocktail glass	Shake	Andong Soju(36도)1oz Trip Sec 1/3oz Apple Pucker 1oz Lime Juice 1/3oz	-	A Slice of Apple
금산 Geumsan		Cocktail glass	Shake	Geumsan Insamju(43도)1/2oz Apple Pucker1/2oz Lime Juice 1 T	-	-
고창 Gochang		Flute Champagne glass	Stir + Build	Sunwoonsan Bokbunja Wine 2oz Cointreau or Triple Sec 1/2oz Sprite 2oz	-	-

표준 계량 단위

구분 단위	용량	비고
1drop	약 1/5ml	1방울(약 1/32oz)
1dash	약 1ml	5~6방울
1tsp	약 5ml	1/6oz
1oz	약 30ml	
1jigger	약 45ml	

6 Chapter

한국의 전통주
Korean Liquor

Beverage Coordinate

1. 술의 어원
2. 역사
3. 원료
4. 분류
5. 지역별 전통주
6. 절기별 전통주
7. 막걸리
8. 음주 예법

Chapter 6

한국의 전통주
Korean Liquor

예로부터 내려오는 방식으로 담근 술을 말하며 민속주는 각 지역의 자연지리적인 조건과 취향에 따라 빚었기 때문에 그 맛과 질이 우수할뿐더러 각 고장의 특산물이라 할 수 있다.

1. 술의 어원

술의 본래 말은 '수블/수불' 이었다. 고려시대의 말을 기록한 『계림유사』에서는 유자 字(uə-puət)로, 『조선관역어』에는 수본su-pun, 數本으로 기술되었다. 조선시대의 문헌에는 '수울' 혹은 '수을' 로 기록되어 있어, 이 수블은 '수ᄫᅳᆯ ㄴ>수울>수을>술' 로 변해 왔음을 알 수 있다.

2. 역사

우리나라 문헌 중 술 이야기가 최초로 등장한 것은 『제왕운기帝王韻紀』에서 찾을 수 있으며, 동명성왕 건국담인 『고삼국사古三國史』에 술에 얽힌 이야기가 있다. 우리나라 술의 기원 또한 신화 속에서 뒷받침되고 있다고 볼 수 있다. 『조선주조사朝鮮酒造史』를 보면 우왕禹王 시절에 제후를 모아 도산회塗山會를 개최하였는데, 이때 단군의 자손들이 열석列席했다는 기록이 있는 것으로 보아 신화시대부터 술에 관한 역사가 있었음을 알 수 있다. 『위지魏志』의 고구려전이나 『태평어람太平御覽』 등에는 고구려 술의 솜씨와 곡아주曲阿酒와 연관된 고구려 여인의 전설이 실려 전하고 있다. 또 『지봉유설芝峯類說』에 인용된 신라 주新羅酒에 대한 중국인의 칭찬은 우리의 고대가 모두 술의 명산지였음을 알게 한다. 『태종실록太宗實錄』과 『삼국사기三國史記』, 『삼국유사三國遺事』 등의 기록에서도 삼국시대의 술이 매우 다채로왔을 것으로 짐작되며, 청주와 탁주의 구별이 시작되었다고 한다.

술은 그 술을 빚은 고장의 기후나 풍토와 생활에 알맞도록 제조되었으니 우리나라에서도 그에 따라서 남북의 기호가 달랐다. 즉 북쪽 추운 지방에서는 소주류燒酒類를 상음하였고 남쪽에서는 막걸리를 더 애용하였다.

『고사통故事通』에 의하면 우리나라에 주점이 처음으로 등장한 것은 고려 성종 2년으로, 국로의 요소에 주점 6개를 두어 지숙음식止宿飮食의 편의에 이바지하게 하였고, 이것이 후세에 주막酒幕이 되었다.

1) 삼한시대_ 三韓時代

삼한시대에는 그 방법은 알 수 없으나 곡주穀酒를 바탕으로 제조하였으며, 누룩을 사용한 흔적을 엿볼 수 있다. 그리고 술을 비롯한 발효제품이 만들어졌다.

2) 삼국시대_ 三國時代와 통일신라시대_ 統一新羅時代

삼국시대에는 술 문화가 발달하였고, 당시 중국 『제민요술齊民要術』의 술 빚기가 우리나라에 전파되어 동화되면서 독특한 술을 빚게 된 것으로 보인다. 또한 술이 상업적으로 판매되기도 하였다. 통일신라시대에는 술이 특수 계층이 아닌 일반 백성들에 의해 양조되었고, 양조곡주들이 다양하게 개발되었다. 상류사회에서는 청주류의 음용이 성행하였다.

3) 고려시대_ 高麗時代

고려시대에는 송宋 · 원대元代의 양조법釀造法이 도입되었다. 국麴(누룩)의 종류도 소맥국小麥麴과 미국米麴으로 나누어졌고, 주품酒品도 다양해졌다. 체계적인 양조술이 정착되고, 누룩 제조법과 각종 약주의 제조법도 크게 발달하였다.

발효된 술덧(숙성된 술)을 압착하거나 걸러내어 맑은술을 빚기도 하였다. 누룩효소에 의해 생성된 포도당을 효모가 알코올로 분해함에 따라 당糖이 줄어들면서 발효가 점차 멈추는데, 이때 쌀을 보충해 주거나 쌀과 누룩을 함께 보충해서 재차 발효가 일어나게 하는 덧술법을 사용하여 청주를 빚었을 것으로 추정된다. 원나라의 침략 이후 소주 제조법이 전래되어 양조기술에 다양한 변화를 가져왔다.

4) 조선시대_ 朝鮮時代

각 지방마다 토속주土俗酒가 뿌리를 내리고, 이에 따라 선비들의 풍류와 함께 주막을 중심으로 한 서민들의 술 문화도 크게 발달하였다. 이때 술이 고급화되어 제조 원료도 멥쌀 위주에서 찹쌀로 바뀌었다. 발효기술도 단單담금에서 밑술을 만들고 양조 원료를 여러 차례 나누어 덧술하는 방식인 중양법重釀法으로 바뀌면서 양보다 질 좋은 술들이 제조되었다. 또한 증류주蒸溜酒는 일본, 중국 등에 수출하였다.

5) 일제시대_ 日帝時代와 해방 후

1907년 일제에 의해 조선 주세령酒稅令이 발표되고 각 가정에서 술 만드는 것을 금지하자 우리 전통술은 일반 서민들 사이에서만 명맥이 유지되었다. 대신 주세를 부과하여 양조면허를 받은 양조장에서는 공업적인 술 빚기가 시작되었다. 이 시기에는 외래주가 대거 유입되었으며 해방 후에는 6·25 전쟁으로 전통술의 제조가 더욱 어려워졌다.

3. 원료

전통주 제조에 쓰이는 기본 재료는 쌀, 누룩, 그리고 물이다. 좋은 음식을 만들기 위해 항상 신선한 식품 재료가 필요하듯이, 좋은 술을 빚기 위해서는 좋은 쌀, 잘 빚은 누룩, 맛있는 물, 적당한 온도가 필요하다.

1) 쌀

일반적으로 술을 빚을 때 많이 사용되는 곡류는 쌀과 찹쌀이다. 술을 빚을 때 사용하는 쌀은 도정 정도, 쌀을 씻는 횟수, 물에 담가 불리는 시간 등에 따라 결과가 달라진다. 따라서 일반 쌀에 비해 도정搗精 작업을 많이 한다. 이는 쌀 표면의 호분층에 지방과 단백질이 많이 함유되어 있어 발효 중 잡다한 미생물이 번식되기 쉽기 때문이다. 그리고 쌀은 표면에 광택이 있고 알맹이가 크고 충실하며 크기가 고른 것이 좋다.

2) 물

술 빚는 물은 좋은 샘물을 양조용수로 택해야 하며, 반드시 깨끗한 물을 끓이고 식혀서 사용한다. 샘물, 청명일이나 곡우일에 흐르는 강물, 가을에 내리는 이슬을 받은 것으로 술을 빚었다.

3) 누룩

누룩

누룩의 품질은 술의 맛과 향, 그리고 알코올 농도를 결정하는 중요한 요소로 작용한다. 누룩은 밀, 쌀, 보리, 그리고 녹두 등의 곡류를 사용하며 통밀을 많이 사용한다. 전분을 당화시키는 곰팡이인 국균이 주로 번식되며 공기 중에 있던 효모균, 유산균 등이 함께 번식하는데, 이때 누룩곰팡이와 효모가 잘 숙성될 수 있는 환경을 만들어 주면 질 좋은 누룩을 얻을 수 있다.

누룩은 통밀을 거칠게 가루 내어 적당한 양의 물을 섞고 반죽을 한 뒤, 보자기에 싸서 누룩 틀에 넣은 후 발로 밟아 성형을 시킨다. 이를 누룩방 또는 구들방이나 부엌의 벽 쪽에 매달아 띄우는데, 보통 3~4회 정도 위치를 바꾸어 가며 누룩곰팡이의 증식을 고르게 한다.

약 15~20일 내외가 되면 완성되며 적당한 온도와 습도에서 발효시켜 숙성한 것이어야 좋은 품질과 깊은 향을 가진 술을 만들 수 있다.

4) 개량누룩

살균한 당질 원료에 배양균을 접종하여 만드는 것으로 안전하고 편하게 술을 담글 경우나 대량 생산에 주로 사용한다. 개량누룩으로 술을 빚으면 술의 품질을 고르게 하는 장점이 있지만 술맛을 너무 단순하게 만드는 단점도 있다.

4. 분류

우리나라 주세법상의 주정 구분은 양조주釀造酒, 증류주蒸溜酒, 혼성주混成酒로 분류한다. 혼성주라는 것은 한 종류의 술에 다른 술 또는 기타 물료를 혼합하여 만든 것이다.

여기에서는 서유구(1827), 이성우(1984), 이철호, 김기명(1994), 이효지(2009) 등의 구분을 참고하여 다음과 같이 분류하고자 한다.

1) 양조곡주_ 釀造穀酒

(1) 순곡주류_ 純穀酒類

곡물과 누룩, 물로 빚어 발효시킨 술이며 거르는 방법에 따라 탁주, 청주로 나눌 수 있다. 탁주는 발효시킨 술덧을 체에 걸러 뿌옇게 만든 술을 말하며, 청주(약주)는 탁주의 숙성이 거의 끝날 때 술독 위에 용수를 받쳐 맑은 액체만 떠낸 술이다.

이양주_ 異釀酒

[죽통주_ 竹筒酒]

살아 있는 대나무의 마디 사이에 구멍을 내고 술을 빚어 넣은 후 빗물이 들어가지 않게 구멍을 막아 익힌 술이다. 또는 굵은 청대를 마디가 있게 잘라 구

표 6-1 / 전통주의 분류

<table>
<tr><td rowspan="9">양조곡주
(釀造穀酒)</td><td rowspan="4">순곡주류
(純穀酒類)</td><td rowspan="2">거르는 방법에 따라</td><td>탁주(濁酒)</td><td>• 일반탁주 : 밀누룩 사용
• 특별탁주 : 쌀누룩 사용</td></tr>
<tr><td>청주(淸酒)</td><td>약주(藥酒)</td></tr>
<tr><td rowspan="2">빚는 방법에 따라</td><td>일반주</td><td>• 단양주(單釀酒) : 덧술을 하지 않고 밑술로만 빚은 술
• 이양주(二釀酒) : 밑술에 1번 덧술하여 빚은 술
• 삼양주(三釀酒) : 밑술에 1차, 2차 덧술하여 빚은 술
• 사양주(四釀酒) : 밑술에 1차, 2차, 3차 덧술하여 빚은 술
• 오양주(五釀酒) : 밑술에 1차, 2차, 3차, 4차 덧술하여 빚은 술</td></tr>
<tr><td colspan="2">이양주(異釀酒) : 술항아리가 아닌 비스듬히 누운 소나무, 죽통 등을 땅에 묻어 익힌 술</td></tr>
<tr><td rowspan="5">혼양곡주류
(混釀穀酒類)</td><td rowspan="2">약용곡주류
(藥用穀酒類)</td><td colspan="2">술에 약재를 넣은 약용주</td></tr>
<tr><td>곡물과 약재로 빚은 약용주</td><td>• 단양 약용주
• 이양 약용주</td></tr>
<tr><td>가향곡주류
(加香穀酒類)</td><td colspan="2">• 단양 가향주
• 이양 가향주
• 삼양 가향주
• 사양 가향주</td></tr>
<tr><td>과실주
(果實酒)</td><td>• 술에 과일은 넣은 과실주
• 곡물과 과일로 빚은 과실주</td><td>• 단양과실주
• 이양과실주</td></tr>
<tr><td>혼성주(混成酒)</td><td colspan="2">곡물에 소주를 넣어 빚은 술</td></tr>
<tr><td rowspan="4">증류주
(蒸溜酒)</td><td>순곡증류주
(純穀蒸溜酒)</td><td colspan="3">• 단양증류주
• 이양증류주
• 삼양증류주</td></tr>
<tr><td rowspan="2">약용증류주
(藥用蒸溜酒)</td><td>소주에 약재를 넣은 약용증류주</td><td colspan="2"></td></tr>
<tr><td>곡물과 약재를 넣은 약용증류주</td><td colspan="2">• 단양약용 증류주
• 이양약용 증류주</td></tr>
<tr><td>가향증류주
(加香蒸溜酒)</td><td colspan="3"></td></tr>
<tr><td>외래주
(外來酒)</td><td colspan="4">• 고려시대의 외래주 : 행인자법주(杏仁者法酒), 양주(羊酒), 계향어주(桂香御酒)
• 고려시대의 증류주 : 소주(燒酒), 아자길주(阿剌吉酒), 노주(露酒)
• 조선시대의 외래주 : 천축주(天竺酒), 선장주(仙漿酒), 소흥주(紹興酒)</td></tr>
</table>

멍을 뚫고 술을 빚어 넣어 숙성시킨다.

[와송주_ 臥松酒]

비스듬히 자란 소나무의 구부러진 부분에 구멍을 파서 주재酒材를 넣고 밀봉하여 위에 흙을 덮고 빗물이 새어 들지 않게 하여 익힌 술이다.

[지주_ 地酒]

술 빚는 항아리를 땅속 깊이 묻어 익히는 술을 말한다.

[신선벽도춘송복양_ 神仙碧桃春松腹釀]

소나무의 속을 파 항아리 모양으로 만들고 백미를 가루로 하여 시루에 쪄서 누룩과 함께 버무린 다음 소나무 속에 넣고 흙으로 밀봉하였다 마신다.

[송하주_ 松下酒]

술을 빚어 넣은 항아리에 소나무 뿌리를 넣은 것을 소나무 밑을 파서 묻어 두었다가 이듬해 가을에 마신다.

(2) 혼양곡주류_ 混釀穀酒類

약용곡주류_ 藥用穀酒類

한약재를 첨가하여 빚은 술로 첨가재료에 따라 여러 종류가 있다.

[자주_ 煮酒]

청주에 약재를 넣고 고아낸 것으로 고려시대부터 알려진 유명한 약용주이며, 개성산開城山이 유명하다.

[오가피주_ 五加皮酒]

말린 오가피나무 뿌리의 껍질을 첨가하여 빚은 술이다.

[백세주_ 百歲酒]

찹쌀, 구기자, 황정, 하수오, 숙지황 등을 첨가한 술로 한약재로도 쓰이며, 대부분이 강장 보양제이다. 이 술을 마시면 백세까지도 능히 살 수 있다는 말에서 이름 지어졌다.

[복령주_ 茯笭酒]

복령은 소나무 뿌리에 기생하는 균체의 덩어리로서 예로부터 한방약으로 사용하였으며, 강장, 진정, 이뇨작용에 효능이 있다.

가향곡주류_ 加香穀酒類

[두견주_ 杜鵑酒]

고려 태조 때부터 제조된 것으로 가향재료로 두견화, 즉 진달래꽃을 쓰는 술이며, 단맛이 돈다. 우리나라의 두견주 명산지로는 충남 당진군 면천이 잘 알려져 있다.

[송절주_ 松節酒]

싱싱한 소나무 마디를 삶은 물과 쌀로 빚은 술로 조선 중엽부터 서울 부근과 호남 지방에서 많이 제조되었다.

[오미자주_ 五味子酒]

오미자는 열을 내리며 갈증을 멈추고 몸을 튼튼하게 한다. 여름철에 마시면 오장의 기운을 보한다.

[매실주_ 梅實酒]

매실은 익지 않은 생과를 그대로 먹으면 중독이 되나 소금에 절이거나 술에 담그면 그 독은 사라지고 오히려 약효가 생기게 된다. 매실에는 구연산, 능금신, 호박신, 주석신 등의 성분이 있어서 예로부터 해열, 진해, 기담, 구토, 지사, 구충약으로 쓰였다.

과실주_ 果實酒

술과 과일 또는 곡물과 과일을 넣어 빚은 술로 여러 가지 과일을 이용하며 유자주柚子酒, 사과주沙果酒, 포도주葡萄酒, 배주梨酒, 백자주柏子酒 등이 있다.

혼성주_ 混成酒

[과하주_ 過夏酒]

소주를 원료로 하여 그 속에 여러 가지 꽃을 넣어 땅속에 묻어 두었다 마시는 술이다. 과하주라 하면 흔히 여름에 마신다고 하지만 여름이 지난 후 마셔야 맛이 있다. 전남 보성의 과하주가 가장 대표적인 혼성주이다.

[송순주_ 松荀酒]

소나무의 새순을 넣고 빚은 술로서 술맛이 일품이다. 김제가 송순주의 대표적인 산지이다.

2) 증류주_ 蒸溜酒

다양한 양조류를 증류시킨 술을 말하며 순곡증류주純穀蒸溜酒, 약용증류주藥用蒸溜酒, 가향증류주加香蒸溜酒가 있다.

소주는 곡물발효 증류주로 증류 방식에 따라 증류식과 희석식이 있다. 증류식은 예전부터 있었던 간단한 증류기를 사용하여 만든 술로, 예로부터 널리 애음愛飮되어 왔다. 그러다가 1960년대 원료 대체 조치로 인해 희석식이 갑자기 발달하면서 증류식은 거의 찾아볼 수 없게 되었다. 희석식은 연속식 증류기로 증류할 때 불순물을 거의 제거하고 얻은 순수 알코올을 물로 희석한 것이다.

우리나라에서 소주는 칭기즈칸의 손자인 쿠빌라이가 일본 원정을 목적으로 한반도에 진출한 후 몽고인의 대본당이었던 개성과 전진 기지가 있던 안동, 제주도 등지에서 많이 빚어지기 시작했다. 원나라가 고려와 함께 일본을 정벌할 때 안동이 병참기지가 되면서 안동소주가 알려지게 되었는데, 안동소주는 조선시대에 들어와 더욱 발전하였다.

5. 지역별 전통주

각 지역마다 특색 있는 전통주들이 분포되어 있으며 그 종류도 다양하다.

표 6-2 / 지역별 전통주

지역	종류
평안도	감홍주, 벽향주
강원도	옥로주, 삼척 불술, 횡성 이의인주, 토밥소주, 홍천 옥선주
서울 · 경기	문배주, 백하주, 삼해주, 향온주, 용인 옥로주, 계명주, 약산춘, 송절주, 백세주, 이조 흑주
충청도	청양 구기자주, 면천 두견주, 아산 연엽주, 중원 청명주, 단양 신선주, 한산 소곡주, 금산 인삼주, 가야곡 왕주(충남 논산), 담양 추성주, 담양 죽엽청주, 계룡 백일주
전라도	지리산 국하주, 고창 복분자주, 완주 송화 백일주, 지리산 송화주, 송순주, 완주 송죽 오곡주, 전주 이강주, 진도 홍주
경상도	경주 교동법주, 경주 황금주, 김천 과하주, 안동 소주, 안동 송화주, 함양 국화주, 오가피주, 달성 하향주, 문경 호산춘, 청송 불로주, 선산 약주, 부산 산성 막걸리
제주도	마늘주, 고소리주, 오메기술, 우슬주, 한라산 허벅술

6. 절기별 전통주

계절과 명절을 중심으로 조상의 은혜에 감사하고, 이웃과 정을 나누면서 깊은 인연을 가지고 등장한 절기별로 즐겨 마시던 전통주가 있었다.

표 6-3 / 절기별 전통주

지역	전통주	종류
설날 (음 1. 1)	세주(歲酒)	정초에 마시던 술로 도소주(屠蘇酒)라고도 한다. 청주에 귤껍질, 계피, 산초, 도라지 등의 분말을 넣어 우려낸 술로, 정월 초하룻날에 마시면 1년 동안 잡된 기운을 없애 준다고 믿었다.
정월 대보름 (음 1. 15)	이명주(耳明酒)	귀와 정신을 맑게 해주는 술로 귀밝이술이라고도 하며, 1년 내내 기쁜 소식만 전해 듣길 기원하는 뜻에서 마신다.
삼월 삼짇날 (음 3. 3)	두견주(杜鵑酒)	봄철 꽃인 두견화를 넣어 빚은 양조주에 두견화를 띄워 꽃 향이 가득한 술이다.
청명절 (양 4. 5 무렵)	청명주(淸明酒)	한식 제주(祭酒)용으로 많이 쓰이며, 21일 동안 발효하여 빚어내는 청주로 엿기름을 사용하여 단맛을 내기 때문에 술을 많이 마시지 못하는 사람도 즐길 수 있다.
단오 (음 5. 5)	창포주(菖蒲酒)	고려시대부터 마셔 왔으며, 이 술을 마시면 창포의 향기로 모든 악병을 쫓는다고 믿었다. 단오 며칠 전부터 창포 뿌리를 잘 다듬어 주머니에 넣고 청주에 닿지 않게 술독에 매달아 밀봉해 두었다가 창포 향이 스며들면 마시는 술이다.
유두일 (음 6. 15)	유두주(流頭酒)	동쪽으로 흐르는 시원한 개천가에서 머리를 감아 부정한 것을 없애고 여럿이 모여 마셨던 술이다.
추석 (음 8. 15)	부의주(浮蟻酒)	추석에 가장 많이 빚어진 술로 위에 밥풀이 동동 떠 있어 동동주라 부르기도 한다. 찹쌀과 누룩을 원료로 하며 약간 감미가 있는 술이다.
중양절 (음 9. 9)	국화주(菊花酒)	국화가 만발하는 시기로, 황국을 이용하여 국화 향이 가득하도록 담근 술이다.

7. 막걸리

막걸리의 사전적 의미는 '쌀 등의 찐 곡류에 누룩과 물을 섞어 발효시킨 우리 고유의 술' 이다. 막걸리(탁주)는 제조가 시작된 연대는 확실하지 않으나, 농업이 기틀을 잡은 삼국시대 이전이었을 것으로 추정된다. 막걸리의 기본적인 재료는 쌀과 누룩, 물이며 지에밥(물에 담갔던 쌀을 증기로 찐 밥)에다 누룩을 섞어 빚은 술을 체로 막걸러 탁한 상태로 마시는 것이 막걸리이다. 막걸리는 그 색이 맑지 않고 탁하다고 하여 탁주濁酒라는 명칭과 동일하게 사용되었고, 알코올 성분은 6~7도로 비교적 낮은 도수의 술이다. 좋은 막걸리는 달고甘, 쓰고苦,

시고酸, 짜고鹽, 맵고辛, 떫은맛澁味이 잘 어울리고 적당히 감칠맛旨과 청량미清涼味가 있어야 한다. 한편 술재강(술지게미)에 물을 넣어 거른 탁주는 모주母酒이다.

1) 막걸리 담그기

쌀 2kg, 재래누룩 200g(개량누룩 40g), 물 3L, 분말 효모(이스트) 14g, 항아리 8L 이상, 찜통 1개, 광목천, 체

1. 기구 살균하기

발효용 항아리와 양조기구를 살균 · 소독한다. 뜨거운 물을 붓거나 항아리를 엎어 놓은 채 볏짚이나 말린 쑥을 태워 연기로 살균하기도 하며 주방용 살균 표백제를 적당량 물에 타서 20~30분 정도 담가 두기도 한다.

2. 고두밥 만들기

① 도정된 쌀을 깨끗이 씻어 쌀에 붙어 있는 이물질을 제거한다. 물에 불린 후(하절기 : 1~2시간, 동절기 : 2~3시간) 쌀을 건져 1~2시간 정도 물을 뺀다.

② 김이 오르는 찜통에 넣어 40~60분 동안 찌고 20분 정도 뜸을 들여 고두밥을 만든다.

③ 찐 고두밥을 선풍기 등의 바람에 살짝 말린다.

3. 누룩과 효모 물에 녹이기

잘게 부순 누룩과 효모를 각각 약간의 물에 갠 후 다시 합하여 놓는다.

4. 담기

① 고두밥에 물에 갠 누룩과 효모를 넣고 고루 저어 섞는다.

② 술 담글 용기에 넣은 후 나머지 물도 넣고 고루 젓는다.

③ 한지나 깨끗한 천으로 덮고 끈으로 묶은 후 뚜껑을 덮는다.

④ 항아리는 바닥의 온도가 항아리에 직접 전달되지 않도록 밑바닥에 받침을 놓는다.

5. 발효

① 발효시키는 동안은 25~28℃를 유지한다.

② 2~3일간은 아침저녁으로 두어 번 저어 곰팡이 생성을 방지하면서 발효시킨다. 처음에는 뻑뻑하여 젓기가 힘들지만 시간이 지날수록 젓기가 쉬워진다.

③ 일주일 정도 지나면 술 익는 냄새가 나고 술덧이 완성된다.

④ 발효가 끝나면 알코올 도수 16% 내외의 원주 약 6L가 만들어진다.

6. 탁주 만들기

① 술덧을 체나 여과주머니를 이용하여 주물러서 술을 걸러 낸다.

② 걸러진 술의 양에 1~1.5배의 물을 첨가하여 알코올 도수가 10% 이상인 술이 5~8%의 탁주로 만들어진다.

③ 용기에 탁주를 담고 하루 정도 실온에 두어 맛있는 탁주를 만든 후 냉장고에 보관하여 마신다.

2) 막걸리의 저장

막걸리의 종류에는 생효모가 살아 있는 생막걸리와 살균한 살균막걸리가 있다. 일반적으로 효모가 살아 있는 생막걸리는 제조 후에도 계속 숙성이 진행되어 산미酸味가 강해지므로 유통기한이 약 4~5일로 매우 제한적이다. 그러나 10℃에서 냉장 보관 시에는 약 10일간 유통이 가능하며 효모가 살아 있어 맛과 향이 월등하고 특히 여러 가지 기능성을 가진 생리활성효과가 크다.

한편 유통기한이 6개월에서 1년까지 연장되는 살균막걸리는 생막걸리가 가진 저장기한의 문제점은 해결할 수 있으나, 생막걸리에서 느낄 수 있는 고유의 맛과 향 그리고 색의 변화 및 생리활성효과에는 큰 차이가 있다.

생막걸리

살균막걸리

8. 음주 예법

술을 마실 때의 예의를 일컬어 주도酒道 혹은 주례酒禮라고 한다. 이는 술을 마시는 사람의 마음씨이며 그들이 지켜 나가야 할 예의범절이다. 우리나라 음주 문화의 원칙은 사람을 생각하는 것이다. 사람을 아끼는 것이 우리 문화의 특성이듯, 음주 문화에 있어서도 사람 사이, 사람과 신 사이를 가깝게 해주는 화합과 화해의 의미가 담겨 있다. 예의와 절제 속에서도 자연스러움이 있어야 멋있다고 하였다.

7 Chapter

차 Tea

Beverage Coordinate

1. 어원
2. 역사
3. 차나무의 종류
4. 분류 및 특성
5. 차 우리기
6. 여러 가지 차
7. 메뉴

Chapter 7

차
Tea

차는 일반적으로 식사 후나 여가에 즐겨 마시는 기호음료로 산다화과(山茶花科)에 속하는 상록관엽수(常綠灌葉樹)인 차나무의 어린잎을 따서 가공하여 만든 것이다.

1. 어원

차는 중국으로부터 세계 각지로 확산되었으며, 현재 차의 명칭은 '차 cha' 와 '테 te' 로 나뉜다.

표 7-1 / 세계 차의 명칭

광동어 계통(육로)		복건어 계통(해로)	
광동	cha	복건	te
북경	ch'a	말레이시아	teh
한국	cha	스리랑카	they
일본	cha	남인도	tey
몽골	chai	네덜란드	thee
티베트	ja	영국	tea
벵골	cha	독일	tee
인도	chaya	프랑스	thé
이란	cha	체코	te
터키	cay	이탈리아	te
그리스	tsai	스페인	te
알바니아	cai	헝가리	tea
아랍	shay	덴마크	te
러시아	chai(shai)	스웨덴	te
폴란드	chai	노르웨이	te
포르투갈	cha	핀란드	tee

차의 이동 경로

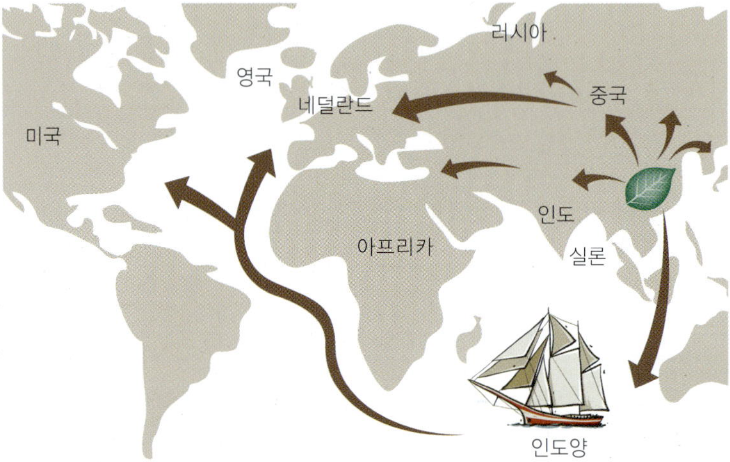

차는 기원전 중국에서 전설 속의 왕인 신농神農이 마셨다고 하며, 세계에서 가장 먼저 찻잎을 사용하였다. 처음에는 의약으로 이용되었다가 기호음료로 바뀌었다.

1) 중국

중국의 차나무 원산지는 윈난雲南성 근처라는 설이 유력하다. 당나라 때 육우陸羽가 쓴 『다경茶經』에는 기원전 2700년에 중국의 농업과 의약의 신인 신농이 처음으로 차의 효용을 발견하고 차가 약초로 퍼졌다는 말이 전해진다.

초기의 차는 약으로 먹었으며, 음료로 마시게 된 것은 기원전 1세기경인 전한前漢시대이다. 음차의 습관이 서민에게까지 보급된 것은 당나라(618~907)시

표 7-2 / 중국의 시대별 차

시대	연도	특징
진한시대	기원전 1세기	약용으로 이용
삼국시대	3세기	차의 음용 보급
당나라	618~907	병차
송나라	960~1279	단차
명나라	1368~1644	산차
청나라	1636~1912	포차
현재		세계적 음료

대로, 고형차인 병차餠茶(떡차)를 손으로 부수거나 칼로 깎아 굵게 분말상태로 만들어서 냄비나 가마 등에 끓여 마셨다.

송나라(960~1279)시대에는 고형차로 틀에 넣어 둥글게 만든 단차團茶를 분말로 만들어 그릇에 넣고 뜨거운 물을 부어 마셨으며, 명나라(1368~1644)시대에는 산차散茶라는 찻잎이 주류가 되고, 솥에서 덖는 제법도 등장하였으며, 찻잎을 넣고 뜨거운 물을 부어 마시는 포차법泡茶法으로 이어진다. 차 문화의 완성은 청나라(1636~1912)시대에 이루어져 차에 대한 연구가 활발해지고 차 기구도 다양해졌다. 중국의 차는 명나라 시대에 네덜란드인에 의해 유럽에 전해져서 홍차 문화로 발전하는 등 여러 나라에서 마시는 세계의 음료로 정착되었다.

세계에서 가장 큰 다관(茶罐)인 '동파제양호(東坡提梁壺)'
(높이 187cm, 폭 100cm, 지름 80cm, 무게 150kg)

차의 경전 『다경』의 저자 육우

2) 한국

우리나라 차의 유래는 자생설, 수로왕비 전래설, 대렴 전래설 등이 있으며, 이 중 대렴大廉 전래설이 유력하나, 신라 진흥왕(540~575) 때 화랑들이 차를 마셨으며 선덕여왕(632~646) 때도 차를 마신 기록이 있어, 차나무가 전래되기 이전부터 차를 마셨을 것으로 추정된다. 경덕왕(742~764)과 충담사의 차에 얽힌 이야기 등으로 미루어 보아, 신라인들이 차를 매우 즐겼다는 것을 알 수 있다.

고려시대에 들어서는 불교문화와 더불어 차 생활이 더욱 발전되었으며 차를 바치는 다소茶所까지 두었다.

조선시대에는 유교의 도입에 따라 차 문화가 쇠퇴했으나 궁중 의례, 사찰과 선비들에 의해 그 맥이 이어졌다.

표 7-3 / 우리나라 시대별 차(茶) 문화

나라	특징
가야	• 토산차 • 기호음료로 마심 • 정교한 칠기로 된 다구의 발굴
고구려	• 전(錢)차 • 불교나 도교와 연관된 차 문화 • 『삼국사기』에 구다국(句茶國)이라 명칭
백제	• 중국의 남조와 교역 • 음다 풍속 성행
신라	• 고도로 발달된 불교문화 • 고승 중심으로 사원의 차 문화 발달, 서민층 확산 • 『동국통감』, 『동국여지승람』, 『지봉유설』에 차 문화 기록
고려	• 엄숙한 의식으로 궁중 다례 • 일반 서민도 다음, 차 문화 전성기 • 팔관회, 연등회, 신의 연회, 사신 맞이 의례는 모두 다례 • 다점(茶店)에서 돈이나 베를 주고 차를 산 기록 • 투다(鬪茶), 명전(茗戰) 풍속으로 고도의 차 문화 추측
조선	• 다탕(茶湯)이 주류 • 공중 제시에 사용 • 승려, 문인들의 교류에 차 사용 • 제다 기술 발전 • 차실의 작명 유행 • 차회(茶會), 가회(佳會), 차시(茶詩), 차그림(茶圖) 등이 보존

조선 후기의 선승인 초의선사(1786~1866)는 조선 후기 불교계에 선풍을 일으키고 명맥만 유지하던 우리 차와 다도를 중흥시켜 다성茶聖으로 추앙받는 인물로, 다산 정약용에게 다도를 가르쳤고 소치 허련 등과 폭넓은 교류를 가졌으며 동다송東茶頌을 지어 우리 토산차를 예찬하였다. 전라남도 무안군은 최근 초의선사의 탄생지인 삼향면 왕산리에 초의선원을 개관하였다.

초의선사

일제 강점기에는 일본인들이 광주 무등산의 다원을 인수하여 차를 제조하였으며, 해방 후 허백련이 무등다원을 정부로부터 민영화하여 '삼애다원' 이라 하고 춘설차春雪茶를 제조하였다. 1969년에는 정부가 전라남도 지역에 농특사업으로 다원을 조성하였다. 제주도와 경상남도 하동의 일부 지역에도 차가 재배되고 있으며, 재래종 찻잎을 이용하여 전통 방식에 의한 차 제조방법으로 전통 녹차를 생산하는 곳도 있다.

현재 전라남도 보성에 국립 차 시험장이 세워져 우리나라 차 산업의 발전과 보급에 힘쓰고 있다.

보성 차밭

3) 일본

일본 녹차의 기원은 중국이라고 알려져 있으며, 가장 빠른 시기로 알려진 것은 나라(762~762)에서 헤이안(794~1192)시대로 유학승들이 중국차를 가지고 왔다고 한다. 당시의 차는 귀중품이어서 귀족이나 승려에 의해 의식이나 행사에 사용되었고 일반적으로 사용되지는 않았다. 현대의 전차는 차에 뜨거운 물을 부어 마시는 엄차로 이 당시의 차 이름이 남아 있는 것으로 보인다.

가마쿠라시대(12~14C)의 승려 양서는 중국의 말차법을 익히고 차나무의 종자를 가지고 왔는데, 이후 각지의 사찰을 중심으로 이것이 재배되면서 말차에 가까운 차가 보급되어 약으로 쓰였다. 14세기에는 무사들 사이에서 널리 보급되었고 무로마치시대(14~16C)에는 센노 리큐(1522~1591)에 의해 일본의 독특한 다례를 상징하는 '차노

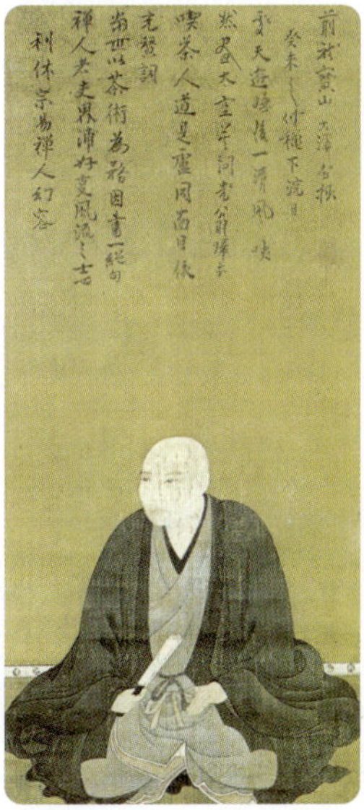
센노 리큐

유에' 와 그것이 추구한 '와비차' 가 완성되어 오늘의 다도로 이어졌다. 말차는 센노 리큐에 의해 송나라에서 전래되어 현재 중국에서는 사라졌으나 일본의 차 문화로 자리 잡았다.

15세기 중반 중국의 명나라시대에 일본 큐슈에 솥으로 덖은 전차가 전해진 것으로 추측되며 1738년에는 쪄서 덩어리로 만드는 차를 만들었다. 전차는 말차의 다도와 달리 형식에 구애되지 않고 자유롭게 마실 수 있어 널리 보급되었다.

서민이 차를 즐기게 된 것은 에도시대(1603~1867)로, 전차가 널리 보급되면서 질 높은 차의 수요에 의해 다양한 방법으로 개선되었다. 차 농원에 의해 개발된 제법으로 차의 최고봉인 옥로가 탄생되고 현재와 같은 형태의 차가 만들어지게 되었다.

'다도' (1905년 토시카타의 그림)

애프터눈 티를 즐기는 궁정의 여인

4) 영국

홍차의 역사도 차 문화의 원산지인 중국의 윈난雲南에서 시작된다. 차가 유럽에 전달된 것은 16세기로 이때의 차는 홍차가 아닌 불발효차였다. 1610년에 네덜란드는 동인도회사를 설립하여 중국차, 특히 부이차(무이차 bohea)를 수입하여 유럽 각국에 수출하였다.

영국이 네덜란드를 통하여 차를 수입한 것은 1657년경이다. 그 당시 차는 약효가 있다고 하여 고가로 거래되다가 1662년 처칠 2세와 결혼한 포르투갈의 왕녀인 캐서린의 등장으로 영국의 음차 습관이 정착되었다. 영국은 1689년 중국 푸젠福建성의 아모이로부터 차를 직접 수입했으며, 찻잎이 검은색이었기 때문에 유럽에서는 블랙 티로 불리며 인기를 얻어 주류를 이루었다.

1823년 영국의 블루스 대령은 인도의 아삼Assam 지방을 탐험하던 중 중국 차나무와 다른 야생 차나무를 발견하였으며, 영국의 토머스 립턴Thomas Lipton이 1890년 인도의 식민지 실론(스리랑카)에 아삼종을 대규모로 가꾸기 시작한 것을 계기로 홍차의 대량 생산과 대량 소비 시대로 발전한다. 이렇게 하여 인도의 다질링Darjeeling, 중국의 기문Keemun, 스리랑카의 우바Uva 등 세계 3대 명차가 탄생하게 된다. 그리고 세계 각국으로부터 모은 차를 감정해서 품질 및 가격이 결정된 영국의 홍차는 브랜드화되어 시판되고 있다.

영국 왕실의 티타임

3. 차나무의 종류

차나무를 지칭하는 카멜리아 속에는 90여 종이 있으며, 동남아시아의 난 · 온대 조엽수림을 형성하고 있는 식물의 일군으로서 대부분은 중국 내륙과 인도차이나반도에 분포한다. 차나무를 분류학적으로 나누면 온대 지방의 소엽종과 열대 지방의 대엽종, 그 중간으로 2종류를 더 포함하여 중국대엽종, 중국소엽종, 인도종, 샨종(라오스, 타이 북부, 미얀마 북부 지방에 분포)으로 분류한다.

차는 발효 정도, 찻잎을 따는 시기, 형태, 제다製茶, 색상, 모양, 살청殺青 및 건조, 제조 방법에 따라 분류한다.

인도 아삼 지방의 차밭에서 차를 따는 풍경

표 7-4 / 품종별 차나무의 비교

종류	키(m)	엽장(cm)	엽맥(쌍)	분포	특징과 용도
중국대엽종 (Macrophila)	5~32	13~15	8~9	중국 호북성, 사천성, 운남성 일대	• 잎이 크고 약간 원형 • 고목성, 발효차용
중국소엽종 (Bohea)	2~3	4~5	6~8	중국 동남부, 한국, 일본, 타이완	• 대량 재배, 녹차용
인도종 (Assamica)	10~20	22~30	12~16	인도의 아삼, 매니푸, 카차르, 루차이	• 잎이 넓음 • 고목성, 진한 녹색, 홍차용
샨종 (Shan)	4~10	14~16	10	통킹, 라오스, 타이 북부, 미얀마, 샨 지방	• 잎끝이 뾰족 • 고목성, 엷은 녹색

중국대엽종

중국소엽종

인도종

4. 분류 및 특성

1) 발효 정도에 따른 분류

세계적으로 차를 생산하는 나라가 많고 차나무의 품종이나 차를 만드는 계절과 방법 그리고 형상과 풍미가 달라 다양한 종류의 차가 생산되고 있다. 그러나 발효 정도에 따라 차를 구분하는 것이 일반적이다.

표 7-5 / 발효 정도에 따른 차의 분류

분류		발효도	종류
불(不)발효	녹차	0%	용정차(龍井茶), 벽라춘(碧螺春), 백용차(白龍茶), 몽정차(蒙頂茶), 모봉차(毛峰茶), 말리화차(茉莉花茶)
			노조청차(老粗靑茶)
경(輕)발효	백차	1~9%	백모단(白牡丹), 백호은침(白毫銀針)
반(半)발효	청차 (우롱차)	–	포종차(包種茶)
		30%	동정차(凍頂茶), 옥산차(玉山茶), 아리산차(阿里山茶), 매산차(梅山茶), 금훤차(金萱茶), 석고오룡(石古烏龍)
		40%	안계철관음(安溪鐵觀音), 수선(水仙), 암차(岩茶)
		70%	백호오룡(白毫烏龍)
전(全)발효	홍차	80%~	기문홍차(祁門紅茶), 영홍(英紅), 정산소종(正山小種)
후(後)발효	황차	80%~	군산은침(群山銀針), 가정황아(蒙頂黃芽), 위산모첨(爲山毛尖)
	흑차	80%~	보이차, 육보차(六堡茶), 병차(餠茶), 단차, 긴차(緊茶)

2) 찻잎 따는 시기에 따른 분류

찻잎을 따는 시기가 빠를수록 차의 맛이 부드럽고 향이 좋으며 가격이 비싸다. 수확시기에 따라 제조방법을 달리하여 만들며, 찻잎 따는 시기에 따라 다음과 같이 분류한다.

- 우전雨前 : 곡우절(4월 20일) 전에 따는 최고급 녹차
- 세작細雀 : 4월 중하순에 따는 녹차

우전

세작

중작

대작

- 중작中雀 : 5월 초순에 따는 녹차
- 대작大雀 : 5월 중순에 따는 녹차로 '하작下雀' 이라고도 한다.

3) 형태에 따른 분류

- 잎차葉茶 : 찻잎을 그대로 덖거나 찌거나 발효시켜 그대로 보존시킨 차로 부초차, 증제차, 부분발효차로 나눌 수 있다.
- 덩이차緊壓茶 : 찻잎을 시루에 넣고 수증기로 익혀서 절구에 넣어 떡처럼 찧어서 틀에 찍어낸 고형차이다. 유단차, 떡차, 전차, 뇌원차, 유차, 청태전이 있다.
- 가루차抹茶 : 말차라고도 하며 시루에서 쪄낸 찻잎을 그늘에서 말린 다음 맷돌로 미세하게 갈아 만든 차로 그대로 섭취할 수 있다.

4) 제다법에 따른 분류

- 부초차釜炒茶 : 솥에 찻잎을 넣고 열을 가해 덖어 만든 것으로 구수한 맛과 향을 지닌다. 찻잎을 덖는 정도에 따라 차의 맛과 향이 달라진다.
- 증제차蒸製茶 : 찻잎을 100℃의 수증기로 30~40초 정도 찌면서 산화효소를 없애고 녹색을 그대로 유지시킨다. 생잎의 풋냄새가 적다.
- 발효차醱酵茶 : 산화효소를 발효시켜 만든 차로 발효시간과 정도에 따라 차의 종류가 결정된다. 발효방법은 일광발효, 실내발효, 열발효, 밀봉발효 등이 있으며, 발효시기에 따라 선발효, 중간발효, 후발효 등이 있다. 발효 정도에 따라서는 약발효차, 중발효차, 강발효차, 완전발효차가 있다.
- 덩이차緊壓茶 : 찻잎을 가루로 내거나 짓이겨서 압축시켜 벽돌이나 떡 모양의 덩어리로 만든 차이다.
- 일쇄차日曬茶 : 햇볕에 말리다가 시들게 되면 멍석에 놓고 손으로 문질러 찻잎 속의 물기를 뺀 후 다시 햇볕을 쬐어 말린 차이다.

5) 색상에 따른 분류

- 백차白茶 : 솜털이 덮인 차나무의 어린싹을 따서 덖거나 비비기를 하지 않고 그대로 건조하여 찻잎이 은색의 광택을 낸다.
- 녹차綠茶 : 찻잎을 따서 바로 증기로 찌거나 솥에 덖어 발효되지 않도록 만든 불발효차이다. 덖음차, 증제차가 있다.
- 황차黃茶 : 녹차와 달리 찻잎을 쌓아 두는 퇴적과정을 거치기 때문에 습열 상태에서 찻잎의 성분 변화가 일어나 특유의 품질을 나타낸다. 엽록소가 파괴되어 황색을 띠고 떫은맛이 감소되어 맛이 순하다.
- 청차靑茶 : 녹차와 홍차의 중간으로 발효 정도가 20~70%의 반발효차로 분류된다. 중국 고유의 차로 우롱차가 이에 속한다.
- 홍차紅茶 : 발효 정도가 80% 이상으로 떫은맛이 강하고 홍색의 차색을 갖는다. 세계 차 생산의 75%가 홍차이다.
- 흑차黑茶 : 흑갈색을 띠며 우려낸 차색은 갈황색이나 갈홍색이다. 압착하여 만든 고형차로 고급 차이다.

백차

녹차

황차

청차

홍차

흑차

6) 모양에 따른 분류

납작하고 평평한 편평형扁平形, 하나의 싹으로 창 모양인 단아형單芽形, 소나무 잎 형상의 직조형直條形, 굽은 형상의 곡조형曲條形, 소라껍질 모양의 곡라형曲螺形, 구슬 형상의 원주형圓株形, 난꽃 형상의 난화형蘭花形, 한송이 꽃 형상의 찰화형札花形이 있다.

7) 살청 및 건조방법에 따른 분류

중국에서 분류하는 방법으로 찻잎을 어떻게 건조시키는가에 따라 제다법이 달라진다. 최종적으로 솥에서 덖어 건조시킨 녹차를 초청炒青, 건조기나 밀폐된 방에 불을 지펴 건조시킨 것을 홍청烘青, 햇빛에 쬐어 말려서 건조시킨 녹차를 쇄청灑青 녹차라 한다. 증청蒸青 녹차는 찻잎을 증기로 쪄서 말랑하게 한 뒤 다시 비벼서 제조하는 방법으로 중국 고대 최초로 발명된 녹차 제다법이다.

8) 제조방법에 따른 분류

가미加味차는 차에 원예작물 및 약용작물의 뿌리, 줄기, 잎, 꽃과 과일 등을 첨가하여 다양한 맛을 내는 차이다. 주로 민트, 인삼, 생강, 계피, 감초, 국화, 여지 litchi, 장미, 레몬 등을 첨가한다. 가향차와 구별하기 애매한 것도 있다.

가향加香차는 차에 향을 부여한 것으로 넓은 의미에서는 꽃차도 포함된다. 전통적으로 유명한 것은 중국의 랩상소우총 lapsang souchong, 얼그레이 earl grey, 여지홍차 등이 있다. 과일 향으로는 사과, 망고, 바나나, 살구, 딸기 등이 이용되며 스파이스 향으로는 계피, 민트, 바닐라 등이 이용된다. 그 외에 럼주, 아몬드 등이 이용되기도 한다.

얼그레이

재스민 차

장미 차

5. 차 우리기

일반적으로 차라고 불리는 것에는 홍차나 우롱차, 푸얼차(보이차), 가향차 등 수많은 종류가 있다. 그러나 크게 불발효차, 반발효차, 발효차의 3가지로 분류되고, 각자의 특성에 맞게 물의 온도와 우리기 방법이 적용된다.

1) 불발효차 우리기

발효를 전혀 시키지 않은 차를 말하며 녹차가 대표적이다.

(1) 다구의 종류

차를 우려내는 도구(다구)에는 여러 종류가 있다. 주로 가정에서 편안하게 차를 우려낼 수 있는 도구들은 표 7-6 과 같다.

표 7-6 / 다구의 종류

종류		내용
찻잔		찻잔의 모양은 입구 쪽이 바닥보다 약간 넓은 것이 마시기에 편하다. 색깔은 차의 아름다운 색깔을 잘 표현할 수 있는 흰색이 좋다.
다관		다관은 차를 우려내는 데 쓰이며 찻주전자 모양으로 다양하다. 손잡이의 위치는 직접 잡아 보고 편한 것을 고른다.
숙우(귓대사발)		끓는 물이 한 김 나가도록 식히기 위하여 사용하는 그릇이다.
물버림사발		찻잔과 다관을 덥힌 물을 버리기 위해 사용하는 그릇이다.
찻잔받침		찻잔과 함께 구입한 받침을 사용하거나 나무로 된 받침을 사용한다.

(2) 물 준비하기

좋은 물을 사용해야 차의 맛이 좋다. 가정에서 수돗물의 경우 지나치게 끓이게 되면 탄산가스가 빠져나가 좋지 않다. 생수인 경우 철 등 무기질이 많으면 찻물로는 적합하지 않다. 녹차를 우릴 때는 고급 녹차일수록 물의 온도를 낮게 한다.

(3) 우리기

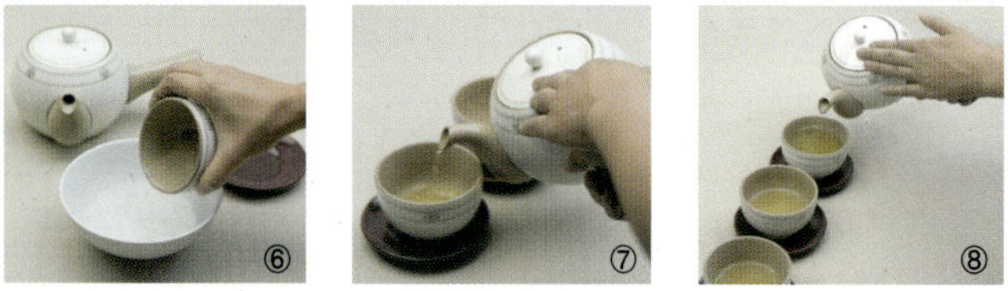

① 차가 식지 않도록 다관과 찻잔에 뜨거운 물을 부어 따뜻하게 데워 놓는다.
② 끓여서 한 김 나간 물을 숙우에 8부 정도 부어 물의 온도를 10℃ 정도 내린다.
③ 찻잎은 1인분에 티스푼으로 가볍게 하나(2g 정도)를 떠서 물을 버린 다관에 넣는다.
④ 숙우의 물을 빠르게 다관에 붓는다.
⑤ 뚜껑을 덮고 1분간 충분히 우려낸다. 모래시계 등을 이용하여 시간을 정확하게 지킨다.
⑥ 차가 우러나는 동안 찻잔의 물을 따른 후 버린다.
⑦ 차를 한꺼번에 찻잔에 붓지 말고 서서히 따른다. 다인분을 준비할 때는 맛이 균일하도록 하기 위하여 첫 잔에 절반 정도만 따른다.
⑧ 마지막 잔에는 가득 따르고 다시 첫 잔을 향하여 가면서 나머지 잔을 채운다.
⑨ 물이 남아 있으면 떫은맛을 지닌 카테킨* catechin이 점점 우러나 두 번째 우릴 때 떫은맛이 나게 된다. 마지막 한 방울도 남기지 말고 따르도록 한다.

* **카테킨** : 카테킨은 차의 폴리페놀 성분으로 떫은맛을 낸다. 혈당치 상승 억제, 동맥경화와 고혈압 예방, 알코올 · 담배 해독, 노화 억제, 세균감염 억제 등의 효과가 있다.

두 번째 차를 우릴 때 물의 온도는 첫 번째보다 조금 높은 85~90℃로 하고 우리는 시간은 짧게 한다.

(4) 평가

감칠맛과 단맛이 잘 조화되어 적당한 농도로 혀에 부드럽게 닿아 뒷맛에 청량감을 주는 것이 좋은 차 맛이다.

우려낸 색이 붉은 것은 장기간 보관한 찻잎, 상처 입은 생잎, 열처리가 불충분하여 효소의 활동이 진행된 것으로 색뿐만 아니라 다른 성분도 변하여 품질이 떨어진다.

2) 반발효차 우리기

발효 정도가 20~70%인 차를 말하며 재스민 차와 포종차, 우롱차로 나누어진다. 불발효차와 달리 뜨거운 물을 부어 우려낸다.

(1) 일반적인 반발효차 도구

표 7-7 / 다구의 종류

종류		내용
찻잔		찻잔의 모양은 입구 쪽이 바닥보다 약간 넓은 것이 마시기에 편하다. 색깔은 차의 아름다운 색깔을 잘 표현할 수 있는 흰색이 좋다.
다관		다관은 차를 우려내는 데 쓰이며 찻주전자 모양으로 다양하다. 손잡이의 위치는 직접 잡아 보고 편한 것을 고른다.
물버림사발		찻잔과 다관을 덥힌 물을 버리기 위해 사용하는 그릇이다.
찻잔받침		찻잔과 함께 구입한 받침을 사용하거나 나무로 된 받침을 사용한다.

(2) 일반적인 반발효차 우리기

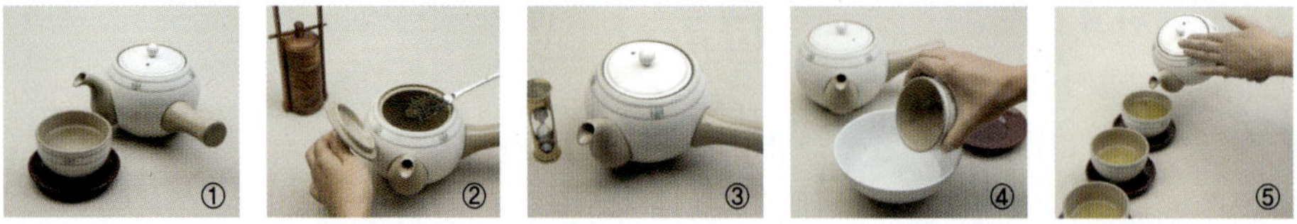

① 다관과 찻잔에 뜨거운 물을 부어 덥힌다.
② 찻잎은 1인분에 티스푼으로 하나(2g 정도)를 떠서 물을 버린 다관에 넣는다.
③ 뜨거운 물을 다관에 붓고 뚜껑을 덮은 후 1분간 우려낸다. 모래시계를 이용하여 시간을 정확하게 지킨다.
④ 차가 우러나는 동안 찻잔의 물을 따른 후 버린다.
⑤ 다인분을 준비할 때는 맛이 균일하도록 나누어 따른다. 첫 번째 잔은 절반만 따르고 순차적으로 양을 늘려 마지막 잔에 가득 따른 후 첫 번째 잔 방향으로 돌아오면서 가득 따른다.
⑥ 물이 남아 있으면 떫은맛이 점점 우러나 두 번째 우릴 때 떫은맛이 나게 된다.

(3) 전문적인 반발효차 도구

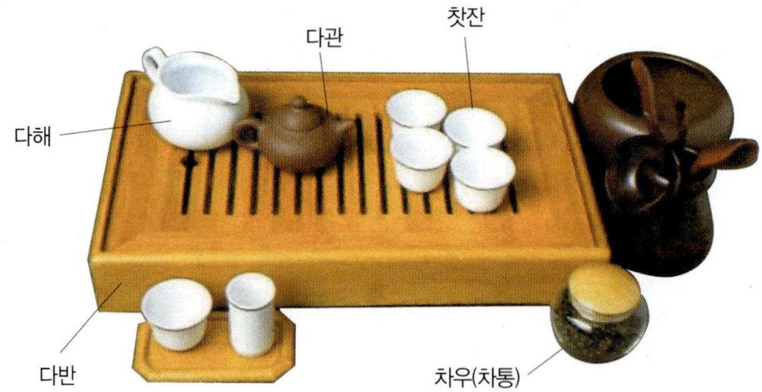

(4) 전문적인 반발효차 우리기

① 다반茶盤에 다관을 올려놓고 끓인 물을 부어 덥힌다. 내부뿐 아니라 외측도 덥히기 위하여 흘러넘치도록 붓는다.
② 다관의 물을 다해茶海에 옮겨 부어 다해를 덥힌다.
③ 다해로부터 찻잔에 물을 붓고 찻잔을 덥힌다.
④ 찻잔의 물을 따라 버린다.
⑤ 다관에 찻잎을 넣고 내측을 흔들어 균일하게 한다. 찻잎의 양은 청차青茶인 경우 다관의 1/4 정도가 적당하다.
⑥ 끓인 물을 흘러넘치도록 다관에 붓는다. 이때 될 수 있는 대로 높은 곳에서 물을 부어 물이 찻잎에 고루 닿게 하고 찻잎이 벌어지게 한다.
⑦ 흘러넘치는 물과 함께 거품을 걷어내고 뚜껑을 덮는다.
⑧ 다관 위에 끓는 물을 부어 다관의 외측을 따뜻하게 한다. 우리는 시간은 첫 번째 1분, 두 번째 50초, 세 번째는 10~20초씩 줄인다.
⑨ 다해에 다관의 차를 따른다. 다관에 차를 남기지 않도록 한다.
⑩ 다해로부터 찻잔에 차를 따르고 마신다.

3) 완전발효차 우리기

홍차는 일반적으로 잎의 크기에 따라 우려내는 시간이 달라진다. 잎이 클수록 우리는 시간이 길어지고, 잘게 자른 잎의 경우에는 단시간에 추출한다. 하나의 차통이나 봉지 안에는 서로 다른 형상의 찻잎을 섞지 않는 것이 홍차 제조의 기본이다.

(1) 찻잎의 부분 명칭

(2) 등급

찻잎은 갓 돋아난 새순雀舌을 플라워리 오렌지 피코우 FOP : flowery orange pekoe, 그다음에 자리한 두 번째 잎을 오렌지 피코우 OP : orange pekoe, 그다음을 피코우 P : pekoe, 네 번째 잎을 피코우 수숑 PS : pekoe souchong, 그리고 마지막으로 넓고 굳어진 잎을 수숑 souchong이라고 한다.

홍차의 등급은 잎을 자르는 정도에 따라 크게 3가지로 나누는데, 잎을 자르거나 분쇄하지 않은 호울 리프 whole leaf, 가늘게 자른 상태의 브로큰 broken, 브로큰보다도 미세하게 자르거나 가루로 만든 팬닝스 앤드 더스트 fannings and dust로 분류한다.

플라워리 오렌지 피코우

오렌지 피코우

브로큰 오렌지 피코우

- OP orange pekoe : 오렌지 피코우는 일반적으로 위에서부터 두 번째 잎을 주원료로 한 것으로, 길이가 7~12mm 정도이며 차의 빛깔은 등색이다. 은빛으로 빛나는 잔털이 돋아난 피코우는 향기가 맑고 신선하며 맛은 부드럽고, 빛깔은 약간 연한 오렌지색을 띤다.
- BOP broken orange pekoe : 원료가 되는 잎은 같아도 방식에 따라 제품이 OP와 BOP, BOPF로 나누어진다. BOP는 OP형의 차로 만들 수 있는 찻잎을 기계로 파쇄한 것으로 크기는 보통 2~3mm 정도이다. 일반적으로 차의 빛깔은 진하고 향미 flavor 도 뚜렷하다.
- BOPF broken orange pekoe fanning : BOPF는 BOP보다 더 잘게 자른 것으로 크기가 보통 1~2mm 정도이다. 차의 빛깔이 짙고 향미도 재빨리 추출할 수 있어 고급 티백에 사용된다. BOPF보다 약간 큰 PF pekoe fanning, 약간 적은 F fanning도 있다. 이 등급은 품질이 BOPF보다 약간 떨어지며 주로 일반 티백에 사용된다.
- 더스트 dust : 공장에서 만들어진 찻잎 중 가장 작은 크기의 가루차粉茶를 지칭한다. 차의 빛깔은 진하고 맛도 강하며 빨리 우러나 중량에 비해 차를 많이 추출할 수 있다.

(3) 도구

표 7-8 / 홍차의 도구

종류	내용
티포트 (tea pot) 	홍차 잎에 끓는 물을 부어 향기와 맛, 색깔 등이 우러나도록 하기 위한 도구로, 점핑이 잘 일어날 수 있도록 높이가 낮고 둥근 모양이 좋다.
티 스트레이너 (tea strainer) 	차 여과기로 컵에 홍차를 부을 때 찻잎을 거르기 위하여 필요하다.
크리머 (creamer) 	밀크 저그(jug), 밀크 피처(pitcher)라고도 부른다.
슈거볼 (sugar bowl) 	설탕을 담는 용기로 슈거포트라고도 한다.
티스푼 (tea spoon) 	홍차에 넣은 우유나 설탕을 저을 때 사용한다.
주전자 (kettle) 	뜨거운 물을 준비하기 위하여 알코올램프인 워머(warmmer)와 함께 테이블에 올려놓는다.
티 캐디 (tea caddy) 	차를 보관하는 통이다.
케이크 스탠드 (cake stand) 	스콘이나 케이크 등을 올려놓는다.
티 메저 스푼 (tea measure spoon) 	1인분의 3~5g 홍차 잎을 계량하는 스푼이다. 티스푼으로도 겸용 가능하다. 티 캐디 스푼이라고도 한다.
모래시계 (hourglass) 	홍차 우리는 시간을 측정하기 위하여 필요한 도구이다.
티 코지 (tea cozy) 	티포트의 차가 식지 않도록 덮어 주는 용도로 쓰인다.

(4) 우리기의 기본 요소

① 100℃의 끓는 물 사용하기

홍차를 맛있게 우리기 위해서는 물의 온도가 중요하다.

② 찻잎 분량을 정확하게

티스푼으로 소복하게 1큰술로 3g 정도가 적당하다. 티컵 1잔에 티스푼 1개의 잎을 사용하는 것이 원칙이지만 상황에 따라 다소의 가감을 한다.

③ 점핑_ jumping

끓인 물을 포트에 부으면 홍차 잎은 포트의 중심에서 상하로 움직인다. 이것이 점핑이다. 충분히 점핑하지 못하면 홍차 본래의 맛과 향이 추출되지 못한다.

④ 충분히 우리기

찻잎이 들어 있는 포트에 끓인 물을 부어 홍차의 성분이 충분히 우러나도록 한다.

(5) 다양한 홍차 우리기

① 스트레이트 티_ straight tea

① 홍차가 식지 않도록 티포트와 티컵에 뜨거운 물을 붓고 따뜻해지면 물을 따라 버린다.
② 찻잎의 분량은 눈짐작으로 하지 말고 정확한 양을 측정한다. 찻잎의 종류에 따라 다르나 일반적으로 티스푼으로 소복하게 1개이며, 5잔까지는 적어도 티스푼 1개를 여분으로 더한다. FOP나 OP 등과 같은 크기가 큰 찻잎을 사용하는 경우에는 특별히 여분의 1잔이 맛을 증가시킨다.
③ 100℃까지 완전히 끓인 신선한 물을 높은 곳에서 포트에 부어 찻잎을 충분하게 점핑시킨다.
④ 포트의 뚜껑을 덮고 우린다. 우리는 시간은 찻잎의 생산지, 등급, 마시는 방법에 따라 다르다. 점핑이 끝나고 포트의 바닥에 찻잎이 가라앉으면 우리는 시간이 종료된다.
⑤ 티컵에 티 스트레이너를 대고 마지막 한 방울까지 차를 따른다.

(6) 평가

표 7-9 / 우리는 시간에 따른 차 색깔

우러난 색깔	우리는 시간	결과
	3분 30초	티포트 내의 점핑은 거의 끝났지만 아직 충분히 우러나지는 않은 상태로, 향은 충분하나 색깔과 맛이 엷다.
	5분	향이 더해지고 홍차 특유의 진한 색깔을 띠며 깊은 맛이 우러난다.
	10분	색은 5분과 큰 차이는 없지만 떫은맛이 강해진다. 밀크 티에는 적당하다.

4) 후발효차 우리기

미생물에 의해 발효된 것으로 '미생물 발효차'라고도 불리며 대표적인 차로는 푸얼차(보이차)가 있다. 후발효차는 불순물을 제거하기 위하여 우리기 전, 찻잎에 열탕을 부어 씻어 주는 세차洗茶가 필수이다.

(1) 일반적인 후발효차 도구

표 7-10 / 다구의 종류

종류		내용
다관		다관은 차를 우리는 데 쓰이며 찻주전자 모양으로 다양하다. 손잡이의 위치는 직접 잡아 보고 편한 것을 고른다.
찻잔		찻잔의 모양은 입구 쪽이 바닥보다 약간 넓은 것이 마시기에 편하다.
큰 찻잔		잎을 넣어서 마시거나 많은 양의 차를 마실 때 사용한다.
다해		다해는 균일한 맛의 차를 찻잔에 따르기 위하여 차를 먼저 받아둘 때 사용한다.

(2) 일반적인 후발효차 우리기

① 다관과 찻잔에 뜨거운 물을 부어 덥힌다.
② 뜨거운 물을 버린 다관에 1회 분량인 7~8g의 찻잎을 넣는다.
③ 다관에 뜨거운 물을 가득 붓는다.
④ 뚜껑을 덮고 20초 후에 물을 따라 버려 세차를 한다. 빠르게 뜨거운 물을 버리는 것이 세차의 포인트이다.
⑤ 다시 다관에 끓인 물을 붓고 1분간 우린다(두 번째는 30초간 우린다).
⑥ 뜨거운 물을 부어 덥힌 찻잔의 물을 따라 버린다.
⑦ 찻잔에 차를 붓는다. 마지막 한 방울까지 남기지 말고 따른다.

(3) 전문적인 후발효차 도구

(4) 전문적인 후발효차 우리기

① 뜨거운 물을 부어 덥힌 다관에 1회 분량인 7~8g의 찻잎을 넣는다.
② 다관에 뜨거운 물을 가득 붓는다.
③ 뚜껑을 덮고 물을 따라 버려 세차를 한다.
④ 다시 다관에 끓인 물을 붓는다.
⑤ 물의 온도를 일정하게 유지하기 위하여 다관 전체에 뜨거운 물을 붓는다. 1분간 우린다(두 번째는 30초간 우린다).
⑥ 거름망을 이용하여 다해에 차를 옮겨 붓는다. 마지막 한 방울까지 남기지 말고 따른다.
⑦ 문향배에 차를 따른 후 찻잔에 옮겨 마신다. 빈 문향배는 코에 대고 향을 즐긴다.

6. 여러 가지 차

찻잎에 다양한 천연 향과 인공 향을 첨가한 가향차 flavored tea와, 약효 성분을 즐기는 허브차 herb tea로 나누어 살펴본다.

1) 가향차

찻잎에 딸기류, 사과, 바나나 등의 과일류나 난, 허브, 꽃 등의 여러 가지 향기를 첨가한 차를 말한다.

가향차

캐러멜 차(caramel tea)

럼차(rum tea)

라즈베리 차(raspberry tea)

딸기 차(strawberry tea)

야생딸기 차
(wild cherry tea)

박하 차
(spearmint tea)

얼그레이
(earl grey tea)

트로피컬 차
(tropical tea)

오렌지 차
(sweet orange tea)

사과 차
(red apple tea)

바닐라 차
(vanilla tea)

바나나 차
(banana tea)

망고 차(mango tea)

살구 차(apricot tea)

건포도 차(black currant tea)

2) 허브티

허브티는 향초를 뜨거운 물로 우려낸 것으로 향을 즐길 수 있으며, 병의 치료나 예방 등에 효과가 있다.

허브티

캐모마일 티
(camomile tea)

하이비스커스 티
(hibiscus tea)

로즈힙 티
(rose hip tea)

라벤더 티
(lavender tea)

로즈버드 티
(rose bud tea)

레몬그래스 티
(lemon grass tea)

페퍼민트 티
(peppermint tea)

린덴 티
(linden tea)

1) 불발효차

(1) 냉차

온더록스_ on the rocks를 이용한 냉차

① 끓인 물은 숙우熟盂에 담아 한 김 식힌다. 찻잎을 1인분에 티스푼 한 개를 떠서 다관에 담는다.
② 적당한 온도의 물을 다관에 붓고 뚜껑을 덮어 40초간 그대로 두었다가 찻가루가 들어가지 않도록 세밀한 망을 사용하여 별도의 다관에 붓는다.
③ 얼음을 넣은 찻잔에 한 번에 붓는다.

티백_ tea bag을 이용한 냉차

피처나 유리병에 티백과 물을 넣고 냉장고에 1~2시간 둔다. 티백과 물의 분량은 제품에 명시된 내용을 참고한다. 시간이 없을 때에는 유리병에 티백, 물, 얼음을 넣고 티백을 위아래로 흔들어 빨리 우러나도록 한다.

(2) 녹차 밀크 라떼

녹차 특유의 씁쓸한 맛이 꿀과 우유로 부드러워져, 녹차의 향과 맛이 충분히 느껴지는 음료이다.

① 냄비에 우유 1컵(200cc), 꿀 2큰술을 넣고 불에 올린 후 끓기 직전에 불에서 내린다.

② 믹서에 우유와 녹차 2티스푼을 넣고 1분 정도 간 후 고운 망을 이용하여 찻잔에 붓는다.
③ 경우에 따라 말차를 적당량 뿌릴 수 있다.

2) 완전발효차

(1) 밀크 티

진하게 우려낸 홍차에 상온의 우유와 설탕을 기호에 따라 넣어 마신다. 과거에는 우유를 먼저 넣고 홍차를 넣었으나, 지금은 우유를 나중에 넣는다. 우유는 상온의 것을 사용한다.

(2) 레몬 티

세계 3대 홍차 중 하나인 스리랑카 남동부 우바 Uva 고산 지대에서 생산되는 우바 티를 많이 사용한다. 레몬은 차에 넣고 두 번 정도 저은 후 꺼낸다. 시간이 오래되면 떫은맛이 생긴다.

(3) 로열 밀크 티_ royal milk tea

① 물을 냄비에 담고 불에 올린다. 냄비에 넣는 물의 양은 마실 양의 절반을 넣는다.
② 물이 끓기 직전에 찻잎을 넣는다.
③ 찻잎이 잘 퍼지도록 티스푼을 이용하여 저어 준다.
④ 찻잎이 퍼지면 물과 같은 양의 우유를 넣는다. 우유를 넣고 끓기 직전에 불을 끈 후, 뚜껑을 덮고 3분간 우린다.
⑤ 거름망을 이용하여 티포트나 찻잔에 따른다. 단맛을 원하면 포트에 설탕을 미리 넣어 둔다.
⑥ 물을 부어 따뜻하게 덥힌 컵에 차를 따른다.

(4) 아이스티_ iced tea

① 찻잎의 양은 스트레이트 티와 같게 계량한다. 만들게 될 아이스티의 잔만큼 찻잎을 포트에 넣는다. 포트에 붓는 물의 양은 스트레이트 티의 절반 분량을 준비한다.
② 홍차가 우러나는 동안 별도의 포트를 준비한다. 포트를 덥힐 필요는 없다. 단맛을 원할 때에는 포트에 설탕을 넣어 둔다. 홍차가 충분히 우러나면 포트에 붓는다.
③ 얼음을 가득 채운 글라스에 홍차를 빠르게 붓는다. 홍차를 빨리 식히는 것이 뿌옇게 되는 크림다운* cream down 현상을 막을 수 있다.

* **크림다운** : 홍차를 뜨거운 열탕으로 우려내어 식히면 백색으로 혼탁해지는 현상을 말한다. 홍차에 들어 있는 성분들이 온도가 낮아지면서 서로 결합되어 나타나는 현상으로 홍차의 품질이 나쁜 것은 아니다. 크리밍(creaming)이라고도 한다.

(5) 티백_ tea bag으로 우려내기

티포트를 이용한 경우

① 사용할 컵과 포트에 뜨거운 물을 부어 데워 놓고, 다시 포트에 물을 준비하여 끓이면서 데운 후의 물은 컵과 포트에서 버린다.
② 포트에 끓인 물을 붓고 티백을 넣는다. 티백은 1인분에 1봉지를 준비한다.
③ 티백을 넣은 후 바로 뚜껑을 덮고 우린다.
우리는 시간은 찻잎에 따라 다르지만 40~90초 정도가 좋다. 우리기가 끝나면 떫은맛이 나오지 않도록 티백을 꺼낸다.

찻잔을 이용한 경우

① 뜨거운 물을 부어 덥힌 티컵에 끓인 물을 붓고 티백을 넣는다.
② 실내 온도가 낮아서 물이 금방 식을 경우 컵받침을 뒤집어서 컵을 덮은 후 뚜껑처럼 사용하여 우려낸다. 우리는 시간은 포트를 이용한 경우와 같다.
③ 우려내기가 끝나면 컵받침을 원위치하고 티백을 꺼낸다.

(6) 애플 티_ apple tea

엷게 썰어 뜰 수 있도록 사과 4~5쪽을 준비한다. 찻잔에 로제와인을 조금 넣고 사과 2쪽을 넣는다. 포트에 나머지 사과와 찻잎을 넣고 우려낸 후 컵에 붓는다.

(7) 러시안 티_ russian tea

러시안 티는 몸을 따뜻하게 해주는 전통적인 음료이다. 진한 홍차에 잼이나 마멀레이드 marmalade를 첨가하며, 브랜디를 추가하기도 한다.

(8) 민트 티_ mint tea

민트 잎 2~3장을 덥힌 포트에 넣고 홍차 잎과 함께 우려낸 다음 컵에 붓고 민트를 띄운다. 민트 외에도 캐모마일, 글로브, 넛멕 등을 이용한 허브티가 있다.

(9) 마시멜로 티_ marshmallow tea

냄비에 찻잎, 우유 1/2컵, 물 1/2컵을 넣고 60℃ 이하에서 천천히 우려낸다. 마시멜로를 미리 덥혀 놓은 컵에 3~4개 넣은 후 스트레이너를 이용하여 마시멜로 위에 밀크 티를 붓는다.

(10) 시나몬 밀크 티_ cinnamon milk tea

냄비에 찻잎과 물, 같은 양의 우유, 잘게 부순 시나몬(계피)을 넣고 60℃ 이하에서 천천히 우려낸다. 컵에 따른 후 휘핑크림을 듬뿍 얹고 시나몬가루를 뿌린다.

(11) 플라워 티_ flower tea

장미 같은 플라워 플레이버드 flavored 티를 포트에 넣어 우려낸 후 얼음이 가득 담긴 유리컵에 담아 식용 꽃으로 장식한다.

8 Chapter

커피
Coffee

Beverage Coordinate

1. 어원
2. 역사
3. 재배와 가공
4. 분류 및 특성
5. 로스팅과 블렌딩
6. 추출
7. 메뉴

Chapter 8

커피
Coffee

커피나무 열매cherry의 씨를 볶아서 갈아 만든 가루에 뜨거운 물을 부어 추출한 기호음료이다.

1. 어원

커피의 어원은 카파 Kaffa로 커피가 처음 발견된 에티오피아 카파 지역의 이름에서 비롯된 것으로 보인다. 문헌상 커피의 명칭은 '분 Bun', '번컴 Bunchum'이다. 페르시아의 의학자인 라 제스 Rhazes(850~922)는 페르시아, 이집트, 인도, 그리스의 의학을 집대성한 『의학집성』에서 커피를 약으로 처음 기술하였다.

2. 역사

칼디의 발견설, 마호메트의 발견설, 오마르의 발견설, 게말레딘 Gemaleddin의 발견설, 아라비아 여행자의 설 등이 있다.

1) 에티오피아_ Ethiopia

아비시니아Abyssinia 고원에 살던 칼디 Kaldi의 발견설이다. 방목했던 염소들이 열매를 먹고 밤에도 뛰어노는 것을 본 칼디가 그 콩을 가지고 와 수도승에게 바쳤다. 이후 수도승들에 의해 잠을 쫓고 머리를 맑게 해주는 약으로 쓰이면서 널리 퍼져 이슬람 사원을 중심으로 수행의 명약으로 전파되었다.

2) 아라비아_ Arabia

승려 오마르 Omar의 발견설이다. 오마르가 왕의 미움을 받아 예멘의 산으로 추방되어 산속을 헤매다 허기지고 지쳐 있을 때, 새가 지저귀는 곳으로 이끌려 붉은 나무열매를 먹으니 피곤이 사라지고 기분이 상쾌해져, 이후 그 열매를 즐기게 되었다고 한다.

표 8-1 / 커피의 역사

10세기	칼디가 발견
11세기	예멘에서 농업적 재배, 모카항(港)을 통하여 교역
13세기	아라비아를 중심으로 이슬람권에서 약으로 음용
15세기	페르시아에서 처음 커피를 볶아 마신 것으로 추정
1510년	카이로에 커피 소개
1517년	터키의 셀림 1세가 이스탄불에 소개
1554년	이스탄불에 세계 최초의 커피하우스 개점
1615년	이탈리아 베네치아에 전파
1616년	네덜란드에 전파
1637년	영국에 전파
1645년	베네치아에 유럽 최초의 커피하우스 개점
1668년	미국에 전파
17세기 말	자바와 서인도에서 대량 재배 시작
1895년	아관파천 때 고종 황실에 처음 커피 전파
19세기 말	정동 손탁호텔에 한국 커피하우스 탄생
1948년	이탈리아의 가찌아(A. Gaggia)가 가압식 에스프레소 발명
1971년	시애틀의 스타벅스에서 스페셜티 커피 판매 시작

3. 재배와 가공

커피나무

커피꽃과 열매

커피는 세계 70개국 이상에서 생산되고 있으며, 전 세계 약 30%의 국가에서 커피 음료를 만들고 있다. 커피나무는 꼭두서닛과 상록 소교목이다. 이 나무의 원산지는 에티오피아의 아비시니아 고원으로 알려져 있다. 수목은 6~8m로 성장하지만 재배용은 수확하기 쉽도록 보통 1.5~2m 정도 되도록 손질한다. 종자를 뿌리고 나면 3~5년 후에 결실을 맺는다.

커피꽃은 흰색으로 재스민 jasmine을 닮은 달콤하고 상큼한 향기를 가지고 있다.

꽃이 피는 시기는 산지에 따라 상당히 차이가 있으며, 개화한 후 6~8개월에 천천히 열매가 커지고 청록에서 붉게 숙성해 간다. 가지에 맺히는 열매는 성숙하면 색이나 형태가 앵두와 유사하여 'cherry' 혹은 'coffee cherry' 라고 불린다. 열매가 적갈색이 될 때 수확한다. 수확 작업은 일부 기계화되어 있지만 거의 사람의 손으로 이루어진다. 수확 가능 연수는 20~30년 정도이다.

커피콩은 커피나무 열매의 씨로서 과육 및 '파치먼트 parchment' 라고 하는 사과의 씨방 껍질처럼 단단한 섬유질의 중간 껍질과 '실버스킨 silver skin' 이라고 하는 은색의 얇은 껍질로 싸여 있다. 커피콩 종자는 보통 두 개의 콩이 평평한 면을 마주하고 생성되지만, 가지 끝에는 동그랗게 생긴 한 개의 열매만 열리는 것도 있다.

1) 생육조건

커피가 경작되는 지역은 적도를 중심으로 북위와 남위 25도 사이에 위치하며, 이 지역을 커피 벨트 coffee belt(커피존 coffee zone)라고 한다.

아라비카 커피, 로부스타 커피 모두 이 지역에서만 생산된다. 이곳을 벗어난 지역에서도 커피나무 자체는 자랄 수 있으나 커피 열매를 제대로 맺지 못한다. 고급 커피일수록 커피나무를 키우고 결실을 맺는 것이 어렵다.

아라비카 커피는 일반 작물에 비해서도 까다로운 생육조건을 가지고 있다. 하루 두세 시간 정도의 짧지만 강한 햇볕, 햇빛을 가리는 키 큰 나무나 적당한 구름과 서늘한 바람, 계절의 변화가 크지 않은 온화한 기후, 그러나 적당히 큰 일교차, 물이 고여 있지 않은 촉촉하고 비옥한 토양이 필요하다.

서리는 커피나무의 생장에 치명적이다. 고지대이지만 서리는 없고 일교차는 커야 한다. 일교차가 클수록 커피 열매가 단단하게 숙성되며, 생두의 밀도도 높고 깊은 맛과 향을 지니게 된다. 아라비카 커피 중에서도 해발 1,500m 이상의 고지대에서 생산된 커피는 SHB strictly hard bean, SHG strictly high grown라고 구분하며 고급 커피로 분류된다.

로부스타 커피는 일명 '숲에서 자라는 커피' 이다. 아라비카 커피보다 그 생육조건이 덜 까다로워 웬만한 기후와 토양은 잘 견뎌내고, 병충해에도 비교적 강하다. 연간 24~30℃ 정도의 기온이 유지되면 경작할 수 있다. 고지대에서는 자라지 못하며 해발 600m 이하에서 주로 재배된다.

2) 품종

커피나무는 200종 이상의 품종이 있고, 그들의 계통적인 분류 또한 복잡하다.

아라비카종은 세계 재배 커피의 75~80%를 차지하고 '아라비아 커피' 라고도 불리며 세계 각지에서 70여 종에 이르는 많은 재배 변이종이 재배되고 있다. 대표적인 것으로는 티피카, 코문, 아마렐로, 버번, 카투라, 문도노보, 카투아이 등이 있다.

세계 커피 생산의 약 20%를 차지하는 로부스타종은 카네포라종의 변이종 C. canephora var. robusta이다. 아라비카종에 비하여 풍미는 떨어지지만 재배가 쉽고 수량도 많아서 블렌딩용으로 사용되며, 특히 추출물의 함량이 많기 때문에 인스턴트커피용으로 사용되는 품종이다.

리베리카종은 1794년에 아젤리우스 Arzelius가 시에라리온에서 발견한 것으로 콩입자가 너무 크고 품질도 떨어져 생산량도 많지 않아 세계 커피 생산량의 1% 이하이다.

3) 생두의 가공

커피 열매는 세척과 건조작업을 빨리 진행하지 않으면 썩거나 상하기 때문에 수확 후 세척하여 껍질과 과육질을 제거하고 생두를 발라내는 과정을 반드시 거쳐야 한다.

일반적으로 생두의 가공에는 건식가공법, 습식가공법, 건식과 습식을 병행하는 방법이 있다.

건식가공법 dry method은 자연건조법이라고 하며, 특별한 설비가 거의 필요 없는 전통적인 가공방법이다. 농장의 규모나 생두의 품질, 설비 등에 따라 차이가 있지만 대개 3단계인 세척, 건조, 박피의 과정으로 이루어진다.

생두의 구조

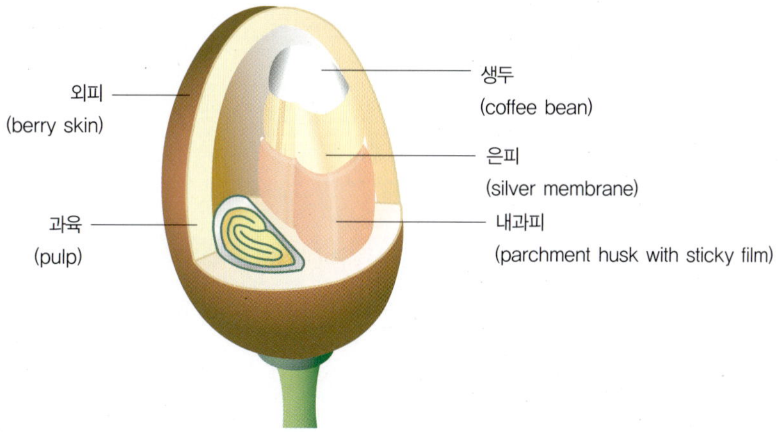

습식가공법 wet method은 수세건조법으로 일정한 설비와 기계장치, 풍부한 물이 있어야 한다. 커피 고유의 특징과 균일한 품질을 유지하고 결점 생두가 적은 커피를 생산할 수 있다.

4) 생두의 선별

건조가 끝나고 내과피가 제거된 커피 생두는 그 상태에 따라서 등급이 분류된다. 커피 생두의 크기, 밀도, 색, 함수율, 불량 생두, 이물질이 섞여 있는 정도에 따라 일정한 기준에 의한 등급 분류가 이루어진다.

커피 생두의 등급 분류 목적은 효율적인 로스팅 roasting에 있다. 동일한 크기, 밀도, 함수율의 생두여야 고른 로스팅이 가능하며, 이는 곧 추출되는 커피의 품질과 직결되기 때문이다.

일반적으로 생두는 크기가 크고, 밀도가 높고, 색은 밝은 청록색으로 수분 함량이 12%인 것을 고급으로 분류하며, 밀도가 높을수록 맛과 향이 깊고 풍부하다. 주로 고지대에서 재배된 커피나무에서 고밀도의 생두가 수확되며, 이는 일교차가 커서 커피 열매가 천천히 자라면서 튼실한 열매를 맺기 때문이다. 적어도 해발 1,200m 이상의 고지대는 되어야 크고 밀도도 높은 고급 생두가 생산된다.

생두의 수분 함량은 로스팅, 생두 보관 · 이동 중의 변질 가능성, 커피의 향미, 생두 가격과 관계가 있다. SCAA Specialty Coffee Association of America의 기준에 의하면 생두의 수분 함량은 9~13%이나, 일반적으로 10~12%를 적정 수분 함량으로 평가한다.

5) 생두의 등급 분류

생두의 품질 등급은 각 생산지마다 다른 기준으로 분류되고 있다. 세계 커피 시장에서 공인되고 있는 주요 생두 등급 분류 기준은 다음과 같다.

분류기구

분재용 트레이
검은색이 편리하다.

구멍의 크기가 서로 다른 것을 쌓아서 사용한다.

금속 뚜껑에 코팅지가 붙어 있는 것

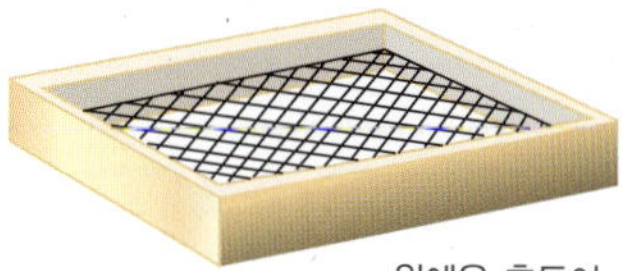

원예용 흔들이

(1) 브라질/뉴욕 분류법_ Brazil / New York method

NY2, NY3 등으로 분류되며 샘플 생두 300g 안에 몇 개의 결점 생두와 불순물이 섞여 있는가를 기준으로 등급을 결정하는 방법이다. 블랙빈 black bean이라는 결점 생두를 기준으로 하여 여러 형태의 결점 생두와 불순물을 블랙빈의 수량으로 환산하여 점수를 매긴다.

(2) SCAA 분류법_ Specialty Coffee Association of America

다른 분류법에 비해 다양한 방법으로 등급을 결정한다. 주로 생두의 크기, 모양, 불순물 등의 결점사항과 컵테스트 cup test로 건조 · 박피가 끝난 생두를 14~18 스크린을 이용하여 크기를 구분한 다음 각 스크린 위에 남아 있는 생두의 무게와 비율을 확인한다. 일반적으로는 100g의 생두만을 사용하나, 평균치 이상 혹은 이하의 등급이 나올 경우 다시 300g을 가지고 재검사한다. 생두의 크기, 불량 생두나 이물질, 수분 함량 등을 검사한 다음 이를 로스팅하고 컵테스트를 하여 커피의 맛과 향까지 검사한 후 등급을 결정한다.

(3) 케냐 분류법_ Kenyan grading system

인도 분류 기준 Indian Standard을 기초로 하여 생두의 크기와 결점 생두, 이물질의 혼합률에 따라 생두의 품질을 분류하는 방법이다.

(4) 과테말라 분류법_ Guatemala grading system

생두의 경작 고도에 의해서 품질을 분류하는 방법이다.

(5) 지역별 생두 크기 등급 분류

생두의 크기에 따라 나라별로 각각 분류하는 등급도 다르다. Supremo/Excelso로 구분하는가 하면, AA/A/B 등으로 나누기도 한다.

4. 분류 및 특성

1) 아메리카

(1) 브라질_ Brazil

커피 하면 연상되는 나라로서 전 세계 커피 생산량의 20~30%의 점유율을 차지하고 있는 최대 커피 생산국이다.

커피의 질은 다른 나라들에 비해 비교적 낮은 편이며, 코닐론 Conilon이라는 로부스타 커피도 생산하고 있다.

주요 커피 산지로는 미나스 제라이스 Minas Gerais, 상피울루 San Pa-ulo, 에스피리토산토 Espirito Santo, 파라나 Parana, 바니아 Bania가 있다.

브라질 커피의 대부분은 상파울루의 산토스 Santos 항구로 집결되어 수출되므로 브라질 커피를 흔히 '산토스' 라고 부르고 있다.

브라질의 유명 커피로는 Brazil Santos, Bourbon NY2가 있으며, 일반 중저급 커피로는 Brazilian과 Brazil Santos NY 4~6가 있다.

세계적인 커피 산지

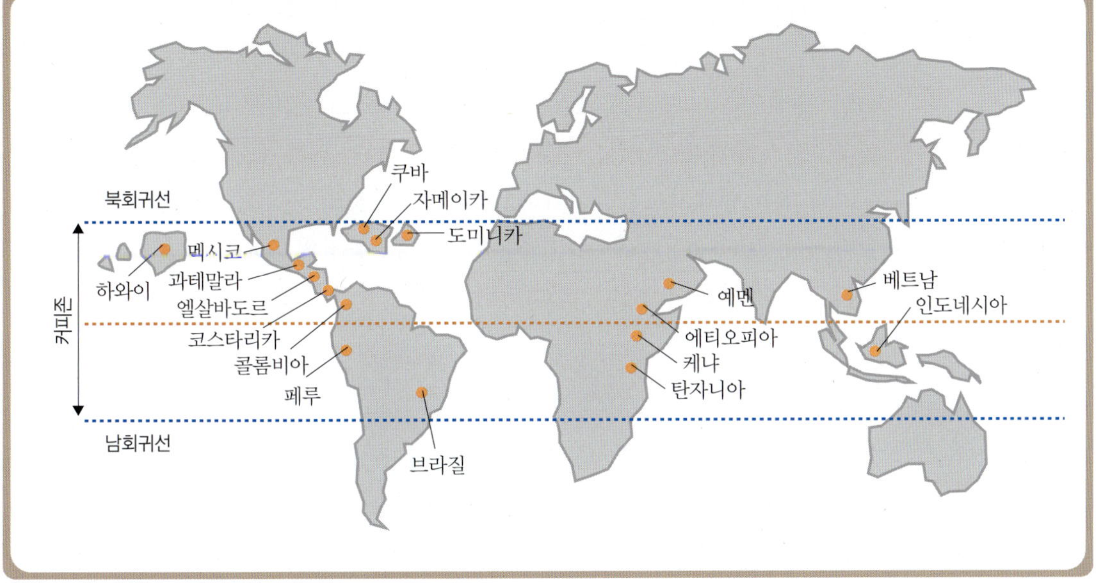

(2) 콜롬비아_ Colombia

콜롬비아의 커피 정책은 최대가 아니라 최고의 커피 생산이며, 이에 따라 세계 커피 시장에서도 콜롬비아 커피는 마일드 커피 mild coffee의 대명사로서 고급 커피로 평가된다.

콜롬비아 커피의 절반 이상은 안데스 산맥의 해발 1,400m 이상 고지대에서 경작된다. 이곳에서는 아라비카 커피만을 생산하며 모두 수세건조법으로 가공된다.

콜롬비아에는 대형 커피 농장이 거의 없으며 대부분의 커피가 '카페테로 cafetero' 라고 불리는 농부들의 중소규모 자영 농장에서 생산되고 있다.

주요 커피로는 18 스크린 이상의 '콜롬비안 수프리모 Colombian Supremo' 와

15~17 스크린의 '콜롬비안 엑셀소 Colombian Excelso' 가 있다. 콜롬비안 수프리모는 생두의 크기에 따른 등급 기준이다.

(3) 코스타리카_ Costa Rica

코스타리카의 커피는 아열대 고지대의 화산 지역이라는 지형조건만으로도 명품 커피를 기대할 수 있는 곳이다.

로부스타 커피의 경작을 불법행위로 규정하는 등 엄격하고도 효율적인 커피 산업 정책으로 유명하며, 특히 태평양 쪽 산지의 커피가 우수한 평가를 받고 있다. 코스타리카 커피를 대표하는 것은 '타라수 Tarrazu' 이다('따라쥬' 라고도 함). 타라수 중에서도 '라미니타 La Minita' 농장의 커피가 최상급으로 알려져 있다(품종 : Catuai, Caturra). 이 외에도 Doka 농장의 'Doka(혹은 Dota)' 커피, 사치 지방의 'FJO Sarchi', 코스타리카 SHB 등이 유명하다.

(4) 과테말라_ Guatemala

과테말라는 안티구아 Guatemala Antigua와 스모크 커피 Smoke Coffee로 유명한데, 이는 비옥한 화산재 토양에서 생산되는 고급 커피이다.

대표적인 안티구아는 쏘는 듯한 스모크 향이 깊고 풍부하며 초콜릿 맛이 나는 커피이다. 재배방법으로 그늘경작법 shade grown 방식을 사용하며 대규모의 인공 조성 커피 농장들이 많다.

커피의 경작 고도에 따라 등급을 결정하는데 '과테말라 SHB' 가 최고급 커피이며 SHB 중에는 '안티구아', '레인포레스트 코반 Rainforest Coban', '볼캐닉 산 마르코스 Volcanic San Marcos', '뉴 오리엔테 New Oriente', '하이랜드 휴휴 Highland Huehue', '트레디션 아티틀란 Tradition Atitlan' 등이 있다.

(5) 자메이카_ Jamaica

자메이카는 '커피의 황제' 라고 불리는 블루마운틴 Blue Mountain을 최고의 가격으로 판매하고 있다. 블루마운틴 커피의 부드럽고 조화로운 맛은 블루마운틴 산맥의 독특한 기후조건에 기인한 것이다.

전체 생산량의 90%를 일본이 독점 구매하고 있다. 일본은 이 커피를 더 높은 가격으로 재수출하는데, 상품의 희소성으로 명품 이미지를 앞세워 비싼 가격으로 판매하고 있다.

(6) 멕시코_ Mexico

연간 30만 톤 이상의 커피를 생산하는 커피 생산국으로 화산 지대가 형성되어 있는 남부 지방에서만 커피가 생산되고 있다.

멕시코의 일반적인 커피는 '멕시코 아라비카' 라고 불리는 '멕시칸 Mexican' 으로, 중저급으로 평가되는 커피이다. 멕시코의 주요 커피 산지로는 베라크루즈 Veracruz, 오악사카 Oaxaca, 치아파스 Chiapas가 있다.

2) 아시아 · 태평양

(1) 하와이_ Hawaii

최고급 커피의 하나인 '코나 Kona' 커피의 생산지로 소규모 농장에서 핸드픽 hand pick을 통해 습식 가공하여 생산한다.

(2) 인도네시아_ Indonesia

아시아 최고의 커피 생산국이다. 90% 이상이 로부스타이며, 5~8%가 아라비카 커피로 세계적인 고급 커피로 평가되고 있다.

커피 생산지는 자바, 수마트라, 슬라웨시, 발리, 티모르와 같은 섬 단위로 구분되고 있다.

3) 아프리카 · 아라비아

(1) 에티오피아_ Ethiopia

커피가 처음 발견된 곳이며 지금도 야생의 커피를 만날 수 있는 커피의 나라이다. 대부분이 커피를 전통적인 유기농법과 그늘경작법으로 재배하고 있다.

주요 산지로는 하라 Harrar, 시다모 Sidamo, 이르가체페 Yirgacheffe, 리무 Limmu,

짐마 Djimmah · Jimma, 레켐프티 Lekempti, 베베카 Bebeka 등이 있으며, 이러한 생산지의 이름을 가진 유명 커피가 있다.

(2) 예멘_ Yemen

예멘은 세계 최초로 커피가 경작되었으며 한때 세계 최대의 커피 무역항이었던 모카 Macha가 있다. 이 항구에서 수출되는 모든 커피는 항구의 이름을 따서 '모카' 라고 불리기도 했다.

주요 품종으로는 마타리 mattari, 이스마일리 Ismaili, 히라지 Hirazi가 있다.

(3) 케냐_ Kenya

커피의 경작 고도는 해발 1,500~2,000m의 고지대이며, 주요 산지로는 케냐산 주변의 고원 지대와 우간다 접경 지역인 엘곤 Mt. Elgon산 지역, 나쿠루 Nakuru의 동부 지역, 카시이 Kasii의 서부 지역 등이 있다.

주요 품종으로는 타이피카 Typica, 버번 Bourbon, 켄츠 Kents, SL-28, SL-34, 루이루 일레븐 Ruiru 11이 있다.

케냐의 커피는 강하면서 상큼하고 짙은 향미와 강한 신맛, 과일의 달콤함과 함께 와인과 딸기의 향미를 가진 커피로 평가된다.

(4) 탄자니아_ Tanzania

최고급의 아라비카에서 로부스타까지 경작되고 있으며 대부분의 고급 커피는 케냐와의 국경 지대인 킬리만자로산 Mt. Kilimanjaro, 메루산 Mt. Meru 지역에서 생산되어 '킬리만자로' 라고 부른다. '키보 Kibo' 라고 부르기도 하며, 이 지역의 이름을 딴 '모시 Moshi' 나 '아루샤 Arush' 란 상표로 거래되기도 한다.

주요 재배 품종으로는 켄츠, 버번, 타이피카와 블루마운틴이 있으며, 등급 분류는 커피 생두의 크기를 기준으로 한 AA, A, AB로 분류한다. 그 밖에 '피베리 Peaberry' 도 유명하며, 주로 미국에서 소비되고 있다.

5. 로스팅과 블렌딩

로스팅하기 전의 콩은 생콩生豆, green bean, raw bean이라 하고, 암녹색이나 황갈색을 띠며 딱딱하고 탄력 있는 섬세한 조직을 가진다. 생콩을 가열焙煎하면 열분해, 팽창 등 조직변화가 일어나면서 커피 색과 향을 지닌 볶은 콩이 된다. 이러한 과정을 로스팅(배전焙煎)이라 하는데, 가열반응에 의해 처음에는 갈색의 향기가 풍부한 볶은 콩 roasted coffee이 된다.

1) 로스팅의 원리

커피 생콩의 표면은 요철凹凸이 많은 복잡한 구조로 되어 있어 생콩의 정제 · 유통과정에서 오염된 미생물 등 초기의 여러 가지 물질이 부착되어 있다. 또한 돌, 금속조각 등 이물질이 혼합되어 상품성의 품질 문제와 배전기구에 손상을 줄 수 있다. 이를 해결하기 위해 배전의 전처리로 이물질을 제거하고 생콩의 표면을 세척한다.

커피콩에 뜨거운 열을 가하여 볶으면 조직 내부의 온도가 올라간다. 커피콩이 열을 계속 흡수하면 조직이 팽창하고 황갈색으로 변하기 시작한다.

커피콩의 탄수화물, 지질, 단백질, 유기산 등은 화학반응을 일으켜 커피의 맛과 향기 성분으로 변한다. 로스팅 공정에서 생긴 휘발성 물질이나 탄산가스, 수분 등은 발생하자마자 증발하고, 일부분은 볶은 커피콩의 조직에 남는다.

커피콩 조직의 내부 온도가 100~130℃이면 수분이 증발하고 황색으로 변하기 시작한다. 140℃가 되면 커피콩의 탄수화물, 지질, 단백질, 유기산 등이 분해되고, 탄산가스를 방출하면서 조직이 팽창하기 시작한다. 150℃가 되면 커피콩의 중심부(가운데 움푹 들어간 부분)가 팽창하면서 1차 팽창 음(콩 튀길 때 나는 '탁!' 소리)을 낸다. 여기까지는 흡열반응으로, 커피콩이 열을 흡수하여 볶아지는 과정이다. 온도가 더 높아져 약 200℃에 이르면 발열반응이 시작되는데, 커피콩이 건열분해(물기 없는 상태에서 열을 받아 일어나는 화학반응)되면서 열을 밖으로 발산하며 조직이 2차 팽창을 한다.

표 8-2 / 로스팅 과정표

시간(분)	변화과정	온도	반응과정
0	생두 투입시점	100~130℃	흡열반응(endothermic)
3~4	내부 온도 상승	140~145℃	
7~8	1차 크랙(1차 Popping) 흡열반응 중이므로 불꽃 온도를 가급적 최대로 한다.	180~185℃	
13~14	2차 크랙(2차 Popping) 발열반응 중이므로 생두에 따라 불 조절이 필요하기 때문에 2차 크랙의 온도와 시간은 차이가 있다.	200~210℃	발열반응(exothermic)

로스팅 중 생두의 변화

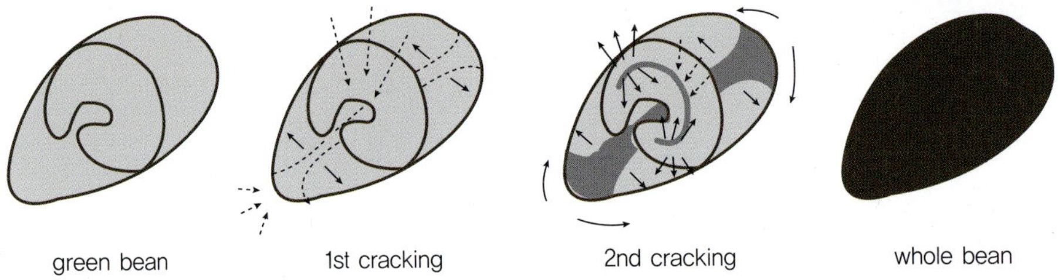

로스팅 메커니즘

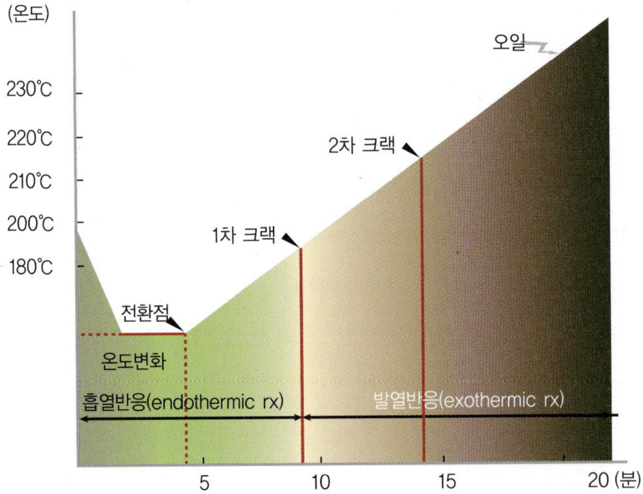

건열분해가 짧게 진행되는 동안 갈변반응이 일어나는데 캐러멜, 당, 유기산, 알데하이드, 지방산 등 볶은 커피의 맛과 향을 내는 성분이 생성된다. 이때 커피콩의 색은 옅은 갈색에서 흑갈색으로 변한다. 원두가 옅은 갈색의 단계에서는 신맛이 강하고 향과 고소한 맛은 약하며, 잘못되면 풋내가 나기도 한다.

로스팅이 더 진행되면 맛과 향이 가장 좋아지는 최적의 단계에 이른다. 이때 커피콩은 짙은 갈색이며, 달콤한 맛과 고소한 맛이 최고도에 달하고 향이 짙어지며 신맛은 줄어든다. 커피콩 조직의 내부 온도가 220~230℃가 되면 로스팅을 중단하고 물을 분사(퀜칭 quenching : 볶은 커피콩의 열로 분사한 물이 증발하는 현상을 이용해 빨리 냉각하는 방법)하거나 대량의 찬 공기로 빨리 냉각하여 로스팅을 끝낸다.

로스팅이 끝날 무렵에는 푸른 연기가 약간 나는데, 더 가열하면 커피콩이 탄화하기 시작한다. 냉각이 신속하지 않으면 탄화하면서 오히려 향기 성분까지 감소한다. 일반적으로 로스팅의 진행상태는 커피콩의 색으로 판단하지만, 1차 · 2차 팽창음도 참고하여 완료시점을 결정한다.

로스팅은 온도와 순환방법에 따라 13~20분 정도 걸리며, 향기 성분이 주로 생성되는 건열분해 단계는 매우 짧게 진행된다. 로스팅 중에는 아주 짧은 순간에도 품질이 변하므로 무엇보다도 숙련된 기술이 필요하다.

2) 로스터의 종류

직화식은 작은 구멍이 뚫린 드럼통 속의 커피콩에 불꽃이 직접 닿으므로 타기 쉽다. 반열풍식은 구멍 없는 드럼통의 뒤쪽에 난 통로로 불꽃이 들어와 커피콩을 볶는데 불꽃과 열풍이 반씩 작용한다. 열풍식은 불꽃이 직접 닿지 않고 열풍으로 커피콩을 볶는다. 일반적으로 15kg 이하의 소형 드럼 로스터는 직화나 반열풍식이며, 대형 드럼 로스터는 열풍식이다.

로스팅 효율을 높이기 위해 유동층 로스터 fluidized-bed roaster, 원심형 로스터, 연속식 로스터, 고밀도 로스터 packed-bed roaster 등 새로운 원리를 이용한 로스터가 개발되어 사용되고 있다.

커피 로스터(coffee roaster)

로스터 종류

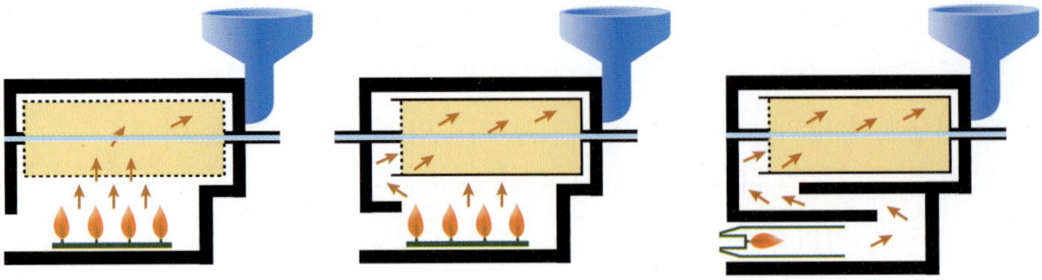

직화식 로스터기 반열풍식 로스터기 열풍식 로스터기

3) 로스팅 정도

커피콩의 색상은 품종과 품질에 따라 다르지만, 로스팅 정도에 따라서도 달라진다. 옅은 황색에서 짙은 흑갈색으로 변하면서 맛과 향도 변화한다. 로스팅 정도는 색상을 기준으로 약 · 중 · 강으로 나눈다. 상업적으로는 특정 볶음 정도가 유행하는 나라나 도시 이름을 따서 라이트 로스트 light roast, 시나몬 로스트 cinnamon roast, 시티 로스트 city roast, 풀시티 로스트 full city roast, 프렌치 로스트 french roast, 이탈리안 로스트 italian roast의 6단계로 세분하기도 한다. 시티 · 풀시티 로스트의 '시티 city'는 뉴욕에서 많이 쓰는 커피 색상임을 뜻한다. 시티 로스트는 뉴욕 커피의 표준 색상 단계이고, 풀시티 로스트는 우리나라 커피 애호가가 가장 선호하는 단계로서 색상이 표준보다 약간 진하다. 프렌치 로스트의 '프렌치 French'는 프랑스에서 많이 쓰는 커피 색상임을 뜻한다. '이탈리안 Italian' 로스트는 가장 강하게 볶는 단계로, 보통 커피콩 표면에 기름이 배어 나오고 짙은 흑갈색을 띤다.

표 8-3 / 로스팅에 따른 커피의 특성

로스팅 정도	명칭	색상	특징	정도
	라이트 로스트 (light roast)	밝고 연한 황갈색	미성숙한 맛으로 잡맛이 강함	약배전
	시나몬 로스트 (cinnamon roast)	조금 연한 황갈색	아메리칸 로스팅, 향이 약함	약배전
	미디엄 로스트 (medium roast)	밤색	약간의 신맛과 독특한 향기가 있음	중배전
	하이 로스트 (high roast)	연한 갈색	신맛이 강하며 약간 쓴맛도 느낌	중배전
	시티 로스트 (city roast)	갈색	비교적 신맛과 쓴맛이 조화로움	중배전
	풀시티 로스트 (full-city roast)	진한 갈색	쓴맛이 신맛보다 강함	강배전
	프렌치 로스트 (French roast)	흑갈색	쓴맛과 뒷맛이 강함	강배전
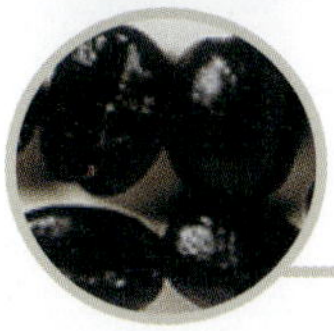	이탈리안 로스트 (Italian roast)	흑색	강한 쓴맛과 약간의 탄맛이 남	강배전

4) 블렌딩_ coffee blending

블렌딩이란 조화롭고 균형 잡힌 맛과 향을 내기 위해 서로 다른 2가지 이상의 커피콩을 배합하는 과정을 뜻한다.

커피 블렌딩의 목적은 각각의 특징적인 맛과 향을 지니고 있는 커피들을 적절한 비율로 혼합하여 맛과 향의 보완과 상승효과를 얻는 데 있다.

블렌딩 커피의 장점은 다음과 같다.

첫째, 맛과 향이 더 다양해지면서 풍부해진다.

둘째, 커피의 품질을 일정하게 유지할 수 있다.

셋째, 대체용 커피콩을 배합함으로써 비용을 절감할 수 있다.

넷째, 유명한 커피콩 이름을 브랜드 brand로 사용함으로써 마케팅 효과를 얻을 수 있다.

커피 블렌딩 방법에는 로스팅을 하기 전에 생두를 혼합하여 로스팅하는 방법과, 각각의 생두를 별도로 로스팅한 후 로스팅된 원두를 혼합하는 두 가지 방법이 있다.

표 8-4 / 대표적인 커피 블렌딩

맛과 향	로스팅	블렌딩	
중후하고 조화로운 맛	풀시티 로스팅	• 브라질 산토스 • 예멘 모카 • 콜롬비아 엑셀소	40% 30% 30%
과일의 신맛과 달콤한 향	시티 로스팅	• 에티오피아 하라 • 인도네시아 술라웨시	50% 50%
깊고 풍부하며 감미로운 맛	시티 로스팅	• 브라질 산토스 • 콜롬비아 엑셀소 • 과테말라 SHB • 예멘 모카	30% 30% 20% 20%
쓴 듯한 달콤한 맛	풀시티 로스팅	• 브라질 산토스 • 콜롬비아 엑셀소 • 인도네시아 자바 • 탄자니아 킬리만자로	30% 30% 20% 20%
달콤한 에스프레소 커피	프렌치 로스팅 혹은 강한 풀시티 로스팅	• 브라질 산토스 • 콜롬비아 수프리모 • 과테말라 SHB	40% 40% 20%

'로스팅 전 블렌딩 blending before roasting, BBR' 은 로스팅 과정에서 각각의 커피 맛을 중화시키면서 전체적으로 고른 색깔의 커피 원두를 얻을 수 있는 방법이다. 그러나 생두별로 그 밀도와 피크 로스팅 peak roasting의 수준이 다르고, 수세건조 생두와 자연건조 생두 등에 따라서도 생두가 열을 품고 발산하는 정도가 각기 다르다. 즉 색깔은 균일할 수 있어도 진정한 의미의 고른 로스팅 even-roasting이라고 말하기는 어렵다.

'로스팅 후 블렌딩 blending after roasting, BAR' 은 각각의 생두를 로스팅한 후 원두를 혼합하는 것이다. 풍부한 맛과 향을 얻을 수 있는 반면 각 원두들의 로스팅 정도가 다를 수 있으므로 블렌딩된 커피의 색깔은 '로스팅 전 블렌딩' 에 비해 균일하지 않을 수 있다.

6. 추출

커피 원두를 분쇄한 커피입자의 성분을 물을 이용하여 용해시켜 뽑아내는 것을 커피의 추출이라고 한다. 이러한 추출을 통하여 비로소 커피 원두의 맛과 향이 그 모습을 드러내게 된다.

1) 추출방법

커피의 추출을 일반적으로 '커피를 내린다', '커피를 뽑는다' 라고 하며, 이는 '우려내다', '추출하다' 라는 의미를 가진다. 커피의 추출방법은 크게 달임법, 우려내기, 여과법, 가압추출법의 4가지로 분류한다.

달임법 decoction은 끓인 물에 분쇄된 커피가루를 넣고 짧은 시간 동안 끓인 후 커피가루를 침전시키고 위에 떠 있는 커피를 마시는 방법으로 터키 커피가 대표적이다.

우려내기 infusion는 분쇄된 커피가루에 뜨거운 물을 붓고 기다리면서 커피액이 용해되어 나오게 하는 방법으로 프렌치프레스가 대표적이다.

여과법 brewing은 여과용 필터에 분쇄된 커피가루를 넣고 그 위에서 뜨거운 물을 부어 커피액을 추출하여 커피액이 밑의 용기로 떨어지게 하는 방법으로 가정에서 흔히 사용하는 전기식 커피메이커와 드립퍼 dripper를 이용한 핸드드립 hand drip이 대표적이다.

가압추출법 pressed extraction은 분쇄된 커피가루에 뜨거운 물로 압력을 가하여 통과시켜서 커피액이 용해되어 나오게 하는 방법으로 에스프레소 커피가 대표적이다.

이 외에도 달임법과 우려내기, 우려내기와 가압추출법 등을 혼용한 중간 형태의 다양한 커피 추출법이 활용되고 있으며, 추출기계도 여러 종류가 있다.

2) 핸드드립_ hand-drip

핸드드립은 순수한 커피의 맛을 즐길 수 있는 커피 추출방법이다. 추출방법이 간단하면서도 다양한 맛의 커피가 만들어진다.

핸드드립의 종류에는 융 드립 flannel-drip과 페이퍼 드립 paper-drip, 프렌치 드립 french-drip이나 동남아 지역의 핀 드립 fin-drip 등이 있다.

융으로 깔때기를 만들어 커피를 추출하는 융 드립은 작업의 까다로움과 관리의 번거로움 때문에 많이 사용되지 않고 있다.

페이퍼 드립은 추출 작업과 관리가 용이하여 대중적으로 사용되고 있다. 추출된 커피의 질로 평가하면 융 드립이 페이퍼 드립보다 우수하다는 것이 일반적이며, 특히 종이필터는 커피의 지방 성분을 흡착하여 전체적인 맛과 느낌을 떨어지게 하지만 간편하고도 위생적인 추출이 가능한 장점도 있다.

융 드립 도구

핸드드립의 도구로는 드립퍼, 종이필터, 드립포트가 있다. 드립퍼와 종이필터는 세 종류가 있는데 일본의 칼리타 Kalita식 드립퍼를 사용한 방법은 다음과 같다.

핸드드립에 사용되는 포트는 물의 배출구 부분이 좁고 길수록 좋다.

물도 중요한 요소로 정수된 물이면 좋지만, 수돗물도

사용이 가능하다. 물을 끓인 후 드립 전용 포트에 끓는 물을 옮겨 담고, 빈 커피서버 위에 드립퍼를 얹어 커피를 추출한다. 이렇게 하면 수온도 자연스럽게 조절되고, 추출된 커피를 담을 커피서버도 미리 따뜻하게 데워주는 효과가 있다.

물의 온도 또한 중요한데 100℃ 정도의 고온에서는 카페인 성분의 용해에 의한 쓴맛이 추출되며, 75℃ 정도의 저온에서는 타닌 tannin 성분에 의한 떫은 맛이 형성된다. 물의 온도에 따라 '쓴맛 → 신맛 → 떫은맛' 순으로 커피 맛이 변한다. 일반적으로 90~92℃ 정도의 물이 커피와 접촉할 때 풍부한 맛과 향의 커피가 추출된다.

(1) 핸드드립 기구

표 8-5 / 핸드드립 기구의 종류

종류		용도
드립포트 (drip pot)	스테인리스 드립포트 	스테인리스 재질로 불에 직접 올려서 사용할 수 있다.
	동 드립포트 	동 재질로 불에 직접 올릴 수 없다.
드립퍼 (dripper)	칼리타 (kalita) 	리브가 위부터 촘촘하게 되어 있으며 추출구는 3개이다. 커피의 산뜻한 신맛을 살려주고 가벼운 바디감의 부드러운 커피를 만들 수 있다. 중배전과 강배전의 추출 시에 주로 사용된다.
	멜리타 (melitta) 	리브의 형태가 중간부터 아래로 되어 있으며 추출구는 1개이다. 독일의 멜리타 벤츠 여사가 만든 초창기의 드립퍼이다. 최초의 멜리타 방식은 지금처럼 포트를 사용하지 않고 터키 커피를 끓여 가루째 드립퍼에 부어 커피를 추출하였다.

종류			용도
드립퍼 (dripper)	고노 (kono)		일본에서 개발된 것으로, 리브가 중간부터 아래로 되어 있고 내부의 리브는 직선이며 추출구는 1개이다.
	하리오 (hario)		추출구는 1개이며 리브가 유선형으로 되어 있어 추출이 빠르다.
	융		반영구적으로 사용할 수 있으며 일반 드립퍼에 비해 부드러운 커피 맛과 본연의 향을 즐길 수 있다.
커피서버 (coffee server)	칼리타		브랜드에 따라 형태가 다르며 용량에 따라 크기가 다르다.
	하리오		
여과지 (filter)	칼리타/ 멜리타용		드립퍼에 꼭 맞게 제작된 마름모꼴 형태로 되어 있다.
	고노/ 하리오용		원통형으로 되어 있다.

(2) 추출

드립퍼에 종이필터 끼우기

종이필터를 접는 방법은 다음과 같다.

종이필터 접는 순서

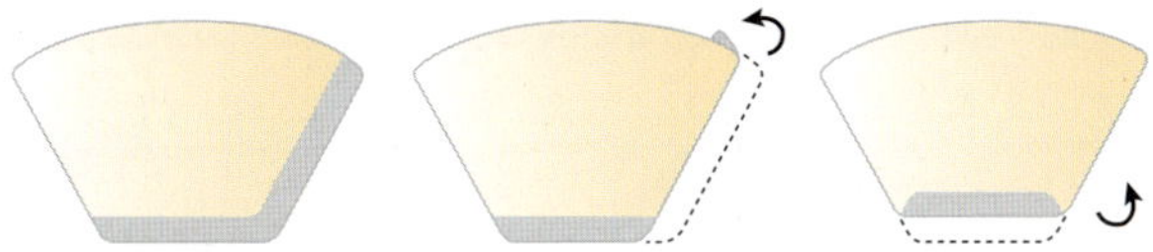

원두를 분쇄하여 드립퍼에 넣기

분쇄한 원두가 평평해지도록 드립퍼를 살짝 쳐준다.

물을 끓여 드립포트에 붓기

'몇 잔을 추출할 것인가' 에 따라 사용해야 하는 드립포트의 크기와 물의 양이 달라진다.

물의 온도 낮추기

드립포트에 온도계를 꽂은 후 뜨거운 물을 커피서버로 옮겨 붓고, 서버에서 드립포트로, 드립포트에서 다시 커피서버로 몇 차례 반복하여 원하는 추출 온도를 맞춘다.

뜸 들이기

본격적인 추출에 앞서 소량의 물을 주입하여 커피가루에 뜸을 들이는 단계이다. 뜸들이기의 목적은 추출 전 커피가루를 충분히 불려 커피가 가지고 있는 고유의 성분을 원활하게 추출하고, 커피 내의 탄산가스와 공기를 빼내어 물이 용이하게 흐를 수 있는 길을 만들어 주기 위함이다.

점식법은 커피가루 전체에 골고루 물을 한 방울씩 떨어뜨려 뜸을 들이는 방식이다. 8점법은 중심을 기점으로 소량의 물을 8회에 나누어 부어 뜸을 들이는 방식이다.

나선형 방법은 중심에서 시작하여 바깥쪽으로 나선형을 그리며 부어준다. 어떤 방법이든지 주의할 점은, 물을 커피가루에 얹어준다는 기분으로 주입해야 한다는 것이다.

점식법

물을 커피가루 위에 점을 찍듯이 붓는다. 여러 차례 나누어 부으며, 골고루 적셔지도록 한다.

드립퍼의 중심을 기점으로 8회에 나누어 물을 붓되, 한쪽으로 치우치지 않도록 주의한다.

드립퍼의 중심에서 바깥쪽으로 나선을 그리며 물을 필터에 붓는다. 물이 종이필터에까지 닿게 되면 종이가 우러나서 좋지 않은 풍미가 날 수 있으므로 주의한다.

나선형 법

전체적으로 커피가루를 뜸 들이는 과정

1, 2, 3차 추출은 중심에서 바깥쪽으로 돌려가면서 부어준다.

주입하는 물의 양은 드립퍼에서 추출액이 '몇 방울만 똑똑' 떨어질 정도로 붓는다. 사용하는 원두의 양이 많으면 주입하는 물의 양도 많게 하고, 적으면 주입하는 물의 양도 적게 한다. 뜸을 들이게 되면 신선한 커피는 많이 부풀어 오르는 현상이 나타나고, 오래된 커피는 전혀 변화가 없다.

추출

뜸을 들였다면 3~4회로 나누어 추출한다. 1차 추출에 들어가는 시점은 탄산가스에 의해 부풀었던 커피가루가 평평해지는 때이며 시간은 약 20~30초 정도 후이다. 1차 추출이 끝나고 커피가루가 다시 평평해지면 2차 추출에 들어가며, 3차와 4차 추출도 같은 방법으로 한다.

3) 에스프레소 추출

에스프레소 추출은 커피에 들어 있는 향과 맛 성분을 추출하는 것이므로 최고의 커피콩과 블렌딩이 요구된다. 아라비카가 로부스타보다 향과 맛이 더 풍부하며 카페인이 적기 때문에 100% 아라비카로 블렌딩하는 것을 권장한다.

(1) 어원

에스프레소 espresso는 주문을 받음과 동시에 만들어지는 'express'의 의미이다. 에스프레소는 3가지 기본원리인 즉석에서 on the spur of moment, 가압에 의해 under pressure, 빠르게 in a short time 추출하여 만드는 커피이다.

(2) 특징

에스프레소의 특징은 높은 압력의 뜨거운 물이 커피입자를 투과하면서 입자 속에 있는 지방을 유화시켜 커피의 풍부한 향, 짙은 맛, 중후함, 그리고 거품 등에 영향을 주는 것이다. 에스프레소 한 잔의 양은 1온스(28.3ml)가량으로 원샷 one shot이라고 하며, 에스프레소 머신으로부터 꿀이 가늘게 흘러내리듯 추출해야 한다. 7~11g의 분쇄 커피를 9~10기압으로 가압한 90℃의 뜨거운 물로 20~30초 사이에 추출한다.

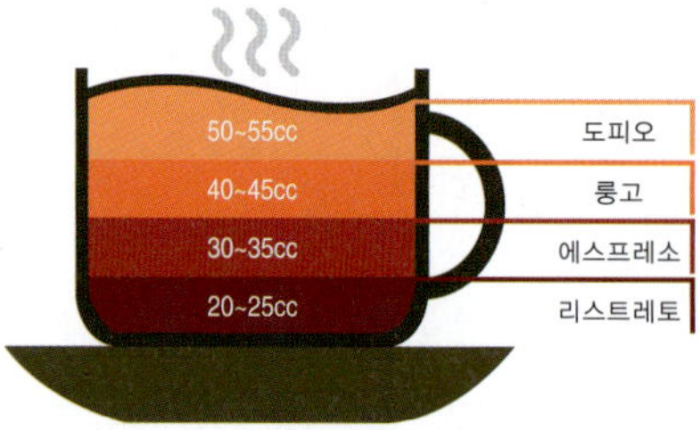

에스프레소, 리스트레토 ristretto, 룽고 lungo에 대한 정의는 나라별로 혹은 바리스타 barista에 따라 약간의 의견 차가 있다. 이탈리아의 에스프레소 추출액은 30ml를 표준으로 삼는다. 그러나 샷 shot마다 크레마의 양이 달라지므로 같은 양으로 나온 두 잔의 에스프레소라도 순수 액체의 부분은 크게 달라질 수 있다.

크레마는 에스프레소의 거품을 뜻하는 이탈리아어로서 주로 이산화탄소 거품과 휘발성 향미물질을 품고 있는 액상막이 작은 거품 방울로 모여 있는 것이다.

에스프레소는 추출 시 커피의 분쇄입도(분쇄된 원두의 굵기)가 중요하다. 분쇄입도는 커피 표면적과 물의 투과, 그리고 추출속도에 영향을 주어 그 품질에 영향을 미친다. 분쇄입도가 너무 굵으면 물이 커피층을 지나치게 빠르게 투과하여 과소 추출 under-extracted된다.

SCAA Coffee Taster's Flavor Wheel

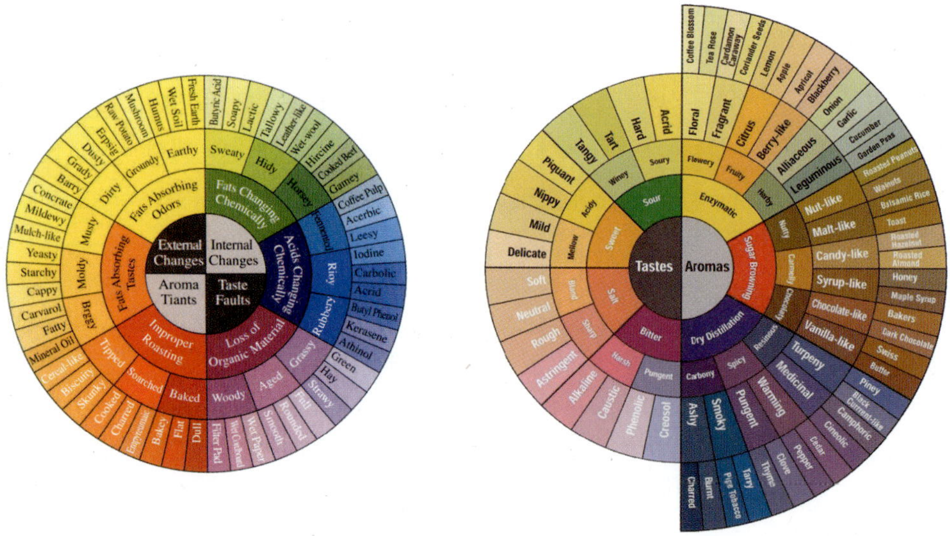

(3) 에스프레소의 4대 조건

에스프레소 맛을 결정하는 4가지 조건은 이탈리아어로 시작되는 첫 글자를 따서 '4M' 이라 부른다.

블렌딩 Miscela, blending은 에스프레소의 맛을 결정하는 중요한 요소이다. 풍부한 향, 달콤한 맛, 그리고 중후함이 있으면서도 전체적으로 맛의 균형을 이루어야 한다.

에스프레소 전용 분쇄기를 선택하는 것도 필수적이다. 그라인더 Macinadosatori, grinder에 분쇄되는 원두의 입도와 투입량에 따라 맛의 변화가 일어난다.

커피머신 Macchina, machine은 항상 청결하게 유지하여야 한다. 세제 대신 따뜻한 물로 세척하는 것이 바람직하다.

커피머신은 다음과 같이 분류할 수 있다.

그라인더

- 전통적인 에스프레소 머신 espresso machine : 에스프레소가 추출되기까지의 전 과정을 사람이 직접 조작한다.
- 반자동 semi automatic 에스프레소 머신 : 커피의 추출시간과 양을 버튼을 눌러서 설정하고 수동으로 물의 양을 조절한다.
- 자동 automatic 에스프레소 머신 : 커피의 추출시간과 양을 기계가 자동으로 제어한다.
- 전자동 fully automatic 에스프레소 머신 : 원두의 분쇄부터 에스프레소 추출까지 자동으로 동작된다.

바리스타의 기술 Mano, barista에서 'mano' 는 손이란 뜻으로 바리스타의 능력을 의미한다. 바리스타는 전문적으로 커피를 만들 뿐 아니라 커피에 대해 전반적인 이해를 가진 사람을 말한다.

- 샷마다 일정한 양이 되도록 분쇄 정도를 정한다.
- 원하는 흐름의 저항이 되도록 분쇄 정도를 정한다.
- 흐름 저항이 전체적으로 균일하도록 만든다.
- 커피층과 그 표면에 공간이 생기지 않도록 다진다.

에스프레소 머신

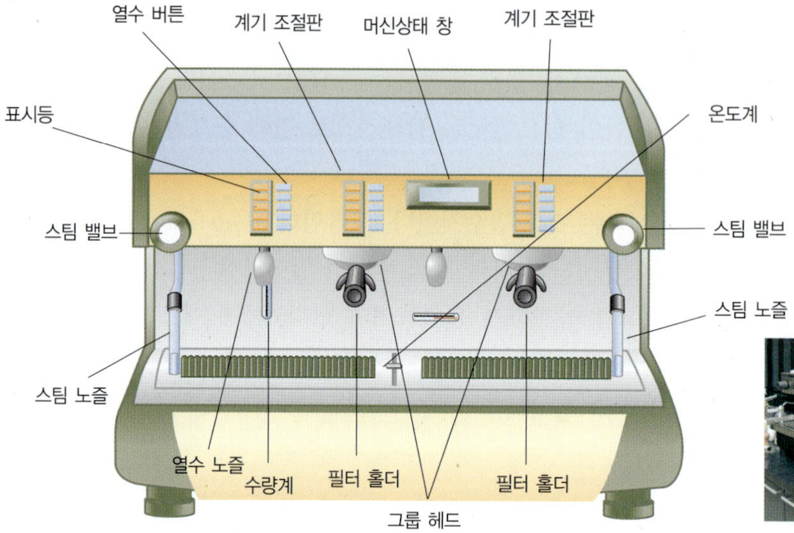

- 추출하는 물의 온도를 맞춘다.
- 작업을 진행할 때 효율적인 단계를 숙지한다.

(4) 품질에 영향을 미치는 기타 요소

완전한 에스프레소는 상큼한 맛이 적고, 달콤한 맛과 쓴맛이 잘 조화되어야 하며, 풍부한 향과 중후함이 오래 지속되어야 한다. 일반적으로 에스프레소의 품질은 커피의 품질, 적절한 분쇄입도, 에스프레소 머신의 조건, 그리고 바리스타의 숙련도에 의해 결정된다.

커피의 볶음도

일반적으로 에스프레소 커피는 향과 중후함을 최대로 끌어내기 위하여 진하게 볶는 경향이 있다.

커피의 분쇄입도

에스프레소의 추출시간이 30초 내외로 유지되도록 분쇄입도를 매일 점검하고 조절해야 한다.

커피 사용량

잔당 일정한 커피의 사용량을 유지하기 위하여 저울로 양을 재는 것도 좋다.

탬핑_ tamping

포타필터 portafilter에 분쇄 커피를 담고 고른 후, 가볍게 수평으로 다진다. 탬핑 압력은 항상 일정하도록 훈련하는 것이 좋으며, 추출속도는 분쇄입도로 조절하는 것을 권한다.

탬핑을 하기 위해서는 탬퍼 tamper가 필요하다. 탬퍼는 최소한의 틈만 있을 정도로 포타필터에 들어맞는 것이 좋다.

포타필터와 탬퍼

태핑_ tapping

1차 탬핑 후 바스켓 옆을 두드리는 작업을 태핑 tapping이라고 한다. 이 과정에 의해 테두리의 가루를 밀착시킬 수 있다. 경우에 따라 태핑을 생략하기도 한다.

수질

일반적으로 연수 軟水는 사용하지 않는다.

(5) 추출법

에스프레소는 분쇄 grinding, 담기 dosing, 다지기 tamping, 추출 extraction의 순서로 만들며, 숙련된 바리스타는 주문을 받은 후 1분 30초 이내에 에스프레소를 서빙할 수 있어야 한다.

① 포타필터를 그룹 헤드에서 분리한다.

② 커피 찌꺼기가 남아 있다면 탬퍼 박스에 비운다.

③ 그룹 헤드에서 약간의 뜨거운 물을 흘려 세척한다.

④ 필터 바스켓을 면포로 닦아 깔끔하게 닦은 뒤 모든 바스켓의 구멍이 깨끗한지 확인한다.

⑤ 커피 분쇄기의 입도 다이얼을 맞추고 커피를 분쇄한다. 만약 그라인더의 작동 속도가 느리면 작업 전에 그라인더를 먼저 켜서 준비할 수도 있다.

⑥ 도저 doser를 당겨 분쇄 커피를 원하는 양만큼 포타필터에 알맞게 담고, 그라인더를 끈 후 평평하게 고른다. 원두가루를 분량만큼 고르게 펴서 담는 것을 도징 dosing과 고르기 grooming라고 한다.

⑦ 탬퍼의 청결 유무를 확인한 뒤 가볍게 탬핑한다. 이때 탬퍼를 무조건 힘으로 누른다고 해서 물의 흐름이 달라지지 않는다. 커피층은 내부의 커다란 공극들이 제거될 정도로 다져지기만 하면 된다. 그 이유는 탬핑으로 가해진 압력은 커피입자가 물에 닿아 적셔지는 즉시 풀어지기 때문이다.

⑧ 포타필터를 그룹 헤드에 끼운 후, 미리 예열한 에스프레소 잔을 배출구에 놓고 펌프 스위치를 누른다.

⑨ 에스프레소가 추출되기 시작하면 추출시간과 추출량을 측정하고 추출을 완료한다.

⑩ 더운물을 담아 예열해 두었던 데미타스 잔의 물을 쏟아버린 뒤 즉시 커피를 제공한다.

4) 기타 추출(모카포트, 프렌치프레스, 사이폰, 이브릭 등)

(1) 퍼콜레이터_ percolator

1685년 프랑스에서 알코올램프로 끓이는 커피 주전자 carafe가 발명되었으며, 그 후 추기경 벨로이 Belloy가 작은 구멍이 많이 나 있는 철제 용기에 가루를 넣고 뜨거운 물을 부어 커피가루로 방울을 떨어뜨리는 방식을 개발하였다. 이에 힌트를 얻어 영국의 럼퍼드 Rumford가 원형을 만들고, 1819년 프랑스의 로랑 Laurent이 완성하였다.

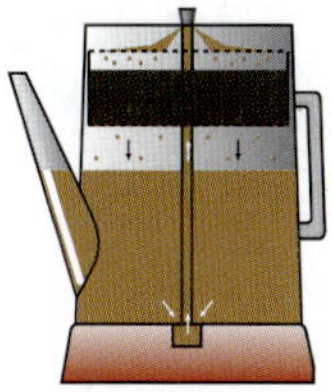

퍼콜레이터

(2) 배큐엄 브루어_ vacuum brewer

1840년 스코틀랜드 로버트 네이피어 Robert Napier가 증류식 필터 방식인 배큐엄식 용기를 만들었다. 그 후 프랑스에서 개량되어 1842년 바슈 Vassieux 부인이 오늘날의 사이폰 syphon같이 로드와 플라스크를 상하로 연결해 사용하는 방식을 개발하였다.

진공여과 방식은 핸드드립에 비해 임의로 할 수 있는 물의 온도 변화, 물 주입속도 등의 자유도가 적은 것이 오히려 플러스 요인이 되어 맛의 안정화 측면에 유리하고, 깔끔하면서 풍부한 향을 느낄 수 있다. 특히 화려한 연출 효과가 있는 추출방법이다.

배큐엄 브루어

(3) 더치커피_ Dutch Drip(워터 드립_ water drip)

위쪽에 커피 여과기, 아래쪽에 저장 용기를 가진 커피포트를 사용해 찬물에

더치커피 기계 및 추출법

의해 추출하므로 장시간이 필요하지만, 높은 농도와 깊은 향을 보유할 수 있다.

프렌치프레스

(4) 프렌치프레스_ French press

프레스 팟 press pot, 커피 프레스 coffee press, 커피 플런저 coffee plunger라고도 부른다. 다른 기구에 비해 심플한 방법이지만 분쇄도, 온도, 접촉시간 등을 조절하며 간편하게 커피를 만들 수 있는 장점이 있다.

모카포트

(5) 모카포트_ moka pot, 이탈리안 스토브 톱_ Italian-stove-top

하단 포트의 물을 가열하면 수증기가 생기고, 수증기의 힘에 의해 물이 필터 바스켓의 관을 따라 위로 올라가게 된다. 바스켓에 담겨 있는 커피가루를 통과하면서 커피 성분이 추출되고, 추출액은 상단 포트 추출구를 통해 나오게 되는 원리이다. 일반적으로 7~8g의 원두로 30ml의 커피가 추출된다.

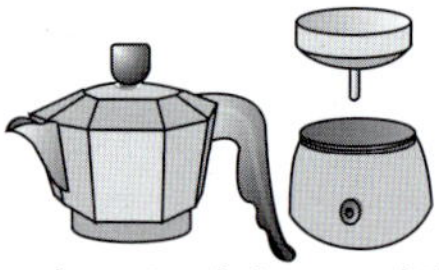
모카포트는 상부 포트, 하부 포트, 그리고 커피를 담는 필터 바스켓 등 3가지로 구성되어 있다.

하부 포트에 물을 붓는다. 이때 안전밸브를 넘지 않도록 주의한다.

가늘게 분쇄한 원두를 필터 바스켓에 담는다. 가득 담은 후 스푼으로 눌러 평평하게 다져준다.

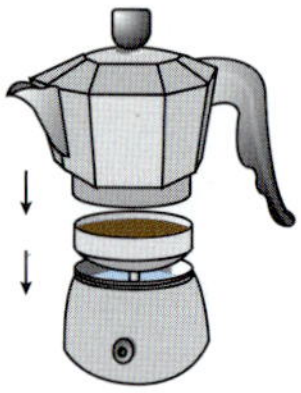
상부 포트, 필터 바스켓, 하부 포트를 결합하고 압력이 빠져나가지 않도록 꽉 조여준다.

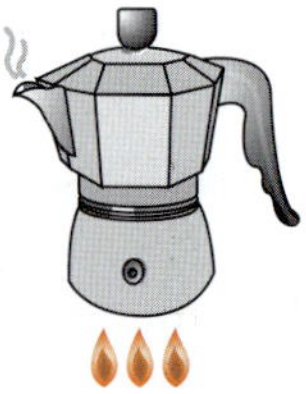
가스버너 위에 올려 약한 불로 가열한다.

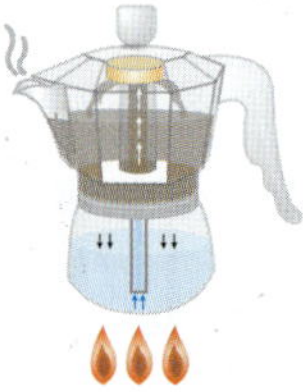
하부 포트의 증기압이 팽창하면, 물이 바스켓의 원두를 통과하면서 상단 포트에 에스프레소가 추출되기 시작한다.

주의사항
- 가능한 한 미세하게 원두를 분쇄한다.
- 강한 불로 가열하지 않는다.
- 바스켓의 원두를 너무 단단하게 다지지 않는다.
- 추출 전 압력추가 헐거워졌는지 확인하고 항상 조여준다.

(6) 핀_ fin

핀은 베트남 커피기구이다. 연유를 컵에 부은 다음 핀을 컵에 올려놓고 커피를 추출한다.

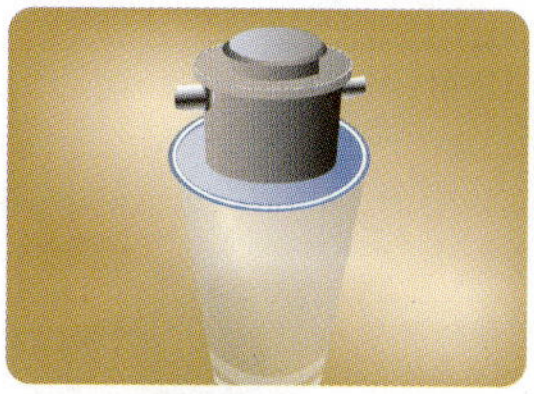

❶ 컵에 연유를 취향에 맞게 넣는다.

❷ 드립퍼에 커피 원두를 담는다. 드립퍼의 뚜껑과 1차 여과기를 빼고 그 안에 커피를 담고 더운물을 붓는다.

❸ 드립퍼 뚜껑을 덮은 후 추출되기를 기다린다.

(7) 체즈베_ cezve, 이브릭_ ibrik

18세기 초반까지 커피를 추출하는 유일한 방법은 달임법이었다. 터키 등지에서 쓰이는 방식으로 체즈베, 혹은 이브릭으로 불리는 긴 손잡이가 달린 작은 금속 용기에 한 잔 분량의 물을 붓는다. 살짝 볶아 밀가루처럼 곱게 분쇄한 원두를 두 스푼 정도 넣고 설탕을 넣는다. 이브릭을 중불에 올려 커피가 끓어 넘치면 스푼으로 커피를 휘저어 주며, 끓어 넘치기를 두세 번 반복한다. 2분 정도 기다려 커피 찌꺼기가 바닥에 완전히 가라앉은 후 마신다.

이브릭

7. 메뉴

추출한 에스프레소 커피를 기본으로 한 메뉴는 따뜻한 메뉴와 차가운 메뉴로 구분할 수 있다.

1) 도구

메뉴를 만들기 위해서는 다양한 기구와 커피 메뉴를 담을 수 있는 커피컵이 필요하다.

표 8-6 / 커피추출 도구의 종류

종류		특징
기구	스티밍 피처 (steaming pitcher) 	에스프레소 기계에 부착된 스팀 노즐의 수증기 압력을 이용하여 우유의 거품을 낸다. 유리 제품보다는 스테인리스 용기가 손으로 온도를 감지하기에 더 용이하다.
	온도계 	스티밍을 하는 동안 우유의 온도를 확인할 수 있으며, 클립이 부착되어 있어 스티밍 피처에 고정시켜 사용할 수 있다.
	수동 거품기 	살짝 데운 우유를 지정선까지 부운 다음 뚜껑을 닫고 한 손은 손잡이를, 다른 한 손은 꼭지를 잡고 위아래로 흔들어주면 거품이 생긴다. 기계의 스팀을 이용하지 않고 간단하게 거품을 만들 수 있다.
	전동 거품기 	살짝 데운 우유를 깊이가 있는 컵에 1/3 정도 채운 다음, 전동 거품기를 위아래로 움직여 주면 거품이 만들어진다. 건전지로 작동이 가능하며 간편하고 세척이 용이하다.
	휘핑기 	차가운 생크림을 휘핑기의 1/2 정도로 부운 다음 뚜껑을 닫는다. 크림차저(cream charger)를 가스캡 안에 넣고 조여주면 '픽' 소리와 함께 자동으로 압축공기가 용기 속에 주입된다. 휘핑기를 10여 회 위아래로 흔들어준 다음 손잡이를 눌러 휘핑크림을 얻는다.
	질소가스 	휘핑기에 투입되는 1회용 아산화질소가스로, 질소가스 1개로 50ml 정도의 생크림을 휘핑할 수 있다.

종류			특징
기구	시럽병		시럽을 넣어서 편리하게 사용할 수 있는 튜브 형태의 병이다.
	소스펌프		소스병에 꽂은 후 펌프로 필요한 양만큼 조절하여 사용할 수 있다.
	파우더통		시나몬이나 초콜릿 같은 미세한 파우더를 담아 토핑할 때 사용한다.
커피컵	데미타스컵 (demitasse cup)		에스프레소 같은 진한 커피를 마실 때 사용하는 컵이다. 프랑스에서 처음 만들어졌으며 '반컵(half cup)'의 의미를 가지고 있다.
	커피컵 (coffee cup)		커피의 뜨거운 열기를 보존하고, 맛과 향을 유지하기 위해 실린더 모양을 하고 있다.
	브렉퍼스트컵 (breakfast cup)		묽으면서 양이 많은 아메리카노 같은 커피를 마시기 위한 컵으로, 일반적으로 커피컵보다 입구가 넓고 크기가 크다.
	머그 (mug)		원통형 모양의 컵으로 아침식사와 점심에 뜨겁게 커피를 마실 때 사용한다. 커피 외에 티, 코코아 같은 음료를 마실 때도 사용된다.
	트래블머그 (travel mug)		가벼운 플라스틱 재질로 이동성을 고려하여 만든 잔이다. 이중벽 구조로 보온 · 보냉 효과가 뛰어나고, 영하에서 고열까지의 온도 변화에도 무리가 없다.

2) 밀크 스티밍_ milk steaming

에스프레소의 응용 메뉴에는 에스프레소 기계의 뜨거운 스팀을 이용하여 만든 우유거품을 이용한 것이 많다. 우유거품을 만드는 과정을 밀크 스티밍 milk steaming이라고 한다. 스티밍을 할 때는 반드시 차갑고 신선한 우유를 사용해야 한다. 또 저지방 우유보다는 3% 정도의 지방이 있는 우유가 좋다.

밀크 스티밍을 하는 방법은 다음과 같다.

밀크 스티밍 과정

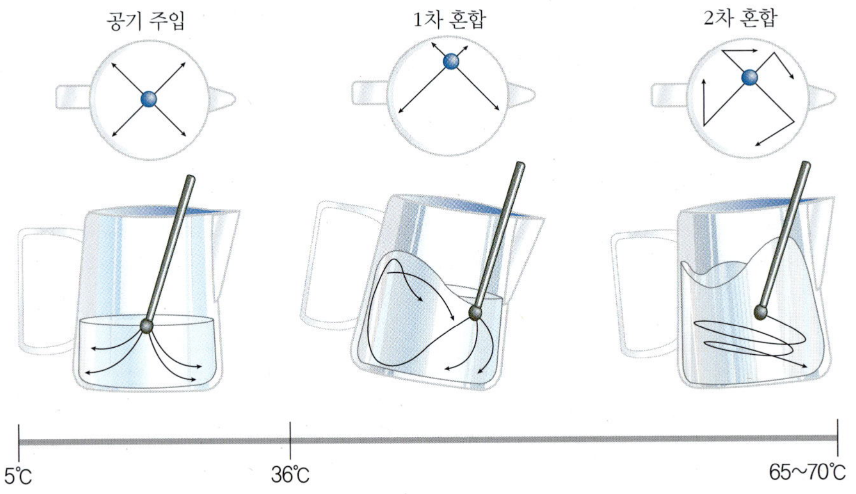

3) 따뜻한 메뉴_ hot menu

명칭	형태	재료	제조법
마키아또 (macchiato)	 	에스프레소 커피, 우유	추출한 에스프레소에 우유거품을 1스푼 얹는다.
콘 파나 (con panna)	 	에스프레소 커피, 생크림	추출한 에스프레소에 휘핑한 생크림을 얹는다.
아메리카노 (americano)	 	에스프레소 커피, 따뜻한 물	에스프레소에 180ml가량의 뜨거운 물을 섞는다.
카페라떼 (caffe latte)	 	에스프레소 커피, 우유	따뜻하게 데운 우유를 추출한 에스프레소 커피에 넣는다.
카푸치노 (cappuccino)	 	에스프레소 커피, 우유	에스프레소를 추출한 후 우유거품을 올린다.
카페모카 (caffe mocha)	 	에스프레소 커피, 우유, 초코 시럽, 생크림	초코 시럽을 먼저 넣고, 추출한 에스프레소를 그 위에 붓는다. 데운 우유를 넣고 저은 후 휘핑크림과 초코 시럽으로 장식한다.
캐러멜 마키아또 (caramel macchiato)	 	에스프레소 커피, 캐러멜 시럽, 우유	추출한 에스프레소에 거품을 낸 우유를 붓고, 위에 캐러멜 시럽으로 장식한다.
비엔나 커피 (vienna coffee)	 	에스프레소 커피, 설탕, 생크림	잔에 설탕을 넣은 후 추출한 에스프레소를 붓고 젓는다. 커피 위에 휘핑크림을 만년설처럼 올린다. 코코아가루나 초코 시럽을 뿌리기도 한다. 오스트리아에서는 '아이슈펜나'라고 부른다.

4) 차가운 메뉴_ cool menu

명칭	형태	재료	제조법
아이스 에스프레소 (iced espresso)	 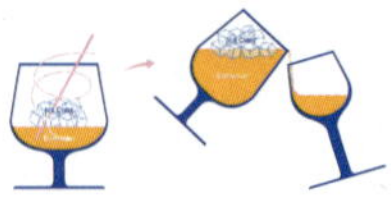	에스프레소 커피, 얼음	차갑게 준비된 유리잔에 에스프레소 1잔과 얼음을 넣고 젓는다. 얼음을 버리고 준비한 잔에 차가워진 에스프레소를 담는다.
아이스 카페라떼 (iced caffe latte)	 	에스프레소 커피, 얼음, 우유	유리잔에 얼음을 넣고 우유를 7부 정도 채운 다음 추출한 에스프레소를 넣는다.
아이스 아메리카노 (iced americano)	 	에스프레소 커피, 얼음, 물	유리잔에 얼음을 가득 넣고 추출한 에스프레소를 부은 후 차가운 물로 채운다.
아이스 카푸치노 (iced cappuccino)	 	에스프레소 커피, 얼음, 우유	얼음을 넣은 유리잔에 우유를 5부 정도 채운 다음 추출한 에스프레소를 넣고 우유거품으로 마무리한다.
아이스 모카 (iced mocha)	 	에스프레소 커피, 얼음, 우유, 생크림, 초코 시럽, 초코가루	유리잔에 추출한 에스프레소와 초코 시럽 1펌프를 넣고 젓는다. 여기에 얼음을 넣고 차가운 우유를 잔에 7~8부 채운 후 휘핑크림을 얹는다. 초코 시럽이나 초코가루로 장식한다.
아이스 캐러멜 마키아또 (iced caramel macchiato)	 	에스프레소 커피, 캐러멜 시럽, 얼음, 우유, 생크림	유리잔에 추출한 에스프레소와 캐러멜 시럽 1펌프를 넣고 젓는다. 여기에 얼음을 넣고 차가운 우유를 잔에 7~8부 채운 후 휘핑크림을 얹는다. 캐러멜 시럽으로 장식한다.

9 Chapter

한국의 음청류
Korean Beverage

Beverage Coordinate

1. 역사
2. 분류

Chapter 9

한국의 음청류

Korean Beverage

술을 제외한 기호성 음료의 총칭으로 우리나라 전통 음료를 음청류라 부른다. 음청류에는 재료와 만드는 방법에 따라 화채류, 식혜, 수정과, 녹차, 과일차 등이 있다. 자연수와 함께 여러 가지 향약재, 식용 열매, 꽃과 잎, 과일 등을 달이거나 꿀에 재우는 등 다양한 방법을 이용하여 병을 예방할 수도 있고 추위에는 어한이 되며 여름에는 더위를 잊게 하는 갖가지 음청류가 발달하였다.

1. 역사

인류의 역사와 함께 시작된 최초의 음료는 물이었을 것이며, 이는 인간의 생명을 유지하는 데 필수불가결한 것이다. 우리나라는 예부터 산이 많아 깊은 계곡의 맑은 물과 샘물이 양질의 감천수甘泉水였으므로 이런 물을 약수라 하여 좋은 음료로 사용할 수 있었다.

한국의 음청류는 조선에서뿐만 아니라 단군시대 이후부터 잎차葉茶와 오미자, 구기자, 오가피 등의 열매와 콩, 보리 등을 볶아 달여 마셔 왔다. 그리고 천연의 열매, 나뭇잎, 나무뿌리 등을 첨가해서 끓여 마시며 특이한 향과 맛이 있다는 것을 발견하게 되고 찬 음료와 더운 음료로 분화되어 계속 발전해 왔다.

신라시대에 차茶가 유입되면서 숭불 정책으로 차의 음용이 시작되었고, 고려시대에는 불교와 더불어 전성기를 이루었다. 조선시대에 들어와 숭유배불 정책으로 차문화茶文化는 사라지고, 차 대신 숭늉이 대중적인 음료가 되었으며 탕, 화채, 식혜, 수정과 등의 음청류가 크게 발달되었다.

이러한 음청류는 평소의 기호식품으로서 수시로 마실 뿐 아니라 장국상이나 잔칫상에는 빼놓을 수 없는 필수품목의 하나였으며 조석 밥상에서도 식후에 흔히 음용되었다. 이처럼 음청류에 향약재가 자연스럽게 이용되는 한편 계절의 열매가 철따라 이용되었다는 사실은 우리나라의 식생활이 의식동원醫食同源의 실체로서 생활화되고 있었음을 보여 주고 있다.

1) 삼국시대

중국의 차가 우리나라에 알려진 것은 신라 27대 선덕여왕(632~647) 때이고, 차가 보급되기 시작한 것은 42대 흥덕왕 3년에 김대렴이 당唐에서 차종茶種을 가지고 와서 왕명으로 지리산에 심은 이후부터이다. 『삼국유사三國遺事』에 의하면 차는 신라인에게 널리 보급된 것은 아니며 승려僧侶들을 중심으로 성행하였다고 한다.

삼국시대의 음청류는 장수漿水, 미수米水, 일부 특권층의 차茶, 오미자, 구기자, 오가피, 곡차穀茶 등을 달인 차 등으로 추정된다.

2) 고려시대

불교 중심의 고려시대에는 차가 더욱 번성하여 국가제의國家祭儀에는 반드시 차를 애음愛飮하였으며, 음다飮茶의 범위가 넓어져 불교계를 벗어나 민간에게도 퍼지게 되었다. 그러나 여전히 일부 특권계급의 기호품에 불과하였다.

『계림유사鷄林類事』에서는 숙수熟水를 익은 물이라고 풀이하였는데, 익은 물이라 함은 숭늉이라고 볼 수 있다. 『목은집牧隱集』에는 찌는 듯한 더위에 얼음을 넣어 꿀을 타서 마시는 내용의 시詩가 나오는데, 찬 꿀물이 청량음료로 상용되었음을 알 수 있다.

그 외에 차茶, 장수漿水, 미수米水 등이 음용되었다. 또한 고려시대에는 송의학宋醫學이 수입되었고, 고려 후기부터는 한국산 향약재의 연구가 활발해져 향약성香藥性 음료가 발달하기 시작하였다.

3) 조선시대

숭유배불崇儒排佛 정책으로 차가 불교를 상징하는 것이라 하여 차의 음용을 기피하였다. 그러면서 차는 자연스럽게 산간 스님들의 벗이 되었다. 술을 중심으로 한 유교사상의 영향으로 막걸리를 마시게 되었으며, 한편으로는 숭늉을 상용하였고 약이성藥餌性 효과가 있는 향미성香味性 음청류가 크게 발달하였다.

1800년대 말의 조리서인 『시의전서是議全書』에는 수단, 식혜, 수정과, 화채,

밀수, 창면 등을 만드는 방법이 기술되어 있다. 탕湯과 장漿, 갈수渴水, 숙수熟水 등은 향약을 이용한 중국식 음료로서 조선시대 음료로는 뿌리를 내리지 못하였다.

2. 분류

음청류는 재료 및 제조방법, 품질의 특성에 따라 분류되며 크게 찬 음료와 더운 음료로 구분할 수 있다.

표 9-1 / 음청류의 분류 및 종류

<table>
<tr><th>구분</th><th>분류</th><th colspan="2">종류</th></tr>
<tr><td rowspan="6">찬 음료</td><td>화채(花菜)</td><td colspan="2">진달래화채, 보리수단, 창면, 떡수단, 송화밀수, 원소병, 순채화채, 유자화채, 수박화채, 여름밀감화채, 앵두화채, 복숭아화채, 딸기화채, 산사화채, 귤화채, 포도화채, 복분자화채, 배화채, 참외화채</td></tr>
<tr><td>수정과(水正果)</td><td colspan="2">곶감수정과, 배수정과, 가련수정과, 잡과수정과</td></tr>
<tr><td>장(漿)</td><td colspan="2">모과장, 유자장, 매장, 계장(桂漿), 여지장(荔枝漿), 산장(酸漿), 은장(銀漿)</td></tr>
<tr><td>갈수(渴水)</td><td colspan="2">임금갈수(林檎渴水), 포도갈수(葡萄渴水), 모과갈수(木瓜渴水), 어방갈수(御方渴水), 오미갈수(五味渴水), 향당갈수(香糖渴水)</td></tr>
<tr><td>식혜(食醯)</td><td colspan="2">감주</td></tr>
<tr><td>미수(米水)</td><td colspan="2">보리미수, 현미미수, 수수미수, 조미수</td></tr>
<tr><td rowspan="4">더운 음료</td><td>탕(湯)</td><td colspan="2">제호탕(醍醐湯), 봉수탕(鳳髓湯), 경소탕(輕素湯), 녹운탕(綠雲湯), 두구탕(荳蔻湯)</td></tr>
<tr><td rowspan="2">차(茶)</td><td>우리는 차</td><td>• 불발효차(不醱酵茶) : 녹차
• 반발효차(半醱酵茶) : 재스민, 우롱차
• 발효차(醱酵茶) : 홍차
• 후발효차(後醱酵茶) : 보이차</td></tr>
<tr><td>달이는 차</td><td>인삼차, 두충차, 기국차, 구기자차, 계피차, 오매차, 당귀차, 박하차, 영지차, 칡차, 쌍화차, 유자차, 모과차, 오과차, 대추생강차, 녹두차, 곡차, 율무차, 옥수수차</td></tr>
<tr><td>숙수(熟水)</td><td colspan="2">자소숙수(紫蘇熟水), 정향숙수(丁香熟水), 침향숙수(沈香熟水), 율추숙수(栗皺熟水), 숭늉</td></tr>
</table>

1) 찬 음료

(1) 화채_ 花菜

화채는 오미자를 우려낸 물이나 꿀물, 과즙, 한약재료 달인 것 등 기본이 되는 국물에 얇게 썬 제철 과일이나 꽃잎, 면, 보리, 떡 등을 띄운 음료이다.

오미자화채

오미잣물

- 진달래화채 : 오미자를 우려낸 물에 꿀을 넣고, 꽃술을 떼어 녹두녹말을 묻혀 데친 진달래 꽃잎을 띄운다.
- 창면昌麪 : 녹두녹말을 물과 섞은 후 접시에 붓고 중탕으로 익히다가 물에 잠기게 해서 식힌 후 채 썰어 오미자국물에 띄워낸다.

기타 보리수단이 있다.

꿀물

- 떡수단水團 : 멥쌀가루로 만든 흰떡을 작은 경단으로 만들어 녹말가루를 입힌 후 끓는 물에 넣고 삶아서 건져낸 다음 찬물로 헹궈 꿀물에 넣어 마신다.
- 송화밀수松花蜜水 : 유월 상순에 채취한 소나무의 꽃인 송화를 함지에 담아 말린 후 물이 담겨 있는 오지그릇에 털어내고, 3일간 물을 자주 갈아 주어 쓴맛을 우려낸 송화가루를 꿀물에 타서 마신다.
- 원소병元宵餠 : 찹쌀가루를 여러 가지 색으로 반죽하여 소를 넣고 둥글게 빚어 삶은 후 꿀물에 띄운다.
- 순채화채蓴菜花菜 : 순채의 잎에 녹말가루를 묻혀 데친 후 꿀물에 넣어 마신다.

과일즙

- 유자화채 : 채 썬 유자와 배를 돌려 담고 석류알과 잣을 담은 후 꿀물을 부어 마신다.
- 여름밀감화채 : 오미자 국물에 알알이 떼어낸 밀감을 띄운다. 기타 앵두

화채, 복숭아화채, 딸기화채, 귤화채, 포도화채, 수박화채, 복분자화채, 배화채, 참외화채가 있다.

한방약재

- 생맥산生脈散 : 맥문동과 인삼, 오미자 등을 넣고 달여서 여름에 물 대신 복용한다.

(2) 수정과_ 水正果

계피, 생강, 통후추를 끓인 물에 꿀이나 설탕을 넣어 한소끔 끓여 차게 식힌 후 곶감, 배, 잣 등을 띄운 것이다. 정과正果는 과일이나 채소를 꿀에 달게 조린 상태를 말하는데, '물 수水' 자가 붙은 것으로 미루어 보아 건더기에서 우러난 물을 같이 먹게 한 음료이다.

- 가련加蓮 수정과 : 피지 않은 돌돌 말린 연잎을 따서 끓는 물에 데친 후 찬물에 담가 쓴맛을 빼고 잘라 녹두녹말을 묻혀 다시 데친 후 찬물에 담갔다 건져서 사용한다.

  곶감수정과, 배수정과, 잡과수정과 등이 있다.

곶감수정과

(3) 장_ 漿

곡물의 젖산 발효 음료로서, 밥이나 미음 등 곡물을 발효시켜 신맛을 낸 장수漿水와 약이성 재료나 곡물가루, 채소류 등을 감미료인 꿀이나 설탕 등에 넣어 오래 숙성시킨 후 물에 희석하여 마시는 음료를 뜻한다.

- 유자장 : 꿀과 함께 섞어 3~4개월 저장해 두었다가 맑은 유자장을 보관한 후 찬물에 타서 마신다.
- 매장 : 찜통에 넣고 찐 매실을 말린 후 흑색이 되면 백단향과 백두구, 꿀을 넣고 잘 섞어서 단지에 넣어 두었다가 찬물에 타서 마신다.
- 여지장荔枝漿 : 계피와 정향, 오약, 축사인을 물에 넣고 달이다가 생강즙과 꿀을 넣고 끓여서 걸러 마신다.

  기타 모과장, 산장酸漿, 은장銀漿이 있다.

모과갈수

(4) 갈수_ 渴水

향약, 과일을 꿀이나 설탕에 담가 두었다가 시럽상태인 것을 물에 타서 마시는 음료이다. 갈수는 농축된 과일즙에 한약재를 가루 내어 혼합하여 달이거나 한약재에 누룩 등을 넣어 꿀과 함께 달여 마시는 음료이다.

- 임금갈수林檎渴水 : 재래종 사과를 얇게 썰어 찐 후 으깨서 끓인다. 여기에 단말가루와 정향가루를 넣고 잘 섞어 저장해 두었다가 꿀이나 설탕을 넣고 시원하게 마신다.
- 오미갈수五味渴水 : 오미자 국물에 녹두가루와 꿀을 넣고 은근하게 달인 다음 저장해 두었다가 물에 타서 마신다.

기타 포도갈수葡萄渴水, 모과갈수木瓜渴水, 어방갈수御方渴水가 있다.

식혜

(5) 식혜_ 食醯

식혜는 엿기름가루를 우려낸 물에 밥을 넣고 따뜻한 온도를 유지하면서 일정 시간을 삭혀 은은한 단맛이 나게 만든 음료로 밥알이 떠 있는 것이 특징이다.

(6) 미수_ 米水

미수는 미식米食이라고도 하며, 곡물을 쪄서 볶아 가루로 만든 것을 미숫가루라 하고 이것을 꿀물이나 오미잣물에 탄 것을 미수라 한다.

보리미수

- 율무미수 : 물에 불린 율무를 찐 다음 말려서 볶아 가루로 만들어 두었다가 꿀물에 타서 마신다.

기타 찹쌀미수, 보리미수, 현미미수, 수수미수, 조미수 등이 있다.

2) 더운 음료

(1) 탕_ 湯

향약香藥을 달여서 마시는 음료이다. 탕이란 본래 뜨거운 물을 가리키는데, 국을 탕이라 하기도 하고, 과일과 한약의 재료를 섞어 꿀과 함께 졸여서 물에 타서 먹는 것도 탕이라 한다.

- 제호탕醍醐湯 : 초과, 백단향, 축사인의 가루를 꿀과 함께 섞어 10~12시간 정도 연고상태가 될 때까지 중탕으로 졸인 후 물에 타서 마신다.
- 봉수탕鳳髓湯 : 곱게 다진 잣과 호두를 꿀과 섞은 후 뜨거운 물에 타서 마신다.
- 습조탕濕棗湯 : 대추를 고아 생강즙과 꿀을 넣고 사향麝香을 넣어 끓는 물에 타서 마신다.

습조탕

(2) 차_ 茶

일반적으로 차라고 하는 것은 '기호음료'이다. 차의 원개념은 차나무의 어린잎을 채취해서 만든 마실 거리의 재료이고, 또 마실 거리로서의 재료가 물과 어우러져 우러난 물을 차茶라고 한다. 그러나 이런 분류 외에 각종 약재, 과일 등을 가루 내거나 말려서 또는 얇게 썰어서 꿀이나 설탕에 재웠다가 끓는 물에 타거나 직접 물에 끓여 마시는 것을 뜻한다.

우리는 차

불발효차不醱酵茶(녹차), 반발효차半醱酵茶(재스민, 우롱차), 발효차醱酵茶(홍차), 후발효차後醱酵茶(보이차)로 나뉜다.

달이는 차

- 기국차杞菊茶 : 들국화, 구기자, 작설과 검은깨를 함께 갈아 가루로 만들어 두었다가 소금과 타락을 넣고 끓여서 마신다.
- 구기자차 : 구기자를 물에 넣고 30분 정도 끓여서 체에 걸러 마신다.

쌍화차

- 오매차 : 5월 중순에서 6월 초순 사이에 덜 익은 매실의 과육을 벗겨 씨를 제거하고, 연기로 건조시킨 것을 끓여서 마신다.
- 오과차 : 황률, 대추, 은행, 호두, 모과 또는 생강, 인삼, 계피 등 계절의 과일류나 형편에 맞는 5가지 과일을 모아서 달여 마시는 차이다.

기타 인삼차, 당귀차, 박하차, 영지차, 계피차, 칡차, 쌍화차, 유자차, 모과차, 대추생강차, 녹두차, 율무차, 옥수수차가 있다.

(3) 숙수_ 熟水

숙수는 향약초를 달여 만든 음료를 말하며, 뜨겁게 해서 마시는 것이 좋고 차가운 것은 몸에 해롭다. 꽃이나 잎을 끓는 물에 넣고 그 향을 우려내서 마시는 것과, 한약재 가루에 꿀과 물을 섞어 끓여 마시는 것으로 향 위주의 음료이다. 또는 누룽지에 물을 부어 끓인 것(숭늉)을 말하기도 한다.

- 자소숙수 紫蘇熟水 : 한지에 싼 차조기 잎을 두꺼운 팬 위에 올려 구운 후, 끓는 물에 넣고 30분간 우려낸 후 마신다.
- 정향숙수 丁香熟水 : 정향과 죽엽을 두꺼운 팬 위에 놓고 잠시 볶은 후 끓는 물에 넣고 달여 마신다.
- 침향숙수 沈香熟水 : 침향 조각을 뜨거운 기와 위에 올려 구운 후 병에 담고 재빨리 끓는 물을 부어 마개를 닫아 두었다가 향이 우러나면 마신다.
- 율추숙수 栗皺熟水 : 밤의 속껍질을 물에 넣고 끓여서 걸러 마신다.
- 기타 숭늉이 있다.

정향숙수

10 Chapter

기타 음료
Extra Beverage

Beverage Coordinate

1. 청량음료_ Soft beverage
2. 영양 음료_ Nutritions beverage
3. 기호음료_ Favorite beverage
4. 기능성 음료_ Functional beverage

Chapter 10

기타 음료
Extra Beverage

깨끗한 물을 마시는 것으로 갈증을 달랬던 초창기의 음료에 비해, 현대 문명의 산물로 여러 가지 음료가 등장하고 다양해지면서 각자 기호에 맞는 음료를 찾게 되었다.

1. 청량음료_ Soft beverage

청량음료란 상쾌한 맛을 지닌 무주정 음료無酒精飮料로 마실 때 청량감을 갖게 하는 비알코올성 음료의 총칭이다. 이 같은 청량음료는 탄산음료와 비탄산음료로 나누어지는데, 탄산음료는 탄산가스가 포함된 음료를 말하며 비탄산음료는 탄산가스가 포함되지 않은 무색無色, 무미無味, 무향無香의 음료를 말한다.

1) 탄산음료_ Carbonated beverage

탄산음료는 청량감을 주는 탄산가스가 함유된 음료로서, 이 탄산가스는 미생물의 발효를 저지하고 향기의 변화를 막는 역할을 한다. 탄산음료는 천연 광천수를 이용하거나 순수한 물에 탄산가스를 함유시키거나, 탄산음료에 천연 또는 인공 감미료를 함유시킨 것과 천연 과즙에 탄산가스를 함유시킨 것이 있다.

(1) 콜라_ Coke

주원료는 열대 지방에서 재배되는 콜라 열매이며, 콜라 열매 속에 있는 콜라 두豆를 가공 처리하여 콜라 엑기스를 만든 후 물과 각종 향료, 탄산가스를 첨가하여 만든 음료이다.

(2) 소다수_ Soda water

탄산가스와 무기염료를 포함한 천연 광천수와 인공적인 제품이 있으며 소화제로 마시기도 한다.

(3) 진저에일_ Ginger ale

생강의 향을 함유한 소다수로 식욕증진이나 소화제 효과가 있다.

(4) 토닉 워터_ Tonic water

영국에서 처음으로 개발한 무색투명의 음료로 레몬, 라임, 오렌지, 키나 등으로 만든 농축액에 당분을 배합하였으며 식욕증진과 원기를 회복시키는 강장제 음료이기도 하다. 기타 카린스 믹스 collins mix, 세븐 업 7up 등이 있다.

(5) 비시 생수_ Vichy water

프랑스의 광천 도시인 비시에서 나는 천연 탄산소다수이다.

(6) 초정_ 椒井 탄산수

미국의 샤스타 Shasta 광천, 영국의 나포리나스 Napolinas 광천과 함께 3대 광천으로 인정받는 국내의 충북 청원군 초정리 광천수로 만든 제품이다.

(7) 페리에 생수_ Perrier water

프랑스산으로 유명한 페리에 생수는 세계 탄산생수의 대명사격이다.

2) 비탄산음료_ Non-carbonated water

일반적으로 자연식수는 무색 · 무미 · 무취의 액체 음료와, 고체인 얼음으로 제조된다. 물 외에도 다음과 같은 비탄산음료가 있다.

광천수_ Mineral water

광천수는 칼슘, 마그네슘, 칼륨 등의 광물질이 미량 함유되어 있는 물을 말한다.

[에비앙 생수_ Evian water]

프랑스 남동부 론알프주 에비앙시市에서 나는 천연 광천수이다. 다량의 광물질을 함유하고 있으며 탄산가스가 없는 양질의 음료로서 세계적으로 유명하다.

[셀처 생수_ Seltzer water]

독일의 온천 도시로 유명한 비스바덴 Wiesbaden에서 생산되는 천연 광천수이다.

2. 영양 음료_ Nutritions beverage

건강에 도움을 줄 수 있는 영양 성분이 많이 함유된 음료를 말한다. 일반적으로 영양 음료라고 할 수 있는 것은 우유류와 주스류 등으로 나누어지며 각종 과일주스와 채소주스 등이 있다.

1) 우유류_ Milk

우유는 젖소의 젖샘에서 분비되는 특유한 향미와 단맛을 지닌 유백색의 불투명한 액체이며, 이는 우유의 여러 성분 중 특히 카세인 casein 입자와 지방구脂肪求가 분산되어 있기 때문이다.

2) 주스류_ Juice

과일이나 채소의 액즙液汁을 짜서 만든 음료이며, 과즙에 과당果糖을 첨가·가공하여 만든 음료도 있다.

3. 기호음료_ Favorite beverage

기호음료는 식전食前이나 식후食後에 즐겨 마시는 커피류 및 차류를 말한다. 커피는 보통 커피 Coffee와 무카페인 Decaffeinated coffee 커피로 나누어지며 차의 종류에는 홍차 Black tea, 녹차 Green tea, 인삼차 Ginseng tea 등이 있다.

4. 기능성 음료_ Functional beverage

이제 음료를 맛으로 마시던 시대는 지났다. 지방 함량이 거의 없는 저지방 음료부터 체지방이 몸에 축적되는 것을 막아 주는 피트니스 드링크 fitness drink, 다이어트 시 부족한 필수 영양소를 보충해 주는 음료까지 다양한 제품들이 계속 선을 보이고 있다.

이러한 기능성 음료는 인체 내에서 여러 가지 생체조절 기능, 즉 생체리듬 조절, 생체방어 기능을 갖는 음료를 말하는 것으로, 건강 음료와 다이어트 음료가 여기에 속한다. 이들 음료는 섭취하지 않아도 결핍증상이 나타나지는 않지만 계속 섭취함으로써 생체 기능을 높이거나 조절할 수 있다.

갈증 해소라는 고유 기능 외에 스트레스, 운동부족, 흡연, 음주, 육식 등으로 영양소가 부족하기 쉬운 현대인에게 아미노산, 칼슘, 마그네슘, 식이섬유 등을 보충해 주기도 한다. 주근깨의 원인인 멜라닌 Melanin 색소를 억제하는 사과 폴리페놀 Polyphenyl과 피부형성 단백질인 콜라겐 Collagen 성분이 들어 있어 피부를 좋아지게 하는 음료도 있다. 식이섬유 음료 Fiber drink도 여성에게 꾸준한 인기를 누리고 있으며, 건강과 미용에 대한 관심이 높아지면서 이러한 기능성 음료 시장이 급성장하고 있다.

한 예로 대기오염에 시달리는 도시 직장인들을 겨냥해 머리가 맑아지고 피로가 풀린다는 솔잎추출물 음료의 판매가 꾸준히 늘고 있으며, 미역과 다시마와 같은 해조류에서 추출한 알긴산으로 만든 피부미용 음료도 각광받고 있다. 그 밖에 중금속을 체외로 배출시키는 키토산 chitosan을 함유한 음료, 숙취 해소용 음료에 이르기까지 다양한 제품이 개발되고 있다.

*참고문헌

김소영, 김혜주. 사케 류. 알덴테북스, 2009
배송자. 전통 웰빙주 막걸리. 하남출판사, 2010
야콥 블루메 저. 김희상 역. 맥주, 세상을 들이켜다. 따비, 2010
염선영. 분위기에 맞게 고르는 66가지 칵테일수첩. 우듬지, 2010
유태종. 음식궁합. 아카데미북, 2001
윤숙자 외. 아름다운 우리 술. 질시루, 2008
이기중. 한눈에 보는 세계 맥주 73가지 맥주수첩. 우듬지, 2010
이효지. 한국전통민속주. 한양대학교 출판부, 2009
장동은. 스카치위스키 바이블. WALK COMPANY, 2010
정동효. 한국의 전통주. 유한문화사, 2010
조호철. 우리 술 빚기. 넥서스, 2009
최훈. 와인과의 만남. 자원평가연구원, 2010
世界の名酒事典 2002年版. 講談社, 2001

www.whisky.com
www.whiskysociety.or.kr

*찾아보기

ㄱ

가루차 210
가미차 212
가압추출법 252
가향차 223
갈수 278
감천수 273
개량누룩 189
건식가공법 237
게말레딘 233
게부르츠트라미네르 43
계림유사 185
고형물 25
곡주 186
곡차 274
과일 리큐어 151
그라브 68
그라인더 259
그르나슈 48
그린 몰트 25
긴죠슈 105
까리냥 47
까베르네 소비뇽 46
까베르네 프랑 46
뀌베 37

ㄴ

나라시대 100
나에 80
냉차 226
네비올로 49
녹차 211
누룩 101
누룩 제조 103
뉴질랜드 98

ㄷ

다경 202
다소 204
다이긴죠슈 105
달임법 251
당분 32
덩이차 210
데고르주망 37
도르트문트 28
도사주 37
도정 188
독일 76
드라이 몰트 25
드라이 와인 40
드립퍼 253

드립포트 253
뗌쁘라뇨 48

ㄹ

라거 맥주 22
라인가우 80
라인팔츠 80
라인헷센 80
랑그독 루씨용 76
램빅 맥주 29
러시안 티 229
럼 140
럼 베이스 177
레드 와인 40
레몬 티 227
로스팅 238
로열 밀크 티 227
로제 와인 40
루아르 75
리슬링 45
리오하 87
리큐어 133, 149
리큐어 베이스 180
림 52

ㅁ

마고 67
마일드 커피 241
마코네 73
말벡 48
말산 35
매쉬 25
메독 67
메를로 46
메리티지 와인 91
메즈칼 146
멕시칸 243
모젤자르루베르 79
뮈스카 44
뮈스카데 44
뮌헨 맥주 29
미국 90
미수 274, 278
민트 티 229
밀레짐 61
밀크 스티밍 268
밀크 티 227

ㅂ

바텐더 162
반발효차 215
발아 118
발포성 와인 39
백차 211
번컴 233
베이스 52
보드카 137
보드카 베이스 178
보졸레 74
보크 맥주 22
복 맥주 28
볼 52
봉수탕 279
부이차 206
부케 58
분 233
분사 247
브랜디 125
브랜디 베이스 176
블렌딩 165, 250, 259
블루마운틴 242
비넘 32
비발포성 와인 39
비베레 21
비탄산음료 285
비터 에일 27

삐노 누아 47
삐노 블랑 43

ㅅ

사케 99
산미 197
산지오베제 48
상면발효 25
생떼밀리옹 70
생줄리앙 67
생테스테프 67
샤르도네 43
샤블리 73
샨종 208
선립기 25
세미 103
세미용 45
세작 209
셰이커 164
소노마 밸리 92
소다수 284
소비뇽 블랑 43
소주류 186
소테른 70
수정과 277
숙수 280
쉬라 47
슈냉 블랑 44
스타우트 27
스템 52
스트레이너 163
스틸 와인 54
스페인 85
습식가공법 238
습조탕 279
시각 57
시럽 171
시음 56
식혜 278
식후 와인 41
신농 202
실바너 46
쌀 101

ㅇ

아노 61
아라비아 234
아로마 58
아르마냑 130
아르헨티나 95
아삼 지방 207
아이스티 228
안토시아닌 34
암포레 14
애플 티 229
양조곡주 189, 190
얼음 170
에도시대 206
에스프레소 257
에티오피아 233
여과법 252
여운 59
영양 음료 285
오마르 233
와인 베이스 181
외래주 190
우려내기 251
우전 209
위니 블랑 44
위스키 115
위스키 베이스 175
융 드립 252
의식동원 273
이스트 21
인도종 208
잎차 210

ㅈ

장수 274
재스민 235
전통주 16
정미 103
정미율 105
정선 117
젖산 59
제네릭 와인 91
제민요술 186
제왕운기 185
제진기 25
제호탕 279
종자 리큐어 156
주도 197
주례 197
주석산 59
준마이슈 106
중국대엽종 208
중국소엽종 208
중양법 187
쥐라 76
증류법 150
증류주 115, 190, 193
증미 · 방랭 103
직화식 247
진 133
진 베이스 174
진저에일 284
진판델 50

ㅊ

차 201
청량음료 283
청주 99
청차 211
초의선사 205
춘설차 205
칠레 93
침맥 117
침용 37
침정 103
침출법 150

ㅋ

카탈루나 88
카파 233
칵테일 161
칼바도스 132
캘리포니아 91
코나 243
코냑 127
코디알 149
코트 드 뉘 72
코트 드 본 73
코트 샬로네즈 73
콜라 283
콜라겐 287
쿠프형 52
쿤슈 110
키토산 287

ㅌ

타닌 39
탄산음료 283
태핑 261
탬핑 261
테 201
테킬라 143
테킬라 베이스 179
토머스 립턴 207
토속주 187
티백 228

ㅍ

파스퇴르 22
파치먼트 235
페이퍼 드립 252
포르투갈 89
포메롤 71
포약 67
포터 27
포트 89
프랑스 64
프랑켄 81
프러프라이어터리 와인 91
프렌치 248
프로방스 76
플루트형 52
피트 117
필록세라 33
필스너 28

ㅎ

핸드드립 252
향약 279
허브 리큐어 152
허브차 223
호주 96
혼양곡주류 191
혼죠조슈 105, 106
혼합법 150
홍차 206, 211
화채 276
황차 211
효모 34, 101
후각 58
후발효 26, 35
후발효차 221
후츠우슈 106
흑맥주 28
흑차 211

저자 소개

류무희
경기대학교 대학원 외식조리관리학과 박사
현재 호원대학교 호텔외식조리학과 교수

장혜진
경기대학교 관광전문대학원 외식산업경영학과
식공간연출전공 박사
현재 한양여자대학교 외식산업과 교수

황지희
성신여자대학교 대학원 식품영양학과 박사
현재 청강문화산업대학교 푸드비즈니스전공 교수

오재복
경기대학교 관광전문대학원 식공간연출전공 박사
전 경기대학교 관광전문대학원 교수

김지영
경기대학교 대학원 외식조리관리학과 박사
현재 한양여자대학교 식품영양과 교수

新 음료의 이해

2011년 6월 30일 초판 발행
2019년 9월 5일 3쇄 발행

지은이 | 류무희 · 장혜진 · 황지희 · 오재복 · 김지영
발행인 | 유제구
발행처 | 파워북
주 소 | 경기도 고양시 일산동구 호수로 358-25
동문타워2차 529호
전 화 | (02) 730-1412
FAX | (031) 908-1410
등 록 | 1997년 1월 31일 제 2014-000067호

정 가 21,000원
ISBN 978-89-8160-176-8 93590

잘못된 책은 바꿔드립니다.